CHONGXIN LIJIE JIAOYU

重新理解教育

——来自教师发展学校的报告

宁虹　王志江　等/著

教育科学出版社
·北　京·

序

这是一部期待已久的书。自2001年首都师范大学在王长纯院长的倡导下开始建设教师发展学校以来，我和我的很多同行们每每在谈及时，都会流露出对它的期待。这或许是由于它在一开始就明确树立并一直在坚持着的实践取向的理论自觉吸引了我们共同的注意，因此而希冀它会为我们带来什么吧。八年来，教师发展学校的建设有了丰富的发展，全国已有十几个省市在开展着各具特色的建设，许多大学和学术组织的有志者投入其中，展开着有声有色的探索。本书是这丰富多彩的探索与建设的一个体现。通过它，我们可以看到，首都师范大学在与北京市第十六中学、北京市丰台二中的合作中为我们带来的理论与实践紧密结合的探索和变革。

教师发展学校建设的实质，是以走向实践的理论自觉在教育领域、特别是教师教育领域，实现了具有探索意义的变革。这一变革的核心指向是走出近代认识论的传统影响、全面展开教育的实践取向。走向实践的理论自觉和在八年的建设中始终坚持了的严格的科学态度，是能够实现这一变革的重要保障。教师发展学校因此而可以做到，在这样长期的过程中始终坚持"在实践领域、以实践的形态、按照实践的方式"展开探索和建设。在一定意义上说，它对于教师教育乃至于教育的理解、改革与发展，拥有着特有的、可以全景式展开的可能空间。我十分理解他们在做着这一切时所怀有的那样至诚热烈的追求和期待。我愿意为本书作序，也正是看到他们努力之艰辛与可贵，愿意以此序作为一个支持——支持他们所努力的方向。

这是一部严肃的和可以让人久久沉思的书。《重新理解教育》的书名，其严格的对于"实践取向"的坚持，由此而形成的理论与实践建构，以及总是在不断涌现的理论与实践的新的生长，都让我们感到，也许这就是我们所期待的那个教师发展学校建设会为我们带来的什么。本书读起来，会让人感到清新，也感到凝重。清新的感觉，是实践的理念得以如此阐发而有耳目一新的感觉；而凝重，则是感到这个重新理解的分量以及它可能遇到的理论的和现实的冲突。对于教育学的理论建设来说，这是一个十分严肃的同时也是应当及时给予高度关注的话题。如有可能，不妨举行一次严肃的论证。

本书关于教育“在实践中实现和证明自身”的理论建构，意味着一种不违背以实践自身为目的，从方式、策略上都可以完全遵循实践的逻辑方式的教育研究的新道路的可能。关于教师教育是教师专业意识品质的养成，以至关于“教育在根本上是意识品质的养成”的结论，提出“从知识传递到意识品质的养成正是教育改革的焦点，是走出近代认识论传统，确认教育自身的实践本性应有的转变”，为教育理论与实践提供了有益的启示和解释空间。他们力主“教育是实践的，实践是具体的，具体的是有内容的”，使得教师专业发展可以如此紧密地与中小学教师日常的教育教学相联系，并通过具体的日常教育教学内容得到体现。这个看似再简单不过的事情，却恰恰是最容易被忽略和忘却而成为缺失。他们也恰恰是从这里入手，使他们的理论和实践效果得到了可以明确解释的、充盈的和真实的体现。

本书从理论建构的发生的角度，强调中小学教师同样是理论建构的主体，表达着教师发展学校“平等、共生的合作关系”的理解。这当中也隐含着这样一种潜在的追求：当中小学教师真正拥有了理论的自觉而贯彻于教学的实践中时，他们的实践过程同时也是理论研究与建构的过程，他们既是理论的实现者也同时是理论的建构者。也许，这可以作为中小学教师终于可以在专业形象上不亚于教授、医生、律师等专业人员而自立的实现。教师发展学校的建设正是为此而产生，为此而“永不言弃”地拼搏着。

首都师范大学发起的教师发展学校建设，已经成为一个有着深远影响的历史事件。在这一建设中所形成的理论与实践探索，已经成为近十年来我国教师教育领域最富有思想性的成果之一。它对于教师专业发展、教师教育以及基础教育的改革与发展和教育学理论的丰富与发展，都表现出还可以积极展开的启示意义。我愿再次表达以此序作为一个支持——支持他们所努力的方向，也希望更多的同仁关注和支持他们所努力的方向。

顾明远

二〇〇九年十二月

目　录
Contents

前言

2001 年，首都师范大学在北京市建设首批教师发展学校。将近十年来，这一建设已经成为教师教育改革和大学与中小学合作、促进教师专业发展的一项具有改革和探索意义的事业。能够成功地实现教师发展学校从无到有的建设过程，首先是由于正确地选择了具有根本意义和生命力的起点——实践。由此展开的是教师发展学校理论建设与实践建设共有的同一建构过程。回顾这一建设的过程，我们欣喜地看到："理论与实践的双向激活"可以如此自然地结合为一体；通常所说的理论与实践"两张皮"的对立与隔阂，在这里已经不复存在。理论首先作为庄严、神圣、超越的态度融入实践之中，实践因而成为自觉实现的追求；而正是由于这种自觉的追求，理论才被实践所激活，成为实践自身的理论形态之建构。

首都师范大学开始教师发展学校建设，是以明确的理论态度发起的。这个理论态度所集中体现的追求，就是重新理解教育——即"走向教育实践本身，基于教育的实践本性，重新理解教育"。之所以是重新理解，是由于它所坚持的是走出近代认识论传统、走向实践哲学的教育理解，以及由此引起的教育理论与实践的新的建构。在哲学和方法论态度方面从认识到实践的转换，是重新理解教育的聚焦点。这样一种理论的态度和精神，在教师发展学校建设的过程中始终得到自觉的贯彻。虽然教师发展学校建设的后续发展并不是在其开始时就已完备地预设了；但对于实践取向的追求，确是在开始时即已确立，并始终坚持以严格的科学态度，贯彻在建设的全过程之中。可以说，建设教师发展学校是基于教育的实践本性来重新理解教育的产物；如果不是首先有了这样的理论选择，建设教师发展学校也许不会产生。同样，"走向教育实践本身，基于教育的实践本性，重新理解教育"的精神，也赋予了教师发展学校丰满、充盈的特色和活力。并且由此可以引起的哲学、方法论角度关于教育的反思，还将不止于此。我们期望，随着本书的展开，这些都可以被读者用心地看到、感受到和理解到。

首都师范大学发起的教师发展学校建设，是在“教育发展服务区”建设的过程中被提出的。实现这一建设的理论思想，也是在《建设教育发展服务区，探索教育发展新模式》一文中第一次得到系统表达的。该论文由王长纯、宁虹、丁邦平合作完成，联名发表。论文开宗明义地指出：“教育正在经历着深刻的历史性变革。随着信息时代迅速演进和知识经济时代的来临，历史正在从新的视角敞开教育丰富生动的实践，显现出它与社会生活日益一体化、密不可分的直接联系。当我们走进新的世纪，向我国社会主义现代化建设的第三步宏伟目标迈进的时候，怎样把握教育的这种时代特点，对于贯彻党的十五大提出的‘科教兴国’战略、对于我国教育现代化事业以至我国经济与社会的未来发展都具有极其重要的意义。教育改革与发展的现实，迫切需要探讨反映时代特点的教育思想新理念和适应时代特点的教育发展新模式。我们现在还难以把握21世纪教育的全貌，但在它向我们走来的脚步声中，我们已经可以捕捉到它不同于20世纪的声音：与社会的一体化，多种文化的融合，主体与主体间在共同实践中的对话与合作、建构与生成，将成为我们把握21世纪教育发展的有益线索。”①

当教师发展学校被列入建设的议程后，为了推进教师发展学校建设的开展，我们曾组织了一组理论文章来阐明我们关于建设教师发展学校的基本思考。其中，直接论述教师发展学校的论文定名为《重新理解教育——建设教师发展学校的思考》。该论文承接前述精神，论及重新理解教育的思想线索和对于教师发展学校建设的初步思考。它把“走向教育实践本身，基于教育的实践本性，重新理解教育”的精神作为贯彻于教师发展学校建设的基本主张，由此引发了教师发展学校建设后续一系列的持续的建设与探索。因此，我们愿意以这篇论文作为本书引论的一个主要组成部分，并以论文的题目——《重新理解教育》——作为本书的书名。这一背景可能有助于读者在形成对教师发展学校建设的理解的同时，也有一些历史性的线索为背景。

---

① 王长纯，宁虹，丁邦平．建设教育发展服务区，探索教育发展新模式［J］．教育研究，2001（1）：35－40.

本书由“探索与建设”和“行动与超越”两部分构成。

“探索与建设”部分涵盖第一章至第五章：初期探索，意义的发现，实践—意义取向的教师专业发展，热爱、自信、整体理解——教师专业发展工作理念，教师专业发展：求根务本。这五个主题的序列呈现一个教师发展学校建设真实的历史过程。它既是一个实践的序列，也是一个意义的序列。教师发展学校建设的道路，理论的、实践的建构过程就是这样一步一步地发生的。它们之间的意义联系，是在每一主题所代表的建设发生时才被我们所欣喜地觉察到的。而之所以会是这样，是由于我们在开始教师发展学校建设时所抱有并严格地坚持了“走向教育实践本身，基于教育的实践本性，重新理解教育”的信念。同时，这样一种状态，正是我们的理论建构所要求的。信念的作用，虽然不能事先作出内容上具有规定性的设计，但确可以作为清醒的意识支配和觉察行动的取向，展开一个整体的、同步的建设过程。这在我们的理论建设中成为一个重要的方法论建设：在实践中实现和验证自身。

第六章“教师发展学校的理论建设”是对教师发展学校将近十年来理论建设的一个集中表达，由一个基本命题、两个推论、四个探索和一个总结论构成一个具有体系结构的理论建设。在这个基于教师发展学校建设形成的理论建构中，实质地形成着对于教育的重新理解。而它们之所以可以被组织在同一个体系架构中，是由于它们共同遵循了我们基于实践哲学建构教育理论的原则，即严格要求必须是：在实践的领域，以实践的形态，按照实践的方式。我们对这一理论建设充满信心和希冀。因为我们真实地走过了它所呈现的严格要求的道路，这个道路的发现和形成正是在走的过程中同步地发生的。所有这一切，我们都可以作出明确的解释，同时，这样的过程并未结束，它仍在持续着、发生着，并且依然是“在实践的领域，以实践的形态，按照实践的方式”，“在实践中实现和验证自身”，表现出可以基于实践哲学，使建构和实现教师教育、教师专业发展成为可能的明确方向。

“行动与超越”部分，呈现了我们和北京市丰台二中领导、教师们在教师发展学校建设中的合作。我们关于教师发展学校建设的探索和主要的理论建设自2004年以来，主要是在这个合作中发生的。我们所说的“在实践中实现和验证自身”、可以明确解释的实践效果，也是在这个合作中实现和被发现的。按照我们所遵循的“在实践的领域，以实践的形态，按照实践的方式”的严格要求，实践中的“合作、建构、生成”也必须是严格的。它不是一个宣称或比喻，而必须确有倘非如此便不会发生的内容和过程。在第七章至第九章，我们以中学教师的案例和大学教师的附记相结合的方式所作的表达中，真实地呈现着我们合作中的每一个具体内容中的行动与超越。

在这里，我们要特别提及的是，中小学教师在理论建构中的地位。如上所述，教师发展学校的理论建设，实际上是由于中小学教师的某一行动、或者大学与中小学教师合作的某一行动引起的，那么，中小学教师在这个发生的意义上就不容置疑地具有了理论建构的主体地位。以现状而言，虽然他们的行动尚未具备完整的理论自觉的形态，但就事情的发生而言，确是主动给予的一方。理论建构的结论不是他们完成的，因此，往往以为是大学的专家总结了中小学的经验才“上升到理论”，这是就理论的内容而言的。但是，如果没有他们的行动，这个理论建构可能根本就不会发生！从这样一种发生的角度来考虑，还有什么理由可以把中小学教师排斥在理论建设之外呢？教师发展学校在其开始就真诚地坚持，大学与中小学的合作关系，是平等共生、共同建构生成的合作关系，在这一合作关系中，中小学教师同样是理论建构的主体。为此，本书并不把中小学教师的案例作为附录，而是作为著作的正式文本来呈现。教师发展学校建设的成果不是在成为著作时才形成的，而是在我们合作的每一个有效的建设行动发生时形成的，每一位行动的亲历者，都是这一成果的创作者。为此，我们真诚地坚持，本书的作者是参与这一建设的合作者群体。

教师发展学校自诞生以来，已经有了丰富的发展建设。全国有十几个省市相继开始建设教师发展学校。首都师范大学建设的教师发展学校也有十几所之多。本书所呈现的仅仅是这一建设运动的一部分努力和探索。由于担任教师发展学校建设相关课题负责人的原因，又使我们的努力总是怀有一种推进教师发展学校建设的强烈的责任感，一种由衷的渴望和希冀。这一切，都融入了我们的建设和探索的过程。或许，我们的努力就像是浪潮中的一滴水，但我们为汇入这浪潮、成为这浪潮中的一滴水、在她滚滚涛涛前进的合力方向上作了一份贡献，而引以为毕生之欣慰和自豪。

教师发展学校建设开始时，为了表达建设的理念并使其具有纪念意义，我们设计了教师发展学校专用的标志徽记，TDS 它表达着我们对教师发展学校的理解和追求。在这个徽记的中心是三个英文字母：TDS，这是教师发展学校的英文缩写（Teacher Development Schools，TDS）；下面是两只相握的手，象征教师发展学校是大学和中小学的合作建设；左边是一串绿色的树叶，象征教师发展学校是在学校内部萌生和凝聚教育生命的绿色建设；右边一道弧线，勾画出徽记的圆形轮廓，和徽记金黄的颜色一起，象征一轮光辉的太阳——它代表着每一位教师都熟知的、不朽的伟大的教育家夸美纽斯的名言：

教师是太阳底下最光辉的职业！

夸美纽斯这一不朽的名言鼓舞着我们，建设教师发展学校所要追求的，正是这样一项光荣的事业！

引 论

当前，我国教育研究表现出面向实践本身、注重主体间理解的方法论转向。体现这一转向的国际教师教育改革趋势，汇聚着反思型教师（reflective teacher）、教师成为研究者（teacher as researcher）、教师专业化发展（professional development of teachers）、PDS 学校（professional development schools，PDS），专业发展学校等具有国际化影响的重要运动，并日益受到深切关注。21 世纪伊始，知识经济、信息时代带来的教育的历史性变革也发出对教师教育改革的强烈呼唤。方法论的实践转向、变革时代的迫切需求汇合起来，催动着我国教师教育的重大变革，且正在形成一个教师专业化发展的强大呼声。我们在参与我国中小学教师教育改革相关课题的研究中，深切感受到这场变革的来临和它特有的底蕴；在从国际教师教育改革的趋势中捕捉到可资借鉴的启示下，提出并在北京市建设首批教师发展学校。

一、重新理解教育

建设教师发展学校，面临着对教育的重新理解。国际教师教育改革的各个领域、各种运动，都蕴涵着属于当今时代的崭新的观念，体现着方法论的重要转向。怎样在 21 世纪教育深刻的历史性变革中把握它的动态、趋势、意义和价值，需要从根本上反思、重新理解教育。我们的思考主要循着如下线索。

（一）知识经济使教育日益显现出它对于人类社会生活的直接的、根本的意义和联系

知识经济作为人类经济生活的一种形态，给教育带来了深刻的历史性变革。怎样理解这个历史性变革的意义及其与现实的联系，是我们所说“重新理解教育”的一个层面：从时代特点的角度重新理解教育。众所周知，知识经济是以知识为基础的经济，但是知识经济时代维系人类经济生活的不是静态的知识本身，而是知识的不断创新。创造是人类的天性，人类经济生活的维系转向对知识创新的依赖，即是对人类自身资源的依赖；而从物的依赖转向对人类自身创造性的依赖，标志着人类文明的新的历史时代。这个新的时代扩张着和加深着对于教育的需求，导致了教育领域深刻的历史性变革。在宏观意义上，由于教育需求的扩张，教育具有了产业形态，具有了产业聚集能力。人口、资金、信息向教育优势地区聚集，使教育自身成为一种社会发展的经济资源，甚至能够在一定条件下以教育的发展振兴一方经济。在微观意义上，教育需求的深化，使教育直接面向人的发展。工业时代中，“知识就是力量”，对教育的理解更多地集中于内容方面，着重在知识的传承。随着知识社会的到来，人类的社会活动依赖于知识的不断创新而不是知识本身，于是，“教育的核心不再是知识”①。当教育更加关注人的创新意识、创新能力，它所强调的便是育人的根本意义及其实现；知识本身相当的成分因其迅速更替而难以与人相伴久远，唯有知识的不断创新才能使人学会生存。当埃德加·富尔指出“教育在历史上第一次为一个尚未存在的社会培养着新人”② 的时候，就已经敏锐地把握到教育与人类、与每个个人的生存之间的这种直接的、根本的联系。知识经济、信息时代敞开了教育丰富的实践和它的根本意义。它似乎不是一个有限维度的框架，而是带有无比丰富的含义，且几乎人类社会生活的一切方面都在日益深刻地显现出它们与教育的直接的和根本的联系。学习化社会表达的正是这样一种全面地、直接地使教育与社

① 孙传宏．挑战知识经济：教育的核心不再是知识［J］．教育探索，1999（3）：9－10.

② 埃德加·富尔．学会生存［M］．华东师范大学比较教育研究所，译．上海：上海译文出版社，1979：39.

会融为一体的意义。教育本身就在社会之中。过去，学校教育的发展，使教育逐渐有了相对独立的形态；而当今时代，教育正在重新融入社会。教育将与社会融为一体，因而是直接的；教育形成人的创新意识、创新能力，从而达成人的生存和发展，因而是根本的。知识经济使教育日益显现出它对于人类社会生活的直接的、根本的意义和联系，这也是我们理解当今时代教育的意义和价值的第一个线索。

（二）文化融合

教育与社会的一体化是一个过程。教育在与社会日益融为一体的过程中，发生着与社会各个不同层面的各个方面中各种不同文化人群的丰富联系。这种联系汇集在教育之中的是积淀于不同人身上的不同的文化，教育与社会的一体化也因此而成为一个文化融合的过程。文化融合，是我们重新理解教育的第二个线索。文化不等于知识，文化的概念远比知识丰富、深厚；它不仅有人类认识的历史成果，而且包含有当下的人格、精神以及它们与社会、历史的联系。融合不等于传递；传递的含义是单向度的，而融合蕴涵着不同的文化、不同的文化人群或个体之间的交互影响、情境参与、创造生成。以文化融合为线索理解教育，我们所看到的是教育丰满、充盈、立体、交互、动态和建构生成的含义。教育作为文化融合的过程，其结果总是在多种文化以及积淀着多种文化的不同人群、体现着多种文化交互作用和影响的情境中形成的一种新质的文化，这种新的文化同时又积淀于参与其中的所有人的精神之中。教育作为文化的融合，总是交互的、建构的、创造的和发展的。在教育的过程中获得发展的是所有参与其中的人——他们的发展可能有不同的角度、不同的基础、不同的内容，但他们共同经历着发展的过程。因此，教学相长不仅是教师教学的个人体验，教师与学生的共同发展实在是教育作为文化融合的一种根本理解。教育作为文化的融合，也体现着教育的历史性变革。诚然，我们可以质问，有史以来的教育，都是人类代际之间的文化传承，要知道一本书就是承载某种人类文化的一个文本，读书就是与历史对话，而这些都已经是文化的融合，又怎能称得起历史的变革？然而，我们有理由认为，以往的教育过于强调了文化中知识内容的方面，因而成为知识的传递、生活的准备。这样一种对于教育的理解得以持续千年，是因为当时的时代允许以一次性的知识准备应付一个人一生的生活，满足当时的社会需要。如果人类科学的发展没有为我们提供新的时代条件，这一切也许仍然可以平静地延续；但是，知识社会、信息时代的到来已经使这一切成为过去。对创新意识、创新能力的强调，改变着我们对教育的理解，因为知识是可以传递的，但创新更是一种精神；精神的达成不是传递的，而是通过理解建构和生成的。教育的内容是文化的结晶，教育的方式体现着不同的文化特点，教师、学生、管理者、研究者等一切参与教育的人都有先在的文化背景，且所有这一切在教育的现场情境中相遇、交互作用并融合为新的精神。从单向度的知识传递到多向度的文化融合，表现着当今时代教育的历史性变革。时代使教育作为文化融合的意义得以彰显，而教育愈是与社会融为一体，这一意义就愈显突出。

（三）主体间的理解

教育作为文化的融合，因而丰满、充盈，不再是单向度的。融合意味着意义、精神的重新建构，而其达成在于参与教育的人与人之间的相互影响和理解。主体间的理解是我们重新理解教育的第三个线索。这一线索既是从时代特点、历史性变革的层面理解教育的逻辑线索，也涉及重新理解教育的方法论思想。

我们从这一线索理解教育的基本思考是：对教育的理解仅仅以单向度的主体性、主体与客体间的关系来解释是不充分的，教育过程中的主体性更多的是在主体间发生的。任何实践活动都有主体对客体的认识、改造，也都有作为实践主体的人与人之间的相互影响和理解。也就是说，既有主体与客体之间的“主—客”关系，也有主体与主体之间的“主—主”关系。人与人之间的关系是主体间的关系，它的特殊之处在于人与人同样具有主体性。具有主体性的人与人之间的影响和联系是交互的。这样一种关系被理解为交互主体性、主体间性，表达着一种对主体间的、交互的关系的整体理解。这对于我们重新理解教育具有重要的启示。如果仅仅从主体与客体之间的“主—客”关系去理解教育，那么，无论怎样构造教师与学生之间各种复杂的主客体关系的系统结构，总是难以获得满意的答案，因为一种先在的主客二元分立的态度已经失去了主体间的、交互的整体意义。同样，在一种分解的理解中，把作为主体的人简单地、机械地作为被动的客体，也难以表现教师与学生双方的真实关系和交互作用。在真实的教育过程中，教师与学生都不是在某种分解的时间片段中时而作为主体去认识对方、时而作为客体被对方所认识。他们之间的理解和认识是在同一过程、同一活动中同时地、交互地、共同地发生和达成的。

关于以主体间的理解为线索重新理解教育，在这里，我们的思考仅概略地作如下表达：(1) 主体间的理解是交互的。从这一角度出发，要求把交互的双方（各方）作为整体性存在，且每一方都不是孤立的，都不可缺失。(2) 主体间的理解表达一种平等、共生的关系。作为主体的人彼此之间同样尊重，不存在霸权的、支配的和中心的地位。(3) 主体间的理解包含着对情境的关注。作为主体的人，同是历史的创造者，同是历史的剧中人。每个人的生活都是历史的一部分，同时又都具有此时此地的现场情境。作为主体的人在主体间交互作用构成的现场情境中表现出自己的激情和智慧，教育因而与现场情境不可分离。而这些也都成为我们建设教师发展学校的基本态度。

教育与社会和人的发展的直接的、根本的联系以至于教育与社会的一体化，由教育与社会的一体化而至于教育作为文化融合，由文化融合而至于主体间的理解，这是我们从时代特点层面重新理解教育的线索。重新理解不是无中生有。这一切都已经在历史中或强或弱、若隐若现地存在着，并曾经不断地在教育丰富的实践中、在先哲们睿智的话语中有过表达。或许可以说，这一切都在教育最本原的意义之中，只不过它曾经是原始的、断续的、未曾充分展现的。重新理解教育正是要敞开它本原的含义。当今时代的变革正是这种敞开的条件、力量和契机。知识经济、信息时代敞开了教育丰富的实践，使它本原的意义得以凸显、赋予它新的时代内容和特点、并使它迅速成为普遍的、鲜明的时代教育精神和观念。知识经济、信息时代给人类社会生活带来的变革如此深刻，同时又如此迅速，以至于令人感到：教育的历史性变革，几乎是由时代在提出问题的同时，也由时代给出了答案。

（四）面向实践本身

当我们因时代的变革而重新理解教育时，方法论的转向也为我们的反思和探究提供着新的启迪。可以说，方法论就是我们怎样认识、理解、看待我们所生活的世界的基本的态度和方式。这当中包括我们生活于其中的世界，也包括我们自身、我们的生活，以及我们、我们的生活与世界的关系和联系。我们怎样去认识、理解、看待是具体的方法问题，我们为什么会选择、运用以至创造这些方法还有着更基本的态度和方式，也就是方法论的问题。

西方传统形而上学所形成的根深蒂固的方法论传统，强调的是把现实生活归结为某种抽象实体——它不依赖于任何现实事物而独立存在，具有本原的、普遍的意义。这种抽象实体最终只是一个形而上学的虚设。这种方法论传统，一方面在现实世界之外陷入种种抽象实体的无穷争论，另一方面试图从抽象的实体这个高踞于现实世界之上、游离于现实世界之外的形而上学的虚设出发，建立一个更真实、更本原的本体世界，并用它来解释、规定现实世界，为理解现实世界寻找一个绝对的、普遍的、确定的最终根据。应当看到，对普遍性、确定性的追求寄托着他们对规律的渴望；但是问题在于，当他们在现实世界之外而不是在其内部寻找人的生活实践、生活世界的真谛时，这种方法论传统理解世界的结果便以外在形式的追求掩盖了真实意义的理解，越来越远离现实的生活和实践。

从总体上说，现代西方哲学是在改变这种传统。从胡塞尔开始的现象学运动使他们看世界的目光从抽象的彼岸回归人的生活世界。这是西方哲学和方法论思想的一个重要的转折，从以外在实体抽象地规定现实生活、使丰富的现实生活最终要归结为、符合于某种形而上学虚设，转向敞开人的生活世界的开放和丰富多彩，现实、直观地显现自己的本来面目，千姿百态，真实、鲜活、富有生命气息。深受胡塞尔倚重的海德格尔转向“此在”的生存方式的探究，走出胡塞尔的认识论进入存在论。他批评胡塞尔始终未能到达存在，而他本人也始终没有离开面对实事本身的基本态度。他专注于语言、走向非理性的体验，但仍在探究着人的生存方式、语言构成的人的世界。其后，伽达默尔的解释学既有对海德格尔的继承，又有批判和超越。他从语言与理解、语言与世界的关系走向语言对话和交流活动，把解释学引向实践的哲学。现象学运动把许多重要的西方哲学家联合在一起，虽然他们对世界有着各不相同的理解和解释，但是却有一种共同的接近问题的方式。他们所表现出的实践转向，对主体间性、生活世界的关注，产生了重要的影响。

马克思以实践的观点解释和改变世界。他指出：“社会生活在本质上是实践的。凡是把理论导致神秘主义方面去的神秘的东西，都能在人的实践中以及对这个实践的理解中得到合理的解决。”① 马克思主义哲学实现了哲学的根本性变革，真正实现了人类思想的实践转向，展开了以实践认识和改变人

① 马克思．马克思恩格斯选集：第一卷［M］．北京：人民出版社，1972：18.

类生活世界的现实途径。

教育在本质上是实践的，它不应该仅仅被作为一个静态的概念去理解。对教育的理解，只有在丰富的现实的教育实践中才能真正获得。正是在这个意义上，我们把面向实践本身作为我们重新理解教育的第四个线索。它与上述主体间理解线索的方法论意义一起，构成我们重新理解教育的方法论层面。以面向实践本身的线索理解教育，表达的是这样一种理解教育的基本态度和方式。它或许可以是略有区分的两个含义：其一，是指摆脱那些无休止的争论和各种偏见，直接从教育的实践中去理解教育；其二，是指直接面对教育实践本身，而不是那些游离于实践之外的外在的东西。我们这样来表述这一线索，并不是简单地套用现象学面对实事本身的口号，而是基于中小学火热的教育实践对抽象思辨的教育研究的不满足和要求研究进入中小学教育实践的强烈呼唤。同时，面向实践本身，也表明了我们重新理解教育的马克思主义思想基础。它将使我们以教育实践生动、丰富、强劲的现实源泉克服旧形而上学方法论传统的思辨影响，也避免现象学、解释学中的相对主义、感觉主义倾向，使重新理解教育的问题"在人的实践中以及对这个实践的理解中得到合理的解决"。

面向实践本身是我们（大学和中小学的教师、教育工作者）重新理解教育的基本态度、方式和方法论思想。它吸引了我们的兴趣，鼓舞了我们的精神，燃起我们在中小学教育实践中研究教育的不可遏制的渴望。关注教师专业化发展，建设教师发展学校，正是在这种吸引、鼓舞下形成的内在于教育实践本身的研究指向。

二、关于教师发展学校的思考

出于以上对教育的理解，深刻反思我国现行中小学教师教育的现实，我们深深感到，我国中小学教师教育——无论是职前教育还是职后继续教育，在内容、机制上都过于陈旧，极其迫切地需要有效的改革才能有一个与时代相契合的基础。经过反复地认真思考，同时借鉴国际教师教育改革、特别是美国 PDS 学校理论与实践的积极成果，吸收国内相关研究的宝贵经验，我们形成了建设教师发展学校的基本思考，并于 2001 年 4 月开始在北京市建设首批 5 所教师发展学校，以此作为我们探索中小学教师教育改革的尝试。关于教师发展学校的建设，我们主要有以下思考。

（一）教师发展学校是在现行中小学建制内进行的功能性建设

建设教师发展学校不是重新建立一所独立的专门学校，而是在现行中小学建制内进行的一种功能性建设。它是为了发展、丰富和完善现行中小学的功能，着重强调中小学的教师发展功能，强调学校也是教师发展的场所，学校也应当具有使教师获得持续有效的专业化发展的功能。

教师的发展是一个长期被忽略的问题。传统学校一向以教师为中心，教师的地位并没有被忽视，并且一向推崇师道尊严。但是，教师的尊严地位与教师的发展并不是同一含义。教师中心、师道尊严的背后，掩盖着的是对教师发展的漠视或遗忘，而这是更深一层的遗忘。不仅传统的理解总是把学校仅仅作为学生发展的场所，甚至许多重要的教育改革的理论和运动在强调学生的发展、学生的主体地位时，也没有关注到教师发展的问题。学生是发展中的个体。学校作为学生发展的场所是天经地义的。教师是学生发展的“主导者”，自然处于重要的地位。但是，他们“闻道在先，业有专攻”，已经是“学高之师，身正之范”，发展似乎是已经完成的事情。显然，这一切都出于教育仅仅是知识传递的单向度的理解。它已经不能适用于当今的时代。建设教师发展学校正是适应于教育从单向度知识传递到多向度文化融合的历史性变革。学校应当具有教师发展的功能，应当也是教师发展的场所，这是在当今时代条件下对教育、对教师、对学校的理解。从这个意义上说，具有教师发展功能的学校才是“真正的学校”①，这样的学校才能使所有参与在学校教育过程中的人都得到发展。而教师发展学校在教师发展的意义上也意味着教师的重新发现。

教师的专业是教育，是把传统意义上所说的教育、教学、学科及课程等各个方面、各种因素作为一个整体来理解的教育。教育在本质上是实践的，这表达了教育、教师专业永恒的创造性质和丰富的现实性意义。发生在每一个教育现实情境中的教育实践、互动关系、意义的理解和建构，是一切直接的教育最基本的单元、细胞。教育与现场情境不可分离，中小学教师的专业

① The National Council for Accreditation of Teacher Education. Standards for Professional Development Schools. 2001：2.

化必须在中小学教育实践中才能实现，且不可能在一次性的准备知识的训练中完成。迄今仍在实行的以师范院校各学科院系为机制的教师职前教育，主要学习的是“教什么”和“怎么教孩子们要在中小学里学习的东西”①。教师发展学校之所以是在中小学建制之内，就是为了以现实的中小学教育实践本身作为教师专业发展的真实环境。

教师承载着教育的根本意义和价值。教师是教育改革和发展实践的主体，他们作为社会实践中的人的主体地位和作用、主体意识和责任感、作为主体的能动力量和创造精神，是一切教育改革和发展最终得以实现的最基本、最直接的基础。建设教师发展学校所实现的教师有效的、持续的专业化发展，可以说，是学校教育的内在动力和生命力的源泉。这一意义是根本的和深刻的，它意味着学校的、教育的内源性和可持续的发展模式。内在的、可持续的发展表达着活的、生生不息的生命气息。生命之树常绿，在这个意义上，我们把教师发展学校的建设看做是从学校内部萌生、凝聚教育生命的绿色建设，是教育发展的绿色模式。寻求教育发展的绿色模式，是我们建设教育发展服务区、建设教师发展学校的共同探索和追求。

（二）教师发展学校是大学与中小学的合作建设

教育与社会的一体化，是一个各种不同文化相互接触、渗透、融合的过程，它有着不同的层面和丰富的内容。大学服务社会也是其中的一个方面。随着社会的发展，服务于社会日益成为大学职能的重要成分；同时，也日益增加着大学对社会的影响。大学的学术前沿性质以及开放、探究等文化特质逐渐融入社会，日益成为人们普遍的生活态度和方式，是学习化社会得以达成的重要的社会心理基础。大学服务社会有各种不同的方式和内容；在建设教师发展学校这个问题上，我们更关注的是这种文化融合的方式。使大学的学术前沿性质以及开放、探究等文化特质进入中小学，与中小学的教育实践相融合，对于建设教师发展学校具有重要的意义。同时，中小学又有其自身的文化蕴涵和特质。中小学实现教师专业化发展，需要大学文化的参与，需要走进学术前沿，寻觅创造、发展的新的支点，但它又不是一个单纯的受体。

---

① The National Council for Accreditation of Teacher Education. Standards for Professional Development Schools. 2001: 5.

在中小学里，天真活泼的儿童、青少年，丰富生动的教育生活，不仅始终成就着中小学自身的文化，并且对参与其中的大学文化也产生着不可磨灭的重要影响。国外 PDS 学校建设和教师即研究者运动都强调了大学与中小学的合作。建立大学与中小学的合作关系是教师发展学校的实施保障。教师发展学校是大学与中小学的合作建设；以文化融合的意义理解这种合作，是我们建设教师发展学校的一个基本态度。

在文化融合的意义下理解大学与中小学的合作有着特定的含义。这种合作的基础是参与双方的相互理解，其实质是在理解的基础上对意义和精神的重新建构，其结果是新质文化的生成和参与双方在同一过程中获得的各自的发展。这种合作关系是一种平等、共生的伙伴关系。在这种合作关系中，大学一方不是作为专家、权威支配或控制中小学的改革和发展，而是以平等的身份参与。在这种平等、共生的合作关系中，大学文化与中小学丰富的教育实践充分结合，将改变中小学教育的现状和传统；同时，这种改变又表达着教育的真实意义，成为建构教育理论的实践源泉。在建设教师发展学校的实践中，得到发展的不仅仅是中小学教师；大学教师、作为合作参与者的专业研究人员，也将在这个过程中真正理解教育，获得发展。他们共同的合作，在改变中小学教育实践的同时，也实现着对教育理论的建构，使教育理论朝着既是科学的、又是生动的方向发展。教师发展学校是一座沟通理论与实践的桥梁，实现着教育理论与实践的双向建构。

（三）教师发展学校是在合作研究的实践中实现教师的发展

教师发展学校是通过大学教育工作者与中小学教师的合作研究，在研究、解决现实问题的实践中实现中小学教师教育，使他们获得有效的持续发展。以研究的实践实现教师的专业化发展，在研究的实践中持续开展中小学教师教育，是教师发展学校建设的突出特点。

教师的专业化发展与教师职业的研究性质密切关联。“教师即研究者”是教师专业化发展的同义语①，已经成为教师专业化发展运动中的一个重要观念。“教师即研究者”的早期倡导者布克汉姆曾经表达过这样的看法：研

① Fueyo V & Koorland M A. Teacher as Researcher: A Synonym for Professionalism [J]. Journal of Teacher Education, 1997, 48 (5): 136.

究不是一个专有的领域，而是一种态度，它与教育本身没有根本的区别①。这对我们今天理解教育研究和教师的发展仍然具有重要的启示。

研究是我们对待未知事物的一种态度。教师的工作永远充满着未知的因素。当一位教师走进教室，他将要教授的知识是他早已熟知的，但是他的学生将怎样理解却是因每个人、每个时刻、每种情境的不同而不相同的，这正是教师研究的所在。也正是从这个意义上，我们理解研究与教育没有根本的区别：研究学生如何理解，正是体现教书育人的根本意义所在。教师的工作是否具有研究的性质，关键在于我们如何理解教育和如何理解研究。如果仅仅从知识的传递角度出发去理解教育，教师只能是一个教书匠的角色；如果从每个学生的成长出发，那么，教师的工作就总是在实现着文化的融合、精神的建构，永远充满着研究和创造的性质。对于研究，如果出于一种层级化的理解，把研究作为专业研究人员特有的领域，因而高高在上，教师便只能是别人研究的旁观者、消费者，处于二流角色。而当我们把研究看做教育实践中的一种态度、方式，体现着教育的根本意义，那教师就是教育研究的主体，他们的研究意识、主体意识是教师专业化发展的重要支撑。教师的教育实践内在地包含着研究的意义，并且只有这样，他们才能够真正当之无愧地从事教育这一伟大事业。

当前，面向实践本身、注重主体间理解的方法论转向在我国教育中的突出表现，一方面是广大中小学教师以日益增强的理论自觉反思、研究和改进教育教学实践，同时，理论工作者以一种实践的自觉进入中小学，和中小学教师一起在中小学教育实践中研究教育；另一方面是行动研究、质的研究近年来在我国教育领域的日益兴起及其引起的热烈响应。行动研究把实践者的行动和专业人员的研究结合在一起，形成实践者在实践中以解决实践中的问题、改善自己的实践为取向的研究方式。质的研究以参与观察、开放性访谈、原始材料的真实描述和深入分析以及扎根于原始材料的理论建构，展开一条面向实践本身，把教育行为、行为的意义以及行为发生的情境视为不可分割的整体，实现意义的解释性理解的研究道路。

教师发展学校的建设以合作研究的实践实现教师的专业化发展，以质的研

① Santa C M. & Santa J L. Teacher as Researcher [J]. Journal of Reading Behavior, 1995, 27 (3): 439.

究把教育视为整体性的存在，注重意义的解释性理解的基本态度，并以行动研究由实践者在实践中以解决实践中的问题、改善自己的实践为取向的基本方式掌握和综合运用多种研究方法，形成研究与教育合一的教师专业生活方式。

教师发展学校建设以整体、根本、开放、创造的态度理解教育、教学和研究，把教育、教学、研究视为教师工作的整体构成。它们原本是一体的、不可分割的，这种整体性的认识是对教育意义和价值的根本性理解。它还强调教师获得研究能力、成为研究者绝不意味着对教学的忽视或削弱，而是在根本的整体的理解中把它们视为同一过程。学校的教育、教学工作将因与研究融为一体而获得内在、根本的推动力量。同时，教师发展学校建设以开放的态度吸取国内外相关领域的研究成果，不局限或跻身于某一学术流派或学术观点。因此，教师发展学校的建设、学校教育、教学和科研实践的改进、教师的发展将是大学教育院系与中小学合作实践中共同的整体性创造。

（四）教师发展学校是持续不断的革新和创造

教师发展学校具有丰富、深刻的思想蕴涵，体现了教育和教育科学研究的人文性质和人文关怀，着眼于人的发展——既有学生的发展，也有教师的发展。在广泛意义上建立教育行政部门、学校、教师、学生、家长、社会的全面联系和深入理解，达成理解的教与学，是教师发展学校的深层理念；而以教师的发展达成学生的最大化发展是教师发展学校的根本。

大学和中小学、教师和学生、家庭和社会以及伴随他们的社会生活，共同参与在教师发展学校的建设中，教师发展学校的建设因而汇集着丰富的原生性质。它不是一种简单的借用、一种技术的工具，也不是一种固定的模式，而是一种持续不断的革新和创造。它意味着对教育的重新理解、对教师的重新发现、对学校的重新认识，它是动态、变革、富有创造性的新的建设！

三、实践取向的理论建构

教师发展学校的建设、对于教育的重新理解，日益有了更多丰富、深刻、清晰的发展。这些发展是以自觉的理论态度引起的，而这个理论的态度是鲜明地指向实践的。教师发展学校就成为承载这样一个理论与实践走向一体化的载体，实际地经历了这样一个过程。

在这个过程的开始，理论的拥有只是作为一种自觉地朝向实践的态度。它有鲜明的取向、追求，甚至坚强的信念，但并没有规定任何具体的内容。这样一种开始的机制，使得它拥有了明确的建构方向和宽大的建构空间。正是在这样的机制下，发生着现在我们已经亲身经历了的理论与实践走向一体化的一系列的建构。当我们回过头来看这个建构生成的序列，会感到它竟然如此合乎逻辑、顺理成章，就像是一个精心设计与实施的完美配合；而在实际过程中，每一步都有它发生的际遇，都只是一个出于某种现场情境作出选择的结果。即便如此，在作出一个选择时，也并没有考虑到它的结果将引起下一个选择，而这些选择最终将会有意义地联系起来成为一个整体。所有这一切，都是在那个建构生成的整体形成其雏形的时刻，才被我们欣喜地觉察到。在这当中，唯一为我们所坚持而决不放弃的，就是我们所说的“实践取向”——以近乎苛刻的态度，坚持必须是实践的领域、实践的形态、实践的方式。我们的欣喜也包括，在终于可以看到建构成果的序列时，我们看到这一切正是由于这样的坚持才达成的，这正是实践的方式。我们追求实践的方式，但并不明确知道它是怎样的，然而我们终于实现了这样一种实践的方式。在这当中，其实并不存在任何虚无、神秘和机巧，之所以如此，恰在于我们近乎苛刻的坚持，恰好坚持了实践的本性——实践只以自身为目的。正所谓“踏破铁鞋无觅处，得来全不费工夫”——不是真的不费工夫，而是不费实践以外的工夫。这就是我们走过的道路。

回顾走过的道路，本书第二章描述的“意义的发现”是一个重要的开始。我们在大学里的学术背景确有对于意义的关注。这主要来自教育哲学领域中关于分析哲学、现象学哲学的研究。但我们确实不是以这个学术的背景走进“意义的发现”的。在教师发展学校的建设中，“意义的发现”这一环节是由中学老师对一堂课的设计引起的。大学的学术背景，只是使我们在这一环节发生时认定了它的实践取向。当我们由此认定而继续前行时，还没有想到它将成为后来具有重要意义的理论建构。为了使“意义的发现”向着纵深发展，才有了关于教育意义的四个清醒意识，并以此作为教师专业发展的反思策略，开始关于意义与实践的解释，逐渐形成了“实践—意义取向的教师专业发展”（本书第三章）理论建构的雏形。而此时，第四章所述的“热爱、自信、整体理解”的教师发展学校工作理念还没有建构生成。“热爱、自信、整体理解”的工作理念，是在北京市丰台二中教师发展学校的建设中因为对于实践的实质性内涵的追问引起的。当我们开始循着这一理念展开进一步的建设，又经过了大约半年的时间，才形成第五章所展开的“教师专业发展：求根务本”建设行动。意义的发现—实践意义取向的教师专业发展—热爱、自信、整体理解的工作理念—教师专业发展：求根务本建设行动这个逐渐展开的序列，就是这样在具体情境的建构中生成的。在这个行动的序列中，又总是有理论的建构作为推进的力量；这些建构中的理论成分同时也呈现出相互之间的联系，逐渐形成着可以在实践意义上组织起来的理论建设的体系。所以，当我们以一个基本命题、两个推论、四个探索和一个总结论的体系结构呈现教师发展学校的理论建构时，我们完全可以感受到它与建设行动过程的同步的和相互激活的联系。这一理论体系之所以能够最后相对完整地建立起来，也正是由于建设行动序列的最后一个环节“教师专业发展：求根务本”建设行动所实现的两个重要探索：在实践中实现和证明自身——它的作用大致相当于扣住了我们理论建设序列的最后一道链接；而把教师教育——最终是一切教育，归结为意识品质的养成，更毋宁说是以最后一环提出新的开启。实际上，由此开启的教师发展学校的新的建设已经实行，并取得了超过本书呈现的进展。本书写作的过程甚至落后于我们实际的建设行动。

这就是我们走过的道路，一条理论与实践双向激活、走向一体的道路。

当回顾这一建设的历程时，我们一直在思考一个问题：大学在与中小学的合作中，究竟承担着什么责任？对此，我们在建设过程中形成了自己的理解和信念：建构理论——实事求是地建构体现教育的根本精神、可以有效支持教师专业发展的理论，是大学在与中小学合作中应当自觉承担的责任。

实践取向并不仅仅意味着“重心下移”，实践也拥有自己的理论形态。实践的理论形态与实践同样丰富，与实践有着同样的根本性质，且总是在实践的任何环节里都不离不弃地存在着，并总是拥有可以明确解释的实践效果。实践同样可以有学术的探索追求。大学的实践探索包含着始终避免把实践变成缺乏理论和学术素养的简单操作；中小学教师在具有理论的自觉、充满热诚、追求和创造的实践中，才能真正实现作为自身专业性体现的发展。而为中小学教师准备和提供这样的机会，是大学教师教育的责任。

建构理论是大学永恒的责任。它决不因为与中小学的合作是一种平等共生的伙伴关系，是一个建构生成的合作过程，而可以稍有简慢、削弱和犹豫、动摇。在这一点上，它丝毫不亚于大学在一切支撑着我们今天社会生活的科学的、哲学的方面所承担的责任。

探索与建设

2001 年首都师范大学教育科学学院与北京市丰台区教育委员会合作建设“丰台教育发展服务区”

宁虹教授、张景斌教授与教师发展学校的领导和教师进行课后交流

宁虹教授在“教师专业发展：大学的责任”高层论坛作报告

2008 年首都师范大学举办“教师专业发展：大学的责任”高层论坛

“教师专业发展：大学的责任”高层论坛现场

第一章

初期探索

教师发展学校建设的初期探索，主要是我们在建设的第一年里所做的工作。我们从一开始就十分坚决地坚持实践取向、建构生成的态度。在初期的建设中，我们也真实地经历了教师发展学校建设从无到有、在实践中建构生成的探索过程。在这期间，我们逐渐形成了关于教师发展学校建设的意义、目标的理论表达，并开始了初期的建设行动。

一、教师发展学校的产生背景

2001 年 1 月，首都师范大学教育科学学院与北京市丰台区教育委员会签署协议，合作建设丰台教育发展服务区。首都师范大学教育科学学院在这一建设的协商过程中提出，没有前设方案，合作方案将在合作建设过程中共同建构生成。这一建设理念，表达了首都师范大学教育科学学院所持有的一种学术信念和态度。但是，对于一个没有预定方案的合作，如何进行协商？有人对此提出了质询。这种质询是合理的、负责任的。为了促成这一合作，寻找一个既能体现上述建设理念，又能够十分实在而使合作的对方放心的建设项目，成为至关重要的关键。就是在这样的背景下，借鉴美国 PDS 经验，建设教师发展学校，被列入了服务区建设的协议书，成为六项合作项目中的一项。教师发展学校建设由此开始。

八年过去了，教师发展学校建设经历了自己的发展历程。首都师范大学教育科学学院先后在北京市丰台区、朝阳区、海淀区、西城区、密云县，河北省唐山市、石家庄市，辽宁省沈阳市，建设4批共18所教师发展学校。全国十几个省市先后开始建设教师发展学校。教师发展学校已经被载入史册，成为一个具有全国性影响的教师教育改革实践。作为一项具有探索和改革性质的事业，教师发展学校的建设在今天也许仍处在生长期，它的成败和影响也许尚不能定论；但它毕竟走过了八年的历程，围绕它、为了它、伴随它，毕竟已经有了一系列的理论的和实践的建设。教师发展学校建设的八年里，在理论、实践以及理论与实践的结合上产生新的探索的平均周期不超过半年，并且这样的势头一直保持至今，尚未出现衰微的迹象。这也许也是它仍处于生长期的一个标志。

教师发展学校建设，既是针对在职教师的专业发展，又是职前教师教育及中小学教师职前—职后教育的一体化的一项重要的探索。教师发展学校建设过程中的几乎每一个重要的发现和建设，都可以反思到职前教师的培养，都对师范大学的教师教育改革具有极富针对性的实际意义和影响。

教师发展学校建设可以定位为一项由大学与中小学合作进行的综合性理论与实践探索。教师发展学校建设本身是一项具有探索性质和研究性质的行动。这一行动以改善教师教育和基础教育的实践为主要目的之一。这一行动的参与者是教师教育和基础教育的实践者。因而，它具有行动研究的性质。但它的展开超出了通常对于行动研究的理解。大学教师作为教育理论工作者、同时又作为教师发展学校建设的行动者参与建设的行动，使这一行动具有强烈的学术背景、学术信念、学术追求和鲜明的理论建构。行动的主体是大学教师与中小学教师的合作群体，合作群体中的主体间交互影响形成着行动的整个过程。教师发展学校建设的行动坚持以改善教师的教育教学实践、实现中小学教师专业发展为目的。探索教师教育的改革和丰富教育理论建设与这一根本目的的同一，成为这一行动的内在的组成部分。教师发展学校建设的特别之处，还在于它所置身其中的时代变革。这一变革正在改变着关于教育、学校、教师的传统理解，消解着理论与实践之间的界限，动摇着以往理解和研究教育的既定范式。教师发展学校建设在这样的变革之中应运而生，它实际上不为任何既定范式所限定。

我们将以教师发展学校建设过程的描述，呈现教师发展学校建设意义的解释性理解。但是，教师发展学校建设的学术探索和理论建构作为研究的对象被描述时，就很难区分它究竟是理论本身还是理论在被描述。我们愿意表明，我们的探索将不受方法规定性的限制，在方法与获得意义的理解有冲突时，被舍弃的将是方法而不是意义。范式的突破，对于教师发展学校的建设和关于教师发展学校建设的研究报告是同一的。

伴随建设过程形成的以严格的科学态度保证行动充分地贯彻实践的理论自觉，使得行动的过程和效果始终可以在实践自身中得到明确解释，也使得教育自身的目的得到实现的过程就成为自身得以构造性地证明的过程。它意味着一种不违背以实践自身为目的，从方式、策略上都可以完全遵循实践的逻辑方式的教育研究的新道路的可能性。

2001 年 1 月，首都师范大学教育科学学院与北京市丰台区开始合作建设丰台教育发展服务区，建设教师发展学校是这一合作建设中的一项重要内容。此后，地处朝阳区的北京十六中在了解了教师发展学校建设的理念之后，也加入了这个行列。自 2001 年 4 月开始建设的首批教师发展学校共 5 所，它们是：南宫中心小学、丰台一小、太平桥中学、东铁匠营一中和北京十六中。建设教师发展学校是借鉴国际教师教育改革、特别是美国 PDS（专业发展学校）建设理论与实践，适应时代特点和我国基础教育改革、教师教育改革的需要所作的探索和尝试。

教师发展学校是在现行中小学建制中进行的功能性建设。教师职业需要持续地发展，学校教育教学实践是教师专业化素质形成和发展的必要条件。学校也是教师发展的场所，学校应当具有使教师获得有效和持续发展的功能。教师是教育改革、发展、研究和教育教学实践的主体和关键，教师有效和持续的发展是学校教育教学发展的内在动力和生命力的源泉。因此，教师发展学校是促进教师的教育、教学和研究一体发展的一种有效形式，也是学校观念、学校建设的一项变革。教师发展学校是大学与中小学的合作，在实践过程中“做中学”，为中小学教师改进日常教育教学实践、实现专业发展提供了有效的支持，给学校的建设和教师的工作、生活带来了实际的变化。

在教师发展学校的初期探索阶段，我们所拥有的仅仅是一种态度、方式和追求，但正是这种态度、追求使得后来的事情成为可能。在这个阶段中，我们所做的一方面是以这样一种态度方式作出理论的表达；同时，也在以各种方式寻找可以使教师发展学校建设获得实质性进展的一切可能。

教师发展学校建设在一开始就抱有十分强烈的理论追求，并且这种追求十分明确地指向了实践，是一种自觉地对实践的理论追求。这种追求期待寻求一条可以走出工具理性影响，又不落入虚无主义泥坑，可以实在地付诸实践的有效的教师发展之路。

二、教师发展学校建设的目标

建设教师发展学校的目标，同样反映着“走向教育实践本身，基于教育的实践本性，重新理解教育”的追求。当时，从中小学的改革与建设、中小学教师的专业发展和中小学教师教育三个角度，把建设教师发展学校的目标概括为：建设新型学校、培养新型教师、建设新型教师教育。

（一）建设新型学校

建设教师发展学校的目标，对于中小学而言，是形成中小学的教师发展功能，使学校真正成为教师发展的场所，使中小学真实的教育环境成为教师专业成长的丰厚土壤。这一目标既包括在职教师持续的专业成长，也包括职前教师教育的实践环节。由此形成的是职前和职后教师教育的一体化。中小学校将因此而超越其传统的职能，并在这一过程中形成和发展起大学与中小学融合的新型的学校文化。

（二）培养新型教师

建设教师发展学校的目标，对于中小学教师而言，是在中小学教师中形成教育、教学、研究、学习合一的专业生活方式。中小学教师通过研究和学习，清晰、明确地意识到每个教学活动的教育意义，并使其付诸实施和得以实现，是教师工作专业性质的具体体现。当教师以这样的态度和方式工作，他的工作是专业化的；当教师总是在以这样的态度和方式工作着，他就是在经历着、形成着教师的专业生活方式。教师发展学校建设就是要使教师发展学校中的多数教师具有这样的专业生活方式。

（三）建设新型教师教育

建设教师发展学校的目标，对于教育学科的建设而言，是形成教育理论的实践建构。中小学校是实现教育意义的现场，中小学教育实践是教育发生和展开的生活世界，是教育理论形成和发展的前提。正如著名的瑞士心理学家皮亚杰所言，教育学应当是一门“既是科学的，又是生动的学问”①。教师发展学校将以大学与中小学教师的合作、大学与中小学文化的融合构成的共同的生活基础，实现教育学科“既是科学的，又是生动的”的建设。

这里需要强调的是，教师发展学校建设的目标，并不是我们事先设计好、规划好的既定方案。如前所述，我们在建设初期所拥有的仅仅是一种态度、方式和追求，这样的态度和追求体现为我们对教育本质和教育根本意义的追问，体现为我们对教师的专业性质的追问，体现为我们对中小学校的根本使命与意义的追问。对于这些问题的追问，在我们初期的探索中被表达为“重新理解教育”“重新发现教师”“重新认识学校”。这三句话，既成为我们开始建设的口号，又体现着我们建设的理念。教师发展学校建设的目标实际上就是从这三个理念中引申、形成的。对这三句话的详细阐述，集中体现在我们教师发展学校最初的理论建设系列，即《建设教育发展服务区，探索教育发展新模式》（2001 年第 1 期，教育研究）、《重新理解教育》（2001 年第 11 期，教育研究）、《重新发现教师》（2001 年第 11 期，教育研究），并由此汇聚成我们建构教师专业发展的目标的主要理论依据。

下面，我们节选了《建设教师发展学校的思考——重新理解教育、重新发现教师、重新认识学校》②（王长纯，宁虹）一文中的一部分，以期集中表达我们对教育、教师、学校的根本理解。

重新理解教育

当我们为建设教师发展学校走进中小学，勤于思索的校长、教师们首先向我们提出的问题是：究竟什么是教育。这个对于教育本质、教育根本意义的追问，促使我们不是以现成理论的思辨、概念的推演，而是从生动的历史现实、从丰富的生活世界和当下实践中重新理解教育的意义。马克思指出：“社会生活在本质上是实践的。凡是把理论导致神秘主义方面去的神秘的东西，都能在人的实践中以及对这个实践的理解中得到合理的解决。”教育在

---

① 皮亚杰. 教育科学与儿童心理学［M］. 傅统先，译. 北京：文化教育出版社，1981：9－10.

② 王长纯，宁虹. 建设教师发展学校的思考——重新理解教育、重新发现教师、重新认识学校［N］. 中国教育报，2001－09－22.

本质上是实践的，实践是思想的起点、教育的意义和理解的根与源。教育的意义是在教育的实践中被理解的。每一个学生的笑容、每一位教师的辛劳都在表达着教育的意义。面向实践本身是我们重新理解教育的基本态度。建设教师发展学校是在现行中小学建制内进行的功能性建设，中小学丰富的教育实践是教师获得专业化发展的真实环境。

重新发现教师

当我们在建设教师发展学校的合作探讨中对现代教育理论运动进行反思时，教师发展的缺失引起我们的重视。这种缺失或表现在使教学从完整的教育过程中分离出去，主要成为单纯的认识过程，教师成为传授知识和技能的工具；或表现在只强调学生的发展而没看到教师的发展；或表现在把准确地按专家预先制定好的课程方案，当成教学追求的理想。教师被物化，无视教师的主体意识和主体地位，束缚教师的创造，束缚教师的发展。这些现代教育理论没能认识到教师作为教育实践的主体，作为主体教师发展的意义，没有看到与教育真实情景融为一体的教师与学生主体间的关系以及这种关系对于师生发展的根本性影响，这种对教师的认识和对教师发展的忽视已经落后于历史的步伐，重新发现教师，促进教师的发展已是时代的召唤。

1986 年，美国霍姆斯小组发表了《明天的教师》报告，同年卡内基教育促进会发表了《国家为 21 世纪准备教师》的报告。这两份重要的报告都将确立教师的专业地位，美国认为教学是使所有其他专业成为可能的重要专业，是形成今天教育和美国未来的专业。培养并支撑教师知识和技能的终身发展对美国国家是十分重要的。美国教师专业化发展重视扩大教师的自主权，重视大学和中小学的联系。在教育实践中提倡反思，提倡研究，形成了教师反思运动，教师成为研究者运动。教师专业化发展就是要在学校教育过程中使教师和学生都获得成功。美国教师专业化发展运动对国际社会，特别是西方社会的教育产生了很大的影响。许多国家或直接或间接地将教师发展纳入政策视野。

持续了近半个世纪的教育改革浪潮正把教师发展推到历史的前台。在当代教育历史进程里教师开始不是单纯的任务执行者或角色的扮演者，而是教育的思想者、研究者、实践者和创新者。在专业化发展的路径上教师的主体地位、精神和意识得到了时代的推崇，教师走下传统的“圣坛”，开始了发展的未完成时，以自身的不间断发展促进学生的健康成长。教师专业化发展正是教师重新发现的催生者。教师专业化发展和教师重新发现将对21世纪教育产生重大影响。

重新认识学校

教师发展学校的建设，吸收了国际教师教育改革的积极成果。在建设教师发展学校、使教师获得持续有效的专业化发展的同时，它也使我们重新认识学校。建设教师发展学校正是适应着教育从单向度知识传递到多向度文化融合的历史性变革。学校应当具有教师发展的功能，它不仅是学生发展的场所，同时也是教师发展的场所。这是在当今时代条件下对教育、对教师、对学校应有的理解，从这个意义上说，能促进教师发展的学校才是“真正的学校”。

教师承载着教育根本的意义和价值。教师是教育改革和发展实践的主体，他们作为社会实践中的人的主体地位和作用、主体意识和责任感，作为主体的能动力量和创造精神，是一切教育改革和发展最终得以实现的最基本、最直接的基础。建设教师发展学校所实现的教师有效的持续的专业化发展，可以说，是学校教育的内在动力和生命力的源泉。这一意义是根本的和深刻的，它表达着活的、生生不息的生命气息。生命之树常绿，在这个意义上我们把教师发展学校的建设看做是从学校内部萌生、凝聚教育生命的绿色建设，是教育发展的绿色模式。

三、教师发展学校的初期探索过程

各个教师发展学校形成和积累着丰富的建设经验。以下涉及的只是我们感受比较深刻的部分内容。

（一）与原有经验对话——尊重学校的经验和传统

参与教师发展学校建设的大学教师对教师发展学校的建设抱有坚强信念和充分的理论准备，以尊重的态度、服务的态度、共同参与和互动的态度进入中小学，尊重学校原有的建设经验，尊重学校领导的决策，尊重中小学中每一位教师的主体地位和他们对于发展的选择；为在中小学教师中形成教育、教学、研究、学习合一的专业生活方式提供教育理论、研究方法以及方法论态度和方式等多方面的、多种形式的、灵活有效的服务；相信每位教师的创造热情和智慧，相信在共同的参与和互动中会有共同的创造和发展。实际上，在每一所学校的经验和传统中，都有相当比例的与教师发展学校建设理念相通和契合一致的成分。在教师发展学校与学校原有的经验和传统之间，有着内在和谐的对话。

参加教师发展学校建设的中小学校富有改革与发展的渴望与追求，这是教师发展学校建设至关重要的条件。在与大学教师交流、沟通和共同的努力建设中，这种渴望与追求进一步深化、明晰和具体，形成对教师发展学校建设理念的基本理解，完成教师发展学校建设的观念、文化准备，从而树立建设教师发展学校、形成学校的教师发展功能、超越传统建设新型学校的使命感、责任感，树立学校和教师建设自己的教师发展学校的主体意识、研究意识。

通过交流、沟通以及合作和共同建设的开始，双方结成平等共生的伙伴关系，共同制订教师发展学校建设的工作计划，建立教师发展学校建设的组织系统，探讨实现教师发展的可行途径。

（二）孩子眼中的教育世界——从理解学生开始

建设教师发展学校是要以教师的发展达到学生发展的最大化，强调理解的教和学，所以特别强调师生间的相互理解。我们的做法是：从理解学生开始。在教师发展学校建设的初期，各校普遍开展了大学教师和中小学教师一起参与的学生访谈。这样做既使大学的教师开始了解、熟悉所在学校的情况，中小学教师也通过一个个有效的活动，实际地参与了教育的研究，同时，还使大学和中小学教师一起，以研究的态度，走近学生的内心世界。这一做法在教师发展学校建设的过程中，被证明是十分有效的。

（三）教师行动研究——树立中小学教师的研究意识和主体意识

随着教师发展学校的建设进程，在经过一系列的讲座、培训和学习活动的基础上，各个教师发展学校先后开始了丰富多彩的教师行动研究。这种由中小学教育的实践者——中小学教师自己，以改善自己的教育教学实践为取向的研究活动，极大地激发了中小学教师的热情和追求，他们很快以极大的积极性开始了自己的行动。

（四）“研究课”—“教师专业发展日”—“意义课堂”——建构新型教师专业生活方式

培养新型教师的一个重要的方面是在中小学教师中形成教育、教学、研究、学习合一的专业生活方式。如何实现这样一种教师专业生活方式，是教师发展学校建设的一个重要内容。对此，教师发展学校建设经历了一个探索和尝试过程。从“研究课”、“教师专业发展日”到“意义课堂”，既是这个探索过程的实际经历，也表现着对教师专业发展的逐步深入的理解。

1. 研究课

教师发展学校建设从一开始就有两个承诺：一是一定进入教学领域，二是一定要有教师的发展。教师发展学校的建设十分重视教师在教学实践中的专业成长，其中一个普遍开展的活动是“上研究课”。任课教师和包括大学教师在内的合作伙伴结成学习共同体，通过认真的探讨、准备以及丰富多彩的课后反思，有效地促进着教师的发展，“研究课”也成为教师发展学校各种后续建设措施中始终有效存在的基本环节。但是，“研究课”怎样走出传统，怎样体现教师工作的专业性质、创造性质，怎样上研究课才能体现教师发展学校的特点、实现教师的专业发展，这些问题并没有得到解决，仍在困扰和吸引着每一位教师发展学校的建设者。

2. 教师专业发展日

“教师专业发展日”的提出，是建设的双方共同探索的一个结果，尤其体现了教师发展学校建构生成的特点。为了使研究课真正促进教师的专业化，需要中小学教师对专业化有一个具体的体验。“教师专业发展日”就是一个经历这种体验的机会。具体的做法是：（1）共同准备“研究课”；（2）上一堂“研究课”；（3）对这堂“研究课”进行“人种志描述”。

3. 意义课堂

在教师发展学校建设的初期，经过研究课、教师专业发展日等建设的活动，如何寻找这个教师专业发展的开始，被聚焦在“如何使我的每一堂课充满教育意义”这个焦点上。教育的意义引起了教师以往所没有的极大的兴趣和关注，这个在当时被称为“意义课堂”的建设活动也引发了教师发展学校后续的理论与实践建设的推进。本书第二章“意义的发现”就是这一推进过程的呈现。

建设教师发展学校的目的，是在中小学教师中形成教育、教学、研究、学习合一的专业生活方式，促进教师的专业发展。教师的专业发展，是一个贯彻于每日、每时、持续不断的建设过程，但是它的实现总要有一个开始，有一个路径。

第二章

意义的发现

教师发展学校建设是教师教育和基础教育领域的一项探索性的改革。怎样在这一改革的探索中体现“走向教育实践本身，基于教育的实践本性，重新理解教育”的理念，走出一条属于它自身的建设道路，是我们从一开始就在苦苦求索的。“意义的发现”是我们在这个探索过程中的一个新的转折环节。当我们今天回顾教师发展学校建设八年的历程时，可以看到这一环节对于我们是多么重要。它成为我们的理论追求与建设的行动之间终于可以协调一致并最终严格地把实践取向坚持到底的关键。在此之后所展开的理论与实践建构的历史过程，均得益于这一环节的形成。这一工作，主要是在北京十六中教师发展学校中完成的。

一、一所教师发展学校的进入与建设过程

教师发展学校是大学与中小学的合作建设。“参与教师发展学校建设的大学教师对教师发展学校的建设抱有坚强信念和充分的理论准备，以尊重的态度、服务的态度、共同参与和互动的态度进入中小学，尊重学校原有的建设经验，尊重学校领导的决策，尊重中小学中每一位教师的主体地位和他们对于发展的选择；为在中小学教师中形成教育、教学、研究、学习合一的专业生活方式提供教育理论、研究方法以及方法论态度和方式等多方面的、多种形式的、灵活有效的服务；相信每位教师的创造热情和智慧，相信在共同

的参与和互动中会有共同的创造和发展。实际上，在每一所学校的经验和传统中，都有相当的与教师发展学校建设理念相通和契合一致的成分。在教师发展学校与学校原有的经验和传统之间，有着内在和谐的对话。”这种内在的和谐，确是教师发展学校建设的基础。但这并不意味着，教师发展学校建设就一定是鲜花和坦途。一项持续这样长的时间，带有这么多变革的追求，涉及这么多单位和个人以及不同文化背景和利益需求的群体的建设项目，其经历的过程，如果不是包含艰辛，那才是不可思议的。我们愿意通过下面的故事从一个具体的视角来呈现教师发展学校的建设过程，其中的艰辛和喜悦都是真实的。

故事之一：进入的艰难

大学与中小学合作，实质地存在着一个“进入”的问题。如果这个问题没有突出地表现出来，那么，可以考虑这样几种可能性：(1) 进入中小学的大学教师拥有丰富的中小学工作经验，熟悉中小学生活；(2) 进入阶段相当漫长，没有表现出进入的冲突；(3) 实质性的接触并没有发生；(4) 大学强势进入。

以下是一位建设者对教师发展学校建设过程的描述与回忆①。

我们正式进入这所中学、开始教师发展学校的建设，是在2001年的暑假之后。开学之前，我们参加了这所中学为培训新教师而举行的班主任工作会议。在启动仪式之前，学校举行了报告会，向全校教师报告了教师发展学校建设的基本思想。报告会主题突出：“重新理解教育　重新发现教师　重新认识学校”的大幅标语纵贯整个会场。应当说，这种建设理念带有一定的新鲜感和号召力，从会场当时的气氛可以感觉到这一点。会议结束后，这所学校的部分领导和教师以及前来参加会议的几位临近学校的校长没顾上吃晚饭，聚在学校的接待室又和我们交谈了两个多小时才离去。“重新理解教育　重新发现教师　重新认识学校”的建设理念，特别是对领导层可能有点“解渴”。记得我们第一次走进这所学校时，校长和书记向我们提出的问题就是“教育究竟是什么”。他们长期在第一线工作的酸甜苦

① 在下列有关教师发展学校建设过程的回忆中，凡涉及背景介绍的文字均以“我们”作为主语，以“我”作为主语的文字则是回忆性陈述。

辣，使他们反复追问这个理论界几乎已经争论得倦怠了的根本问题。《重新理解教育》，从一定角度上说，是为他们的追问而写的。教师发展学校在理论建设上，从一开始就抱有明确的实践取向，抱有在实践中获得回答这一根本问题的期待。

然而，实际工作的开始，并没有像报告会和启动仪式那样顺利。在启动仪式后我们第一次到学校工作，就开始感受到我们和教师之间的距离。我们在学校中的工作并没有像事前商量的那样安排，和教师的座谈也没有了报告会那天的激动和新奇，而且参加座谈的人很少。在后来的多次活动中，这种状态一直延续，有时甚至在我们赶到学校后，学校只是安排一些临时性的接待，实质性的工作在差不多两个多月的时间里并没有取得进展。紧接着，事态变得更加具有冲突性。分管教师发展学校建设具体安排的学校中层领导很尖锐地提出了“老师们不愿意参加教师发展学校的活动”，“首都师大究竟想在这所学校得到什么”，“你们打算待到什么时候”等问题。

我们和这所学校的主要领导从一开始就建立了比较密切的友谊，对教师发展学校建设的理念有很多相当深入的交流和沟通，但实际工作中所面临的这种局面是我们始料所不及的，感到相当意外。尽管这样，我们和学校之间仍然可以坦诚地交谈。对于这些问题，我们在学校领导召集的会议上进行了意见交流，回答了一些颇为尖锐的问题。在涉及具体问题的探讨时，校方提出希望我们对已经听过的课作出评价。对此，我们再次强调听课是为了了解情况，不带有评价性质。不过，我们也理解老师们在听课后，急于知道大学教师怎样看待自己的课。但我们的理念是：希望教师每上完一堂课，首先关注的不应当是对自己怎样评价，而更希望把对课的关注引向对课的反思和研究，并且是由教师自己去反思和研究。在评不评课的问题上有人认为大学教育系的教授不评课就是评不了课。

故事之二：第一次评课

我的第一次评课就是在这样的气氛下进行的，隐隐然，带有了几分压力。我很感谢我在听课时的笔记。在我回到家，打开听课的笔记本再看一遍的时候，那课堂仿佛又回到了我的眼前。我仔细思考过后，感到我可以把课评得既不得罪什么人，也不偏向什么人，还要确有批评的意见。于是，我打电话给校长，谈了我的想法，他说“还没有人这样评过课”，便让我在全校大会上公开评课。

1. 三十年的重量

我从一位老教师的《三十年的重量》开始。这位老师是这所中学最有经验、也最年长的老师，是语文教研组的组长。《三十年的重量》是余秋雨的一篇散文。这是我在教师发展学校听的第一节课。听课时的笔记记下了我听课时的几乎全部感受。其实，我真的就是在谈我自己听课的感受而已。这些感受已经深深地留在了我的记忆里，即使在八年后的今天，我仍然可以细细地从头说起。

“首先，”我说道，“这一课，本不是在这个时间讲的。这位老师把这篇记叙余秋雨和他的同学（一位著名画家）与他们的老师之间纯真情谊的课文提到教师节来讲，本身就为理解这一课创设了一个很贴近的情境。”接着，我谈到这位老师在课的开始写下本课题目时的做法：这位老师在黑板上写下“三十年的重量”后，接着写作者的名字。“余秋雨”三个字，这位老师边写边说“余有钩，雨无钩”，提醒学生注意这两个字的书写。这是很容易被忽视的地方，表现出一位老教师善于抓住教育时机，为学生养成良好的习惯。他的语言也朗朗上口，很容易给学生留下深刻的印象。我希望老教师这样宝贵的经验能够为青年教师所看重和学习。同时，这位老师在这堂课上有一个十分精致的板书。这个板书实际上贯穿了这一课的几乎全部过程。这位老师一边讲，一边写下几个字；随着课的进程，这些看似随意写下的字迹，又被这位老师随手画出的线条、箭头、括号等联系起来；当课将要结束时，黑板上以“三十年——重量——人间至情”为中轴，构成一个完整的“纲要信息图示”。现以我的记忆，参照当时的听课笔记再现如下：

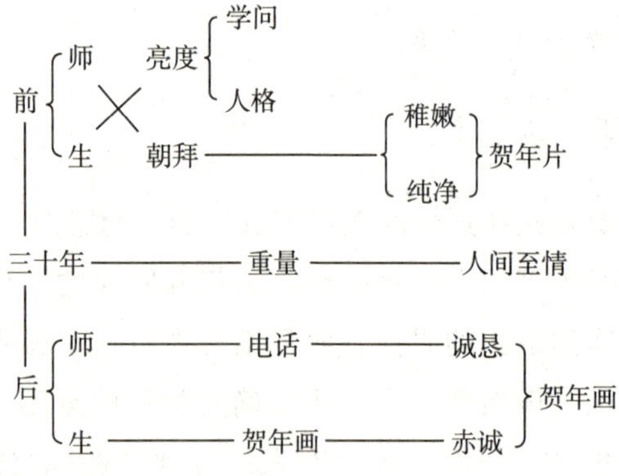

当时，我对这个板书表示了由衷的敬佩。即使一口气刻意地把这些都写在黑板上，也很难写得这么工整，而这位老师却是在几十分钟的讲课过程中看似不经心地随手写上去的。当它最后这样系统、整齐地呈现出来时，每一个词汇、每一道线条都配合得恰到好处；把它们联系起来，可以从纵横交错之中回忆出课文的几乎全部情节。

给我留下深刻印象的还有这位老师用“吹皱一池春水”来启发学生理解本课的题目。我谈了我的感受：我以为，这是这位老师在向学生解释一种“跨越相态”的写作手法。可以起皱的是布料绸缎，“吹皱一池春水”，是在生动地描述那一池春水，恰如一疋轻灵的绸缎，清风吹过后泛起波皱。水与绸缎，相态不同，但跨越相态的组合，恰因相态之有别而造成强烈对比，别具新意。这位老师的用意在于点题：时间是没有重量的，说“三十年的重量”，那含义之神髓，实在不是“三十年的漫长”“三十年的岁月”甚至“三十年的情谊”所能言表的。这位老师讲到此处之前，我真的从来没有注意过这个题目，就在这位老师说出“吹皱一池春水”的那一瞬间，我一下子意识到“三十年的重量”这个题目的妙处，从心里涌起一阵感叹，既对作者、也对这位老师的用心不尽感叹。我这样表达我的感受：“如果我是这位老师的学生，那么，我此刻的心情就是，我一定要用这种跨越相态的手法写一篇作文。”我所说的，的确是我的真情实感。在我发言的几十分钟里，我看到这位老师一直在伏案疾书做着记录。我的心里开始感到如释重负的轻松和可能成功的欣喜。

2. 抬起头来

我对听过的课也真的提出了批评性的意见。其中之一，是一位青年教师在讲课中有一阵连续在说“抬起头来”、“抬起头来”。她当时是让学生抄录板书，我建议说：“学生抄完了，自然会抬起头来。而且抬起头来，属指令性语言，一堂课上指令性语言过多，会影响课堂气氛。”

我能说出这个意见，得益于我在大学里讲授《教育研究方法》时作为观察案例讲解的“弗兰德互动分析”。在“弗兰德互动分析编码系统”中，编码“6”代表指令性语言。一堂课中，编码“6”出现的次数多，会造成互动分析矩阵中缺陷格频次分布加重，这表现了课堂气氛趋于紧张，师生互动关系不融洽。真没想到，居然在这里用上了。

实际上，我对这堂课真正想提出的意见，是以团体竞赛积分的方式背古文。全班学生每一纵列为一组，每组都出一名验收员，到邻近的一列同学那里，从头到尾挨次检验每个同学的背诵。我永远不会忘记，我所看到的那个担任验收员的小女孩机械地走到同学面前验收背诵时那呆滞的目光和漠然的表情。在统计积分时，积分落后组的分辩和恳求是带有真情的，但这一切，与这堂语文课有什么关系?! 为此事，我特意和清华附中的语文教师交流过，当时我给他们上过课。他们的反应与我不同。他们告诉我，这位教师已经很不错了，学生不愿背古文，她还想方设法调动学生的积极性，变苦学为乐学。所以那天，我没有提出自己的这个真心的批评意见，而是按照清华附中教师们的意见，以“变苦学为乐学”表示了肯定。这真的是违心的，但我觉得我需要对肯定的方面在不同的教师之间维持某种平衡。

3. 什么是学生参与

我提出的第二个批评意见是关于学生的课堂参与。我在课堂上看到教师们都很注意为学生创造机会，让他们有机会说话，让学生的语言参与课堂教学。这本是一个很好的教育理念，其根本是在发挥学生的主体性，以自己的语言形成和表达对学习的理解。然而，这样的理念并不是每一位教师都能够真正贯彻的。但这并不影响他们执行这样一种形式。于是，我们可以看到大量这样“有形而无神”学生的参与。我看到的情形是这样的：教师在讲课的某一片刻发出指令：“现在大家开始讨论。”立刻，同桌两个小脑袋凑到了一起。少顷，教师说“停”，讨论戛然而止，教师继续讲课。不一会儿，教师又说：“现在大家再讨论一下。”这次，前后桌的四个小脑袋凑到了一起。我想，学生们一定是已经接受了某种讨论安排的秩序，才能这样有条不紊地做出各种讨论的样式。开始和停止，都是教师的意志，我不知道这样怎么表现了学生的主体性。最使我诧异的是，这种讨论最短的一次仅仅有 4 秒钟。我实在忍耐不住，提出了质问：讨论是为了交流思想的，请问 4 秒钟的时间如何交流思想？如果不能交流思想，为什么要有这次讨论？学生参与课堂是一种形式上的行为的参与，还是他们积极的思维的参与？如果教师以自己的语言形成一个可以使学生心情激动、思绪如潮的情境，学生因此而处于积极的思维状态，是不是学生的参与？

我的第一次评课是在并非仅仅出于礼貌的掌声中结束的。从此以后，在这所学校的教师发展学校建设进程中再也没有出现开始时的那种“危机”。

不久，原来分管教师发展学校建设具体安排的那位教师要离开这所学校。那期间，他多次向我表示“我可不是坏人”。我真的认同这一点，他的那些做法也是出于一种对工作的负责任。那些冲突，实质上是一种强大的认识论传统与教师发展学校建设的实践取向的冲突。他只是不能理解教师发展学校建设的实践取向，更不能理解这对于教师发展的根本意义。应当承认，中小学教师在开始时可能很难理解这一切。曾经有朋友问我，建设教师发展学校最大的困难是什么。我脱口而出“认识论传统与教师发展学校建设实践取向的冲突”。然而，正是那些愿意开始这样一种理解的人，走出了第一步。

最初的探索开始大概一年左右，我们获得了所期待的取得实质性进展的可能。这个突破的机会发生在2002年与北京市第十六中学的合作中。这个以“意义的发现”命名的突破，在下面将会有详细描述。它的实质就在于开始了对意义的关注。这对于后来的一系列建设都是极其重要的关键。由此所带来的，首先是教师发展学校建设中的一个重要变化：从怎样通过教师作研究达至教师专业地位的巩固和专业发展的实现转向关注课堂教学的教育意义，使意义的追求成为教师专业发展内在动力的源泉，并以此作为教师专业发展的日常化方式。当时并没有想到，它成为我们称之为“实践—意义”取向的教师专业发展理论的起点，并由此推进了关于“教育在本质上是实践的”这一基本命题的一系列理论和实践的进展。

二、教师专业发展日——“意义”的发现

关于“意义”的发现，是我们在与北京市第十六中学的合作过程中发生的。这是一个偶然事件。它的发生的确不是来自大学的预设，而是一次不期而至的交谈引发了这个事件。教师专业发展日的提出真真切切是一次互动中的建构生成，它不是一次偶然的冲动，而是经历了一个积累、建设的过程。这个过程不算长，开始和行进都似乎很快，似乎没有在某一个站点停留，就进入了下一个环节。

（一）第一个教师专业发展日

有一次，傅晓洁校长来到我的办公室。我们随意地看着我在大学里讲授

教育研究方法课程的课件。忽然，傅校长说："把这个记下来，回去改我们的听课笔记。"原来，我在讲观察法时向学生呈现的观察笔记的格式引起了傅校长的注意：用实地笔记记录现场情况，用个人笔记记录自己当场的感受。我在北京十六中听课时就是这样记笔记的，它的确给了我很大的收益。使我惊讶的是，傅校长一下子就把它和听课的笔记联系起来，成为一项改革的措施。那一天，我们还讨论了修改教师教案规范和上研究课的有关问题。这三件事，经过领导和教师们的努力，成为北京十六中教师发展学校建设初期的三项改革。然而，这三项改革似乎并没有给学校、教学和教师们带来实质性的变化。新的教案规范、新的听课笔记，如果舍去了设计时所赋予的追求，那不过是一种形式，要知道新瓶装旧酒是很容易的。

怎样让这些改革真正发挥作用呢？这些问题成为傅校长时刻萦绕心头的事情。在一次上级组织的会议上，当谈到如何搞好学校的组织生活的时候，傅校长萦绕心头的问题受到了触动。他突然意识到，教师们之所以不能按新的教案规范和听课笔记的设计理念走上教师专业发展的道路，是因为他们对于什么是教师发展并不清楚，他们没有过相类似的经历，不理解教师专业发展是什么样子。所以，傅校长期待能够有一种类似于组织生活的形式——一种关于教师专业发展的组织生活，让教师们通过这样的经历，体验一下什么是教师专业发展。如果真能如此，不是很多问题都可以迎刃而解了吗？

在从我家驱车去北京十六中的路上（大约有 30 多公里），傅校长兴奋地谈着他的这些想法。我很为傅校长的这种执著追求所感动，同时也意识到，他的这个思路确实极有价值、极富创意、极具前景。我们一路兴奋地谈着。我建议用"教师专业发展日"这个见诸网络、媒体的名字，来命名傅校长所提出的那种能使教师感受、体验教师专业生活的设想。傅校长很高兴地接受了这个建议，我们也开始一起讨论怎样实施这个刚刚在大学与中小学合作的对话中建构生成的设想。

北京十六中的第一个教师专业发展日是 2002 年的 9 月 11 日。这次活动是由北京十六中的化学教师赵艳红老师承担的。活动的设计大致是：赵老师设计一堂课的教学，在"发展日"那一天上这一堂课，大家一起进行这堂课的反思讨论，然后赵老师写出对这堂课的准备、实施和反思的描述，最后对这一天的过程进行总结。

那一天，我们很早就赶到北京十六中。在这之前，周玉荣老师在太平桥中学尝试过一次教师专业发展日活动。她那天清晨赶到学校，在学校门口迎接承担这次活动的中学教师，和这位教师一起度过了一整天；在他们进行反思讨论时，很多老师也都参加了，并且感到很有收获。所以，我们也想提前到学校，名副其实地过一天。但是，当我们赶到时，赵老师已经在学校了。原来昨天因为开会，赵老师便调了课，把一堂课调在了早自习上。那一天，预先设计的每一个环节都做到了，但是，过程并不是十分理想，中间有很多疏忽，甚至整个过程有些忙乱。这使我理解了此前史静寰教授对这一活动的质疑。任何改革都不会被凝固在一个人为设定的区间里，都不会以此为维系。事情的发生有它自己的过程，很多情况并不是我们意料之中的。这次活动的意义，实际上是在准备的过程中发生的。赵老师是以“氧气的性质”作为这一天化学课的授课内容。在赵老师提出她对这堂课的设计时，她提出她的目标之一是“让学生树立真正的知识来自科学实验的精神”。在交谈中，赵老师的思路强烈地触动了我们。虽然当时我们还没有完全意识到它后来的发展和影响，但已经有了某种预感。所以，我们当时会说，这堂课听不听已经无所谓了，因为我们就在那个时刻，发现了“意义”。

（二）“意义”的发现

所谓发现“意义”，就是指赵老师意识到她上“氧气的性质”这一课，并不仅仅是让学生知道了氧气的性质，更重要的是让学生树立一种科学精神。她的这种设计并不是来自某种理论的动机，而是来自她自己教学的经历。因为在实验中，学生不是按照实际观察、而是按照书本知识来描述实验的结果，所以她想改变这种状况。事情就是这么简单，但就是这样真实地发生的。化学是一门实验学科，通过化学课让学生树立真正的知识来自科学实验这样一种科学精神，的确是化学课应有的教育意义，并且很能体现化学学科的性质。在后来被我们总结为“四个清醒的意识”的关于教育意义的理解中，此时已经有了两条。虽然我们在大学里出于对现象学的关注，而对意义理论有所关注，但在这之前，确实没有把这一理论用于课堂教学的理解。三年之后，当我们发表《实践—意义取向的教师专业发展》，很哲学地阐述“意义”对于教育作为实践的地位时，我们用了一个晚上的时间向赵老师详细地介绍了这篇论文。我们都十分感慨，当时发生的这个细节竟然对我们发生了这样长久的影响。因此，我们的理论建设说教师教育以实践为取向，以意义为单元，究其来源，的确就是由此开始的。

之所以因此而感受到教师发展学校可以成功，是因为这个过程把教师发展学校要走的路从头到尾走了一遍。大学与中小学的合作，有了这样一件事情的发生，而且在事情发生的过程中，教师对自己的教学注入研究的态度，她因此而有所发现，于是有了改变，也就是有了发展。我们所希冀的，不正是如此吗？那天的总结报告，大家都说我很激动。那天的激动，主要是看到了教师发展学校的可能。对意义的发现，可能仅仅有一种潜在的敏感；其对教师专业发展以至对教育的理论与实践理解，是在稍晚以后才强烈地涌动起来的。

教师发展学校后来的发展，显示出“意义”的发现的重要影响。三年后，以《实践—意义取向的教师专业发展》为题所完成的理论表达以及一系列的理论与实践的探索，都直接地由此而引发。真正在大学与中小学的对话中建构生成对实践、对意义的关注，以及由此而形成的教师专业发展的日常化和与课堂教学研究的密切结合，都十分贴切地反映了教师发展学校建设的基本理念和特点。

北京十六中教师发展学校的第一个“教师专业发展日”丰富了我们对于教师专业化的理解。在这个过程中，我们形成的一个体会就是：教师专业化就是教师通过自己的研究和学习，使自己的教学活动充满教育意义。这使我们对教师专业化的理解具体起来。教师专业化不是一个空洞的口号，它可以贯彻于教师生活的每一天、每一件事、每一道题，并且使这每一天、每一件事、每一道题都有了新的、生动的、丰富的意义。

（三）教师专业发展日的重要意义

随着教师发展学校建设的进展，我们开始思考这样的问题：教师发展学校建设的一系列理念、理论思考如何才能变为现实，我们在中小学所作的一切努力怎样才能体现出教师发展学校建设的理念、理论的特点、方法论态度和方式呢？或者说，我们怎样才能说明，我们所做的是教师发展学校建设，而不是另外一件事情呢？如果我们的工作对中小学教师的工作和中小学校的改革与建设有帮助，我们就可以说我们是在建设教师发展学校了吗？这些问题的焦点在于：教师发展学校建设要不要有自己的特色？教师发展学校的理论建设中所表现出来的强烈的实践取向有没有可能变为现实？要不要真的在中小学去践行这些学术的主张？也许会有人认为，那些写在文章里的话，不过是一纸空文、表面文章，根本不是真的要做的，也不会有人真的能做到，而且说的是一回事，做的完全可以是另一回事，不必这么当真，不管怎么做，都可以把那些理论当做标签给贴上。但是，教师发展学校在理论上对于实践的关注，决定了它将采取言行如一的态度，使它所追求的理论与实践的本然统一可以得到践行。无论它有多么艰难，无论它与认识论传统的冲突会带来多大的压力，教师发展学校建设都不会停止自己的探索。《苟日新　日日新　又日新》① 所记录的就是这样一个探索。

《苟日新　日日新　又日新》——北京十六中教师发展学校教师专业发展日

北京十六中实行教师专业发展日，是来自校长傅晓洁的思考和决策，体现着教师发展学校形成学校教师发展功能的主动建构。

建设教师发展学校的目的，是在中小学教师中形成教育、教学、研究、学习合一的专业生活方式，促进教师的专业发展。教师的专业发展，是一个贯彻于每日、每时，持续不断的建设过程，但是，它的实现，总要有一个开始，有一个路径。实行教师专业发展日，就是十六中教师发展学校所选择的一个开始的路径。

虽然对于使用教师专业发展日这个名称，我们曾经有过犹豫，但是，作为一个现实，她已经开始，已经发生，并且有了效果，有了号召力。她没有成为一个做给人看的花架子，而是延伸为一个发展的过程，实际地带来了参与教师的发展、变化。也许，名称仅仅是一个符号，重要的是她的真正意义和发生、发展的过程。既然她已经发生，就让她以自己的本来面目出现，如果她的意义并没有为她的名称所表达，我们也愿意她的意义在发展的过程中发扬、实现。到那时，她的名称只不过是一个历史的符号，她曾经被赋予了得到实现的那些丰富意义。

我们对于使用教师专业发展日这个名称，也保持一种信心。这种信心来自于一句著名的古训：苟日新　日日新　又日新。这的确是我们实行教师专业发展日的初衷。我们每一个参与教师发展学校建设的老师（不论是大学还

① 宁虹．教师成为研究者［M］．北京：首都师范大学出版社，2002：246－267．

是中小学)，都殷切地期待找到实现教师专业化的路径。实行教师专业发展日，就是让教师的专业化从一个人做起，从一天做起！看重一个人的一天，是因为我们相信，正如汤盘铭古训所言，一个人如果有一日之革新，他将在每一日中保持其革新的意义，并将成为永无止境、持续不断的革新。教师专业发展日，从一位教师的一天做起，但是，当他有了这一天的经历和体验，也许他会改变今后的教育和生活，也许还会影响到他人，会有更多的人愿意参与。教师专业发展日所追求的，不是一天，而是每一天；不是一个人，而是每一个人。当每一位教师每一天都以这样的方式工作和生活，我们以为，教师的专业化就是在实现。没有必要也不应当把教师的专业化永远放在一个不可企及的彼岸。

赵艳红老师作为北京十六中教师发展学校建设中心组的组长，勇敢地承担了她的、也是北京十六中的第一个教师专业发展日。她自己的报告《我的第一个教师专业发展日》记录了她为此付出的努力和使她自己、也使我们共同感到欣喜的收获。

从她的报告中，我们可以看到，教师专业发展日的意义并不仅仅在于那一天，更多的是在于准备和实行的过程。赵艳红老师所经历的大致是这样一个过程：

首先，她从理解学生入手。一方面，她查阅了小学自然课教材中的有关内容，设计了调查性作业，了解学生的知识基础。继而，她以自己的经验思考学生的兴趣水平。在这个过程中，她发现了对于她这次专业发展日产生了重要影响的问题：学生虽然喜欢化学实验，但他们并不是从实验中获得结论，而仍是从书本上记忆。

为什么会这样呢？一方面，是由于长期以来机械记忆式的教学留下的习惯；另一方面，是由于实验往往由于条件的限制而不能达到理想的效果。由此，赵老师形成了自己这堂课的目标之一，就是要使学生形成科学认识来自实验的科学态度。这一点是很重要的，它使教学和教育的意义联系起来，“氧气的性质”这个教学的内容不再仅仅是知识的传递，而是体现出它的教育意义。

赵艳红老师从理解学生开始，建立了教学内容和教学内容针对自己学生的教育意义的联系，形成了清醒的教育意识。这又是在她以研究的态度准备自己的专业发展日的过程中经过反复的思考和学习形成的。这个过程恰恰体现着教师发展学校建设目标所期望的教育、教学、研究、学习的合一。这种合一，是在她自己的准备过程中十分自然地实现的，并不是事先设计的。仅仅是在总结和反思的时候，我们才意识到这个过程竟然把教育、教学、研究、学习四个方面都体现得丝丝入扣，并因此而感到意外的欣喜。

在建设教师发展学校之初，我们有两个承诺：其一，一定进入教学领域；其二，一定要有教师的发展。赵老师在她的第一个专业发展日，便有了自己的发展。这个发展正是在她尝试解决她的问题——怎样让学生真正从实验中获得结论的努力中实现的。为了使学生看到理想的实验效果，她准备把这节课中碳、硫、铁丝、石蜡在空气和氧气中燃烧的实验换成效果更明显的实验。就在她准备更换这些实验时，她发现这四个实验一个也不能换。因为它们各自反映着一种典型的意义，表现出这四个实验的内在联系。这是她在五年的教学中未曾注意到的，而这个发现也使她感受到意外的欣喜。所以，研究的态度肯定会带来新的发现，不论它多么微细，都是一种发展和变化。

北京十六中教师发展学校的建设，在体现学校的功能性建设方面，一直比较重视，举行教师专业发展日，也是作为学校的建设决策而实施的。在实施中，它表现出主动建设的自觉意识，并且又有新的发展。当赵艳红老师的反思讨论结束时，校长又提出教师专业发展的多样性问题，并开始酝酿下一次工作中怎样有更多的开拓，这使我们看到北京十六中教师发展学校建设的持续努力。

回顾这个过程，我们看到教师发展学校建设理念是这样实现的：

首先，教师专业发展日作为一项建设措施，是一个在具体情境中的共同建构。校长从自己的经历和思考中产生教师发展学校应当有机会让教师们体验专业化的教师生活的设想，我们也介绍了一些国家或地区开展的教师专业发展日活动的有关信息，这两者的结合，形成北京十六中举行教师专业发展日的措施。这一措施的产生，体现了教师发展学校是大学和中小学的合作建设，体现了双方平等、共生的伙伴关系和在建设过程中建构生成的原则。

第二，赵艳红老师的努力使研究的态度融入自己日常的教学工作。没有大学的痕迹，不是与中学教师相分离的研究，体现着一位专业化的教师应有的、贯彻于教师日常工作的研究意识和主体意识。

第三，赵艳红老师在她的第一个专业发展日及其准备过程中所做的，恰恰是教育、教学、研究与学习的合一。她意识到教学内容的教育意义，把实现这种意义作为自己的追求。她因此在教学中有了探究之心，并由此经历了一系列的变化，获得了具体、实在的发展和亲身经历变化、发展过程的体验。

我们所做的，是一件普普通通的事，一件对于别人来说也许微不足道的事，但它是一件在真实的环境中发生的真事。对于我们和北京十六中的教师们来说，这是一件使我们共同感到欣喜的事。在教师专业化的浪潮中，我们不过是这浪潮中的一滴水，我们欣喜，正是因为我们汇入了这浪潮，成为了这浪潮中的一滴水。

北京十六中教师发展学校的第一个教师专业发展日也丰富着我们对于教师专业化的理解。在这个过程中，我们形成的一个体会就是：教师专业化就是教师通过自己的研究和学习，使自己的教学活动充满教育意义。这使我们对教师专业化的理解具体起来。教师专业化不是一个空洞的口号，它可以贯彻于教师生活的每一天、每一件事、每一道题，并且使这每一天、每一件事、每一道题都有了新的、生动的、丰富的意义。事情仍像过去一样普通，但是，在这些原本普通的经历中，有了新的感受、体验和欣喜，有着不深入其中就不会感受的意义。那么，再普通的事情、再普通的经历，都可以有新的意义。当这些普通的事、平常的经历被赋予了这种意义，它们就汇入了教师走向专业化的建设过程。

“苟日新　日日新　又日新”，教师专业化、教师发展学校的建设，可以从一天做起，而一日之革新所开启的将是持续不断的革新。

三、教师发展学校建设标准提纲

从2002年底开始，教师发展学校开始自己的标准化建设。教师发展学校对于标准化建设有自己的考虑，更强调它在性质上是一种工作标准、描述性的标准。现将标准提纲全文呈现如下。

建设教师发展学校是首都师范大学教育科学学院借鉴国际教师教育改革、特别是美国PDS（专业发展学校）建设理论与实践，适应时代特点和我国基础教育改革、教师教育改革的需要所作的探索和尝试。自2001年4月开始在北京市建设首批5所教师发展学校，迄今将近两年。

两年来，教师发展学校建设的理念和实践逐步地和日益广泛地受到中小学教师、校长、各级教育行政领导的欢迎、支持和赞誉，教师发展学校由开始的5所扩展到9所，开始出现了更广泛的扩大和建设教师发展学校的要求，出现了由兄弟师范院校创办的教师发展学校。这些情况使我们感到鼓舞，也使我们意识到，教师发展学校的建设已经走过了她的初创期，正在走进一个新的发展阶段。

为了适应教师发展学校建设所面临的发展形势，我们开始起草教师发展学校建设标准。这里提交的是起草这个建设标准的提纲。这是一个开始，我们期望借此表明，在教师发展学校建设的新的发展阶段，我们将开始和注重教师发展学校的标准化建设。我们期望通过提交这一提纲对为什么要建设教师发展学校、什么是教师发展学校、怎样建设教师发展学校作出概要阐释，为教师发展学校的进一步发展和建设提供一个工作参照的框架、基础，并在进一步建设和发展的过程中逐渐建设起有效的教师发展学校建设标准。

（一）建设教师发展学校的背景

1. 当今时代，教育正在发生着深刻的历史性变革。变革的一个突出特点和重要趋势是表现出鲜明的实践转向。伴随近代工业兴起发展起来的学校教育，在进入知识经济、信息时代的时候，开始走出近代认识论传统的影响，日益突出地显现出教育的实践本性和意义。近代认识论传统的影响，使教育过多地关注知识的传递，对教育的理解和研究，偏重于概念或原则的认识。而教育的实践转向，关注教育实现的过程和教育实现过程中丰富的社会生活联系和人与人之间的交互作用、理解和影响。

2. 教育在本质上是实践的，这意味着教育的根本在于教书育人、成就人的意义如何得以实现的过程。教育实践就是教育的意义得以实现的过程，它是丰富的、具体的，与特定的教育情境相伴随，与生活的历史和现实相联系，永远充满着人与人之间的相互理解和影响，永远充满着情感、智慧、精神和意义。强调教育的实践转向不是抛弃传统而是包容传统，它并不意味着排斥知识和认识，它们在任何时代的教育中都是不可缺失的，但它们不是教育的全部，教育的实践转向依然尊重知识和知识的传递，但是它不仅仅关注每一个知识的内容，而且深刻关注每一个知识内容所具有的教育意义和它们的教育意义怎样得以实现。

3. 教育的实践转向，不是一个抽象的理论问题，它在今天有着丰富的现实表现：一方面，当前在我国中小学中正在实行的各种教育教学改革项目，诸如：研究性学习、建构主义教学、合作学习、多元智力理论的教学应用以及新一轮基础教育课程改革，都体现着对于学生学习过程、探究过程、知识形成或建构过程以及与此过程相伴随的生活世界、情感体验、情境影响、人际关系及交互影响和理解互动等丰富联系的关注。另一方面，近年来，逐渐在我国中小学和教育理论界日益兴起和发展起来的行动研究、叙事研究、质性研究对于以怎样的态度和方式理解教育和教育研究、理解教师职业都在发生着重要的变化和影响，对理解上述教育改革提供着方法论的支持。

4. 教育的实践转向对于理解教师的职业和发展有着特有的意义。教师职业的研究性质、创造性质和专业性质正是基于教育的意义如何得以实现的实践获得充分的显现和解释。在过于强调知识传递的教育传统中，教师总是处于从属的、被动的地位，仅仅是别人的发现和创造的传递者。当我们关注教育的意义如何在每一个学生身上得到实现，教师工作就具有了不可替代的专业意义，永远充满丰富的研究性质、创造性质。

5. 正是在这个意义上，教师的发展没有在师范院校的课堂里完成，而需要在中小学真实的教育环境中持续进行。因此，国际教师教育改革出现了这样的趋势：(1) 教师教育重心下移，由单纯以大学为基地走向把中小学作为教师教育的重要基地。(2) 大学教育院系与中小学合作，在中小学教育实践中密切结合教育的现实需要开展教师教育。

建设教师发展学校正是结合我国中小学教育和教师教育现实需要对教育的实践转向和教师教育变革趋势的积极响应。

（二）教师发展学校的含义

6. 教师发展学校是在现行中小学建制内进行的功能性建设。建设教师发展学校是在现行中小学建制内进行的一种功能性建设，是重新认识、发展、丰富和完善现行中小学的功能，着重在强调中小学的教师发展功能，强调学校也是教师发展的场所，学校应当具有使教师获得持续有效的专业化发展的功能。

教师的发展是一个长期被忽略的问题。传统的理解总是把学校仅仅作为学生发展的场所，甚至在许多重要的教育改革的理论和运动中，在强调学生的发展、学生的主体地位时，也没有关注到教师发展的问题。学生是发展中的个体，学校是学生发展的场所，这是天经地义的。教师是学生发展的“主导者”，自然处于重要的地位。但是，他们“闻道在先，业有专攻”，已经是“学高之师，身正之范”，发展似乎是已经完成的事情。显然，这一切都出于教育仅仅是知识传递的单向度的理解。它已经不能适用于今天的时代。建设教师发展学校正是适应着教育从单向度知识传递到多向度文化融合的历史性变革。学校应当具有教师发展的功能，应当也是教师发展的场所，是在当今时代条件下对教育、对教师、对学校的理解。从这个意义上说，具有教师发展功能的学校才是“真正的学校”，这样的学校才能使所有参与在学校教育过程中的人都得到发展。教师发展学校在教师发展的意义上也意味着教师的重新发现。

7. 教师发展学校是大学与中小学的合作建设。随着社会的发展，服务于社会日益成为大学职能的重要成分；同时，也日益增加着大学对社会的影响。大学的学术前沿性质以及开放、探究等文化特质逐渐融入社会，日益成为人们普遍的生活态度和方式，是学习化社会得以达成的重要的社会心理基础。大学服务社会有各种不同的方式和内容；在建设教师发展学校这个问题上，我们更关注的是大学文化与中小学文化的融合。使大学的学术前沿性质以及开放、探究等文化特质进入中小学，与中小学教育实践相融合，对于建设教师发展学校具有重要的意义。同时，中小学又有其自身的文化蕴涵和特质。中小学实现教师专业化发展，需要大学文化的参与，需要走进学术前沿，寻觅创造、发展的新的支点，但它又不是一个单纯的受体。在中小学里，天真活泼的儿童、青少年，丰富生动的教育生活，不仅始终成就着中小学自身的文化，并且对参与其中的大学文化也产生着不可磨灭的重要影响。国外PDS建设和教师即研究者运动都强调大学与中小学的合作。建立大学与中小学的合作关系是教师发展学校的实施保障。教师发展学校是大学与中小学的合作建设，以文化融合的意义理解这种合作，是我们建设教师发展学校的一个基本态度。

8. 教师发展学校是在合作研究的实践中实现教师的发展。教师发展学校是通过大学教育工作者与中小学教师的合作研究，在研究解决现实问题的实践中实现中小学教师教育，使他们获得有效的持续发展。以研究的实践实现教师的专业化发展，在研究的实践中持续展开中小学教师教育，是教师发展学校建设的突出特点。

教师的专业化发展与教师职业的研究性质密切关联。“教师即研究者”

是教师专业化发展的同义语，已经成为教师专业化发展运动中的一个重要观念。教师发展学校建设以整体、根本、开放、创造的态度理解教育、教学和研究。把教育、教学、研究视为教师工作的整体构成，它们原本是一体的、不可分割的，这种整体性的认识是对教育意义和价值的根本性理解。强调教师获得研究能力、成为研究者绝不意味着对教学的忽视或削弱，而是在根本的整体的理解中把它们视为同一过程。学校的教育、教学工作将因为与研究融为一体而获得内在的、根本的推动力量。教师发展学校强调研究首先是一种态度，它与教育本身没有根本的区别。教师的研究究其根本在于明确和实现教育的意义，使教师通过学习和研究懂得怎样对自己的教学内容、语言和行动的教育意义具有清醒的意识和怎样在自己的学生身上得到实现。

9. 教师发展学校是持续不断的革新和创造。教师发展学校具有丰富、深刻的思想蕴涵，体现了教育和教师职业的人文性质和人文关怀，着眼于人的发展——既有学生的发展也有教师的发展。在广泛意义上建立教育行政部门、学校、教师、学生、家长、社会的全面联系和深入理解，达成理解的教与学，是教师发展学校的深层理念；以教师的发展达成学生的最好的发展，是教师发展学校的根本。

大学和中小学、教师和学生、家庭和社会以及伴随他们的社会生活，共同参与在教师发展学校的建设之中，教师发展学校的建设因而汇集着丰富的原生性质。它不是一种简单的借用，不是一种技术的工具，不是一种固定的模式，而是一种持续不断的革新和创造。它意味着对教育的重新理解，对教师的重新发现，对学校的重新认识，是动态的、变革的、富有创造性的新的建设！

（三）建设教师发展学校的目标

10. 建设教师发展学校的目标，对于中小学而言，是形成中小学的教师发展功能，使学校真正成为教师发展的场所，使中小学真实的教育环境成为教师专业成长的丰厚土壤。这一目标既包括在职教师持续的专业成长，也包括职前教师教育的实践环节。由此形成的是职前和职后教师教育的一体化，中小学校将因此而超越其传统的职能，并在这一过程中形成和发展起大学与中小学融合的新型的学校文化。

11. 建设教师发展学校的目标，对于中小学教师而言，是在中小学教师中形成教育、教学、研究、学习合一的专业生活方式。中小学教师通过研究和学习清晰、明确地意识到每个教学活动的教育意义并使其付诸实施、得以实现，这是教师工作专业性质的具体体现。当教师以这样的态度和方式工作，他的工作是专业化的；当教师总是在以这样的态度和方式工作着，他就是在经历着、形成着教师的专业生活方式。教师发展学校建设就是要使教师发展学校中的多数教师具有这样的专业生活方式。

12. 建设教师发展学校的目标，对于教育学科的建设而言，是形成教育理论的实践建构。中小学校是实现教育意义的现场，中小学教育实践是教育发生和展开的生活世界，是教育理论形成和发展的前提。正如著名瑞士心理学家皮亚杰所言，教育学应当是一门“既是科学的，又是生动的学问”。教师发展学校将以大学与中小学教师的合作、大学与中小学文化的融合构成的共同的生活基础，实现教育学科“既是科学的，又是生动的”的建设。

（四）教师发展学校的建设

13. 教师发展学校合作关系的建立。教师发展学校是大学与中小学文化的融合，教师发展学校建设的第一步是建立教师发展学校的合作关系。

对于大学派驻中小学的教师而言，面临的是对中小学环境的进入。

大学派驻人员应对教师发展学校的建设抱有坚强信念和充分的理论准备。以尊重的态度、服务的态度、共同参与和互动的态度进入中小学：尊重学校原有的建设经验，尊重学校领导的决策，尊重中小学中每一位教师的主体地位和他们对于发展的选择；为在中小学教师中形成教育、教学、研究、学习合一的专业生活方式提供教育理论、研究方法以及方法论态度和方式等多方面的、多种形式的、灵活有效的服务；相信每位教师的创造热情和智慧，相信在共同的参与和互动中会有共同的创造和发展。

大学派驻人员在此期间的主要工作包括：对教师发展学校建设理念、思路、建设标准的介绍和解释；对学校传统、建设经验、学校领导、教师、学生等各方面有关情况的基本了解。与校长、教师和学生的深入交谈、特别是与主要领导的充分交谈至为关键。

对于中小学而言，面临的是对教师发展学校建设的接纳和观念、文化准备。

参加教师发展学校建设的中小学校富有改革与发展的渴望与追求，这是教师发展学校建设至关重要的条件。在与大学派驻人员交流、沟通和共同的努力建设中，这种渴望与追求将进一步深化、明晰和具体，形成对教师发展学校建设理念的基本理解，完成教师发展学校建设的观念、文化准备。同时，还要树立建设教师发展学校、形成学校的教师发展功能、超越传统建设新型学校的使命感、责任感，树立学校和教师建设自己的教师发展学校的主体意识、研究意识。

参加教师发展学校建设的中小学校在此期间从各个不同层面向大学派驻人员细致介绍并共同分析学校、教师、班级、学生各方面的有关情况和问题。形成一个系统的评估报告是一个有意义的措施，它不仅可以记录教师发展学校建设的起点，而且它本身就是一次合作研究的开始。

通过交流、沟通、合作和共同建设的开始，双方结成平等共生的伙伴关系，共同制订教师发展学校建设工作计划，建立教师发展学校建设的组织系统，探讨实现教师发展的可行途径。

14. 建构教师专业生活方式。在中小学教师中形成教育、教学、研究、学习合一的专业生活方式是教师发展学校建设的目标之一，如何实现这样一种教师专业生活方式是教师发展学校建设的一个重要内容。在这当中，教育具有更根本的含义。教育的意义是使人的道德、智力、身体、精神的发展得到实现，它实际上包含着教师的教学、研究和学习的含义，也可以说它是在教师的教学、研究和学习之中得到贯彻。以教育、教学、研究、学习的合一作为教师的专业生活方式，对它们之间的联系可以作这样的理解：教师通过研究和学习，使自己的教学具有丰富的教育意义，并在自己的学生身上实现这种教育意义。这要求教师对自己教授的学科知识有系统的把握，对教育的意义和学生的特点有深刻的理解，并且富于教育机智，这样他们才能对自己教学的每一个内容在自己教授的学科中处于怎样的位置、它们怎样体现着这个学科特有的教育意义等都有十分清晰、明确的意识，并且随时随地能够即时地使之与自己学生的理解建立联系而使其教育意义得以实现。这一理解通过强调教育意义的实现而凸显着教师的专业性质；把它作为教师的生活方式而日常化，从而使教师的教育、教学、研究、学习具有自然的内在联系，也使教师的专业成长有具体可行的路径。教师发展学校建设通过了解学生、分析课堂、教师教育教学研究和学习经历的反思与人种志描述等多种形式的合作研究，使教师紧密结合日常学校生活，体验和形成中小学教师的专业生活方式。

15. 学生的发展。学生的发展是在真实的生活中发生和展开的。教师发展学校建设对于实现教育意义的追求和对于教师专业生活方式的理解都内在地蕴涵着对于学生发展的根本性的关注。教师发展学校建设过程中采用多种形式——如学生访谈、调查性作业等——深入学生的内心世界，了解学生的生活经历、知识结构、兴趣水平；通过对教学内容的系统分析，并结合对学生特点的了解，确定教学活动的教育意义并在课堂上付诸实施；对课堂教学的现场观察、录像、合作研讨和人种志描述都是在反思和探究教育的意义是否或如何得到实现。教师以这样的方式工作，不仅在改变着自己的教育实践，获得自身的发展，同时也使学生获得最好的发展。

16. 学校的整体建设。教师发展学校是中小学校自身的功能性建设，需要学校的主动创造和整体规划。校长、学校领导在教师发展学校建设中具有决定性的作用。学校领导及时总结教师发展学校建设中的有效经验，从管理层面对教师发展学校的建设和推进作系统、整体的筹划，制订规划、制度，形成运行机制和学习型组织，形成教师发展学校有自己特色的教育、教学和学校文化。

17. 建设新型的教师培训课程。教师发展学校着重在实践中实现教师的发展，并不排斥系统的培训。随着教师发展学校建设的发展，针对我国中小学教师队伍现状和现行教师教育、教师在职进修与培训中存在的不足，同时也考虑到教师职前和职后教育的一体化，建设新型的、实践型的教师培训课程是必要的，应当成为教师发展学校建设的重要任务和教师发展学校建设进一步推进的重要措施。新的教师培训课程在课程内容和课程的实施上都将是实践的、开放的和参与式的。初步拟订将在近期建设的课程有：

（1）教育人生导引　以教师丰富的生活经历体验的交流、优秀教师个案的分析和精选的教育经典论著相结合，理解教育的意义和教师的教育人生。

（2）教育实践基础　着重介绍教师教育实践必需的心理学、社会学基础和教育改革热点问题。

（3）教师的理念、语言与行动　以案例分析与精选的教育经典论著、前沿成果的结合，探讨教师在教育、教学、研究、学习中的理念、语言和行动，渗透教育的哲学思考和研究方法，包括学校管理、德育、班主任工作等不同专题。

(4) 各学科的教育意义 分学科系统剖析各学科知识体系，探究本学科整体的和各个具体内容的教育意义及其实现。

所有这些课程都不是把大学的课堂搬到中小学去，也不是照本宣科的讲授，而是在对话、交流、参与、分享的情境中激荡起情感与智慧的体验，形成新的理解。教师发展学校具有这样建设新型教师培训课程的条件，并且这种参与式的课程本身也会对教师自己的课堂产生影响。

18. 教师发展学校中大学派驻教师队伍的建设和发展。教师发展学校作为新生事物的探索性质和与中小学教育教学改革实践的密切联系，使大学派驻教师既肩负着光荣、艰巨的使命，也拥有在教育学术实践建构的前沿和丰富的教育原生环境中获得发展的广阔空间。教师发展学校建设所涉及的哲学、社会学、心理学、管理学及各学科教学整合的知识体系的整体的综合把握和组织管理能力、研究能力的锻炼，对派驻教师而言既是挑战，也是学习和提高、丰富自身素质的机会。在教师发展学校中的工作经历将不断丰富和深化自己对教育、教育学术和教育实践的理解，也将深刻影响各自在大学里有关课程的教学。及时组织教师发展学校建设经验和学术交流、研讨并使其制度化，提供承担教师发展学校建设必要的学术访问、交流、进修机会，对完成的工作量和业绩给予应有的评价、鼓励，对工作、生活各有关方面的问题给予关心和有力保障，促进教师发展学校中大学派驻教师队伍的建设和发展，对于教师发展学校建设工作的顺利运行和持续发展具有重要意义。

结　语

教师发展学校建设是一项探索性的尝试，是一项内容丰富的变革，是一项艰巨的使命和事业。两年的实践，相对而言，仍然仅仅是一个开始，但已经显示出它立足于实践的蓬勃朝气和理念上、实践上为中小学教育改革、教师教育改革和教育理论建设所带来的新鲜的变化。教师发展学校建设标准的起草和制订将是一个艰巨的系统工程。本提纲所提供的框架表明，它主要将是一个怎样建设教师发展学校的工作标准，制订这一标准是为了进一步推进和发展教师发展学校的建设。教师发展学校建设发起于北京。两年来的建设，得到北京市、北京市教委、首都师范大学领导的关怀和支持，是首都教育工作者共同的建构和创造。我们真诚期望通过教师发展学校建设的进一步推进，为首都教育事业的发展作出应有的贡献。

这一标准提纲在起草完成后，没有及时作进一步研究。后来，其中的主要内容在《建设教师发展学校的实践探索》等论文中逐渐发表。

四、教师发展学校建设的主要探索

2003 年 11 月，教育部师范司、北京市教委、首都师范大学联合主办教师发展学校研讨会。这是教师发展学校建设的一次阶段性总结。这次会议的主报告提出：三年的教师发展学校建设，究竟做到了什么？这个问题还有待于系统地反思和总结。就我们现在的初步考虑，教师发展学校建设三年来主要在以下四个方面作出了有意义的探索。

（一）建立了大学与中小学之间的合作关系

这种合作关系有效地改变着教育理论与实践的脱离，实现着大学与中小学文化的融合、理论与实践的双向激活。教师发展学校是大学与中小学文化的融合，教师发展学校建设的第一步是建立教师发展学校的合作关系。

（二）建构教师专业生活方式，激发中小学教师的研究意识、主体意识

这种意识的激发有效地改变着教师在工作中的被动地位，实现着一种充满主体创造精神和教育、教学、研究、学习合一的新型教师专业生活方式。在中小学教师中形成教育、教学、研究、学习合一的专业生活方式是教师发展学校建设的目标之一，如何实现这样一种教师专业生活方式是教师发展学校建设的一个重要内容。在这当中，教育具有更根本的含义。教育的意义是使人的道德、智力、身体、精神的发展得到实现，它实际上包含着教师的教学、研究和学习的含义，也可以说它是在教师的教学、研究和学习之中得到贯彻。以教育、教学、研究、学习的合一作为教师专业生活方式，对它们之间的联系可以作这样的理解：教师通过研究和学习，使自己的教学具有丰富的教育意义，并在自己的学生身上实现这种教育意义。这要求教师对自己教授的学科知识有系统的把握，对教育的意义和学生的特点有深刻的理解并且富于教育机智，这样，他们才能对自己教学的每一个内容在自己教授的学科中处于怎样的位置、它们怎样体现着这个学科特有的教育意义等都有十分清

晰、明确的意识，并且随时随地能够即时地使之与自己学生的理解建立联系而使其教育意义得以实现。

（三）探索了一条实践取向、意义取向的教师专业发展途径

这一途径有效地改变着单纯知识传递的课堂教学，实现着教育与教学、知识与意义、教学与研究在实践中的统一和日常化。教师发展学校建设通过强调教育意义的实现而凸显着教师的专业性质，同时也把它作为教师的生活方式而日常化。它使教师的教育、教学、研究、学习具有自然的内在联系，也使教师的专业成长有具体可行的路径。教师发展学校建设通过了解学生、分析课堂、教师教育教学研究和学习经历的反思与人种志描述等多种形式的合作研究，使教师紧密结合日常学校生活，体验和形成中小学教师的专业生活方式。

（四）形成着一种实现中小学教师职前和职后教育一体化的基础

从这一基础出发的进一步建设，将有效地改变教师教育仅仅在大学完成、脱离中小学教育真实环境的现状，实现理论与实践相结合、职前职后一体化的新型教师教育。

教师发展学校着重在实践中实现教师的发展，并不排斥系统的培训，随着教师发展学校建设的发展，针对我国中小学教师队伍现状和现行教师教育、教师在职进修与培训中存在的不足，同时也考虑到教师职前和职后教育的一体化，建设新型的、实践型的教师培训课程是必要的，应当成为教师发展学校建设的重要任务和教师发展学校建设进一步推进的重要措施。

这些培训课程并不是把大学的课堂搬到中小学去，也不是照本宣科的讲授，而是在对话、交流、参与、分享的情境中激荡起情感与智慧的体验，形成新的理解。教师发展学校具有这样建设新型的教师培训课程的条件，并且这种参与式的课程本身也会对教师自己的课堂产生影响。

教师发展学校建设是一项探索性的尝试，是一项内容丰富的变革，是一项艰巨的使命和事业。教师发展学校从其建立以来，已经显示出它立足于实践的蓬勃朝气和理念上、实践上为中小学教育改革、教师教育改革和教育理论建设所带来的新鲜的变化。至此，实践取向、意义取向作为教师专业发展的途径，已经有了明确的轮廓。

第三章

实践—意义取向的教师专业发展

实践—意义取向的教师专业发展是首都师范大学教育学院在教师发展学校（TDS）建设中所作的一项探索。它以通过课堂教学实现教育的意义为追求，改变着单纯知识传递的课堂教学。它并没有离开知识的传递，但不在知识内容层面停步，而是深入地追求每一个知识内容所蕴涵的丰富教育意义。这种追求体现着教师执著坚定的专业精神，表现出教师工作的研究性质、专业性质和创造性质，实现着教师的专业成长。

在与中小学教师频繁的接触过程中，我们越发地感觉到他们需要的是一种实践理论，一种能够直接给他们的日常教学以帮助的理论。这使得我们在反思中认识到教师专业发展应当直接指向教师的教学工作实践，并在学生的变化中体现教育意义的实现。

我们在2005年第8期的《教育研究》上发表的《实践—意义取向的教师专业发展》对此作了集中的理论表达①。谨以此文作为本书这一部分的主要内容。

实践—意义取向的教师专业发展，作为对教师职业之专业性质的一种理解和实现教师专业发展的一种可行路径，其核心的理念是：教师职业在其本性上是实践的。教师的实践就是他们在与学生共同经历的交互活动中实现教

---

① 宁虹．实践—意义取向的教师专业发展［J］．教育研究，2005（8）：42－47．

育意义的过程。当我们以这一理念付诸教师专业发展的理论思考和探索的行动之中，对实践、对意义的关注使我们强烈地感受到教育从语词概念的框架中树立起来，以丰富、生动的形态显现着。它与教师每日每时的工作紧密地关联着，与那些体现当今时代特点的种种教育变革的趋向契合着，同时，也为深厚的哲学意蕴支持着。借此，教师职业的专业性质可以得以彰显，可以获得被普遍理解和认可的一个基础。

一、意义与实践

为了对实践—意义取向的教师专业发展作出解释，有必要首先对意义、实践两个词汇在这里的使用表达我们的理解。

（一）关于意义

意义是一个极其普通又普遍使用的词，但是它在哲学的发展中却具有不同寻常的地位。“本世纪初以来，对意义的寻求成了西方哲学的一个中心课题”，迈向意义的世界成为本世纪西方哲学发展的一个基本倾向。①

意义是对人而言的，对于意义的理解，总要涉及事物与人的活动的关联。维特根斯坦认为，“‘意义’这个语词可以这样来加以解释：一个语词的意义就是它在语言中的用法”②。海德格尔认为，“意义是某某东西的可领会性的栖身之所。在领会着的展开活动中可以加以分环勾连的东西，我们称之为意义”③。这类关于意义的解释，虽然解释者有着不同的哲学背景，但都表达着意义与人、与人的活动的联系。

意义总是与人相关涉的，同时又总是为人所追求。“人是寻求意义的生物，人无法忍受无意义的生活。人对意义的追求和创造，使人与其他生物不

---

① 俞吾金．迈向意义的世界：本世纪西方哲学发展的一个基本倾向［M］．天津：天津社会科学出版社，1992：22．

② 维特根斯坦．哲学研究［M］．汤潮，范光棣，译．北京：生活·读书·新知三联书店，1992：31．

③ 海德格尔．存在与时间［M］．陈嘉映，王庆节，合译．北京：生活·读书·新知三联书店，1999：177．

同，人不仅生存于物质世界中，同时也生活于意义世界中。”① 人所追求的“不仅仅是物质本身，更重要的是事物的意义”②。实现这种追求的，是人的活动。

由此可以得到的一个合乎逻辑的推论，就是“离开人与意义的关系，就无法理解人的活动”③。意义对于理解人的活动之重要，使“许多问题追根到最后，都可以归结到意义问题”④，甚至被认为成为“社会科学诸领域中各种学术问题的核心和源头”⑤。叶秀山先生在《思·史·诗——现象学和存在哲学研究》一书中这样写道：

“‘意义’的发现，在胡塞尔看来，无异于解释了整个西方哲学的最后秘密，找到了从古代希腊哲人开始要寻求的东西。

人们不是老在寻找绝对的、永恒的‘本源’（始基）吗？人们不是老在追根求源探索那‘第一性原则’吗？人们不是一直在谈论‘原子’、‘单子’吗？人们这种探索精神常为物质世界的变动不居、无穷分割和感觉之幻灭而受到挫折，殊不知人们要追求的这个‘本源’，既不在‘物’，也不在‘心’，而就‘是’‘意义’……纯粹现象学逻辑中的‘意义’，就像算术中的数、几何学中的空间一样，是最小的单位，世上万事万物都可无限分割，但意义却不能无限分割，因而它正是‘原子’、‘单子’的真实的含义所在。”⑥

我们从这一论述中获得启示，开始探索是否可以这样提出问题：以意义为单元理解教育和教师的专业发展。意义，可能是一个最普遍、最空泛的范畴，但正是这样的普遍与虚空的品质使得它有可能在每一个具体的、个别的实践环节都能够从最根本处承担事情本身的丰富。意义被实践所激活，它依然普遍，但却不再空泛，而具有一种鲜活、生动的实在。这正是我们的探索所期待的。

---

①②③　秦光涛．意义世界初探［J］．吉林大学社会科学学报，1989（4）：35.

④　谢维营．近年来我国哲学界关于意义理论的研究述评［J］．上饶师专学报，1995（2）：14.

⑤　袁影，罗明安．意义的意义［J］．中国社会科学，1996（1）：200.

⑥　叶秀山．思·史·诗——现象学和存在哲学研究［M］．北京：人民出版社，1988：78.

（二）关于实践

“社会生活在本质上是实践的。凡是把理论导致神秘主义方面去的神秘的东西，都能在人的实践中以及对这个实践的理解中得到合理的解决。”① 意义总是在人与事物或他人的联系中显现的。使人与事物或他人相联系的，正是人的能动的实践。人通过实践所实现的正是对意义的理解、追求和创造。意义就是这样与实践联系在一起的。意义并不是空洞、虚玄、总是陷入相对主义、神秘主义的东西，之所以会以意义为虚玄，是因为它或许难以在认识领域获得一个确定的表述。但是，“如果我们把解释人生的意义看做是认识论的任务，我们就永远不可能把这个意义揭示出来，因为这个意义在知识上永远是个问题”②。承认知识的局限，并不一定就是消极或悲观，它也可以走向新的进取。意识到认识的界限，同时也在开启新的领域——实践领域。认识领域里不能解决的问题，可以在实践领域探索。它们之所以在认识领域里未能得到揭示，或许正是因为它原本就是实践领域的问题。实践领域并不是认识领域的对立物，它们也不是对等的、并列的关系。实践之于认识，具有包容的联系。实践孕育着认识，所以认识源于实践。实践比认识丰富，所以实践领域还有着不同于知识王国的法度。实践不是一种仅仅在认识结论支配下的机械操作，而是人以全部信念、情感、认识、智慧和力量投入的具有丰富创造性的行动，认识只是其中的一部分。把实践领域的问题仅仅作为一个认识问题去解决，往往会因为认识结论的抽象而失去其原始的丰富，因为认识结论的固定而失去其新鲜和生动。海德格尔为了寻求对存在的理解，曾经追究“存在的名词化”。“他发现 on 在现代德文里写作动名词 das Sein（英译 being），而不是动词不定式意义上的 Sein（相当于英文 to be）”③，他认为，“通过从不定式到动名词的转变，不定式原有的空泛被限死，存在成了严格的对象，存在本身也蜕变成存在者”④。由此可见，名词与动词在根本的含义上代表着不同的接近问题的态度和方式。being 是动名词，代表的是一种名

① 马克思．马克思恩格斯选集：第一卷［M］．北京：人民出版社，1972：18.

② 金生鈜．理解与教育——走向哲学解释学的教育哲学导论［M］．北京：教育科学出版社，1997：66.

③④ 赵一凡．欧美新学赏析［M］．北京：中央编译出版社，1996：40.

词的方式，倾向于把事情固定下来，是用概念的定义作出规定，并因而总是指向一个存在者，而存在者仅仅是一个“压瘪了的存在”。作为动词不定式的 to be 代表的是一种动词的方式，它总是以一种走向未来的行动去敞开一个总是在发生着的过程。认识也许更多地带有了名词的方式，而实践则是动词的方式，带着对意义的追求，展开一个使意义得到发现、创造和实现的过程。

实践也不是理论的对立物。实践和理论的含义在起初并没有泾渭分明地分立着。“‘理论’一词的最初意义是真正地参与一个事件，真正地出席现场”①，原本就带有行动、生活的性质。从“古希腊意义上的理论与实践之间的关系”来理解，“‘实践’这一语词和概念置身其中的概念系列，其自身规定根本不是从与理论的对立中获得的。正如约西姆·利特尔（Joachim Ritter）在其书中已经指出的那样，构成实践的，不是行为模式，而是最广泛意义上的生活”②。把理论与实践对立起来，把实践仅仅作为一种理论的应用、技术的操作，只是嗣后的西方认识论传统的产物，只不过是人类思想的一个阶段中的一种传统而已。

胡塞尔以“回到事情本身”的态度和方式所开启的现象学运动，改变着这种思想传统。回到事情本身，意味着关于事情本身的理解不再仅仅寄托于一个抽象的概念，而需要在一个总是在丰富的整体的联系中发生着的“生活世界”中才能获得。当这样一种方式被运用于追问存在本身，海德格尔揭露了“存在的遗忘”，强调存在不是名词性的 being，而是动词性的 to be。名词性的 being 总是指向一个存在者，而动词性的 to be 却是一个使存在者敞开、显现的过程或状态。伽达默尔发扬了海德格尔以理解作为存在状态的本体论取向，并最终走向实践哲学。现象学所带来的西方哲学的转折，从回到事情本身到追问存在本身再到实践哲学，现象学运动的发展有着一个与其学理的逻辑相一致的历史过程。实践哲学是实践的理论形态。它是理论的，但它是一种关于实践的理论，是以实践为取向的理论。它不仅仅关心人们认识到什么，更加关注人们实现着什么，而这个为我们所实现的“什么”，正是我们所说的意义。

---

① 伽达默尔. 科学时代的理性［M］. 薛华，等，译. 北京：国际文化出版公司，1988：15.

② 同①，第 79 页。

二、教育的意义和教师专业化

教育在本质上是实践的。我们作这样的表述，也即认定了教育的实践性质。这意味着，教育的问题不仅仅是一个认识到什么的问题，更是一个实现着什么的问题。教育的意义不可以仅仅在认识领域寻求解决。教育永远面临着发生、实现、践行的问题。教育的意义，简单说就是使学生得到发展；教育的实践性质、教育的丰富，就在于这一意义并不是以一个认识的结论来衡量，而是以它是否发生来判断的。

什么是教育？“教育本身就意味着：一棵树摇动另一棵树，一朵云推动另一朵云，一个灵魂唤醒另一个灵魂……未能引起人的灵魂深处的变革，它就成其为教育。”① 关于教育意义的这种理解，十分精辟地表达了教育的实践性质。教育的意义就在于一种精神之间的召唤。它是在教师与学生之间发生的事情，就像孔子、苏格拉底和他们的学生、我们和我们自己的学生之间所发生的事情一样，仅仅是所有这些事情的发生才有了教育；如果没有这些，仅仅有校舍、楼房、设备、电脑甚至教材、大纲等可以在教师与学生之外准备或获得的东西，我们可以说有教育的存在吗？所有这些都是教育的环境、条件，它们参与了教育意义的发生，但真正的教育意义只有在那种精神的触动发生的时候才是存在的。现象学生活世界的理论所强调的正是这样一个发生中的意义的世界。它所特别关注的恰恰是正在发生中的、未经概念所定义的生生不已的主体间的意义建构。

当我们这样理解教育的意义的时候，是在尝试对什么是教育作出一个本体论的回答。这种回答表达了对教育的一种理解。我们希望探索的，正在于不是按照认识的传统去为教育下一个规定性的定义，而是直面教育本身，直面教育本身的实践本质，在实践领域中寻求理解。

实践也可以有自己的理论形态。以实践为取向的理论与认识取向的理论突出的区别，就在于它需要保有实践的充盈、丰富和生动，而绝不仅仅去寻找一个被“压瘪了的存在”。我们所希望探索的正是这样一种以实践为取向的教育理论，它在实践领域建构，实践教育的实践性质，保有教育实践本身

---

① 李政涛．教育的灵魂在哪里［J］．基础教育课程，2008（2）：2.

的充盈、丰富和生动。同时，我们希望尝试以意义而不是以概念作为这种理论建构的单元，正像实践比认识丰富，意义也比概念丰富。意义，恰恰以它的开放、关系和生成的性质为实践理论提供着这种充盈、丰富和生动。

当我们这样理解和建设教育的理论时，它便与教育实践有了一种直接的联系。我们期望教师的专业发展可以借此获得一个坚实的理论支撑。我们高兴地看到，当前教育改革和教育研究领域中的种种变革，恰恰体现着这样一种趋向。索尔蒂斯关于“课程不再是跑道，而成为跑的过程自身”的名言，使我们想到海德格尔的存在不是 being 而是 to be。从动名词到不定式，或者说，从名词到动词，所要做的就是要恢复事情本身生成、变动的无比丰富的意义。

从一定意义上说，教育正在经历着的变革，恰恰就是一个从名词的传统向动词的变革。名词传统和向动词的变革，构成着对于教育理解的不同序列。

名词是在表述一个概念，说明一个结论，达到一种认识，认识通过书本记载下来，可以世代传递。这是一个认识的体系。当我们的理解从名词转向动词，呈现在我们面前的是一个更加丰富的体系。动词是在描述一个行动，人的行动总是在实现某种意义的追求，是在展开一个实现某种意义追求的实践过程。

把教育理解为实现教育意义的实践的过程，它总是在发生着、展开着。这样一种理解，使教育丰富、生动、鲜活地在我们面前显现。我们丝毫不动摇、不排斥教育所承担的人类知识传承的使命；我们说，教育的理念正在经历从认识到实践的变换，仅仅是表达这样一个事实，教育不仅仅是认识，不仅仅是知识的传递，它还有着更为丰富的意义。

名词到动词的变换，代表的就是这样一种变革——教育的理念正在经历从传统的认识体系走向实践体系的变革。这个变革对于理解教师专业化具有重要的意义。在从名词到书本的体系里，教师专业化是没有真正立身的地位的。对于教师专业化的种种疑惑、质疑，究其根本，或许都可以追溯到这个从名词到书本的传统当中，因为他们所教授的知识并不是他们的发明和创造，而是别人的成果。他们的工作仅仅是一种中介性质的传递，因而不具有研究、创造的性质，总是处于从属的、被动的、被支配的地位。但是，当我们关注的中心从这个名词到书本的体系转向一个动词所展开的意义和实践的过程，这种传统就被动摇了。每一个知识都是有意义的，每一个知识的意义都是在它与人相遇的时候才会显现。教师的工作就是使这意义得以显现，它不是呈现知识的静态的平面，而是一个不断发生着的意义实现的过程。教育就是这样一个充满意义的世界，教育就是在教师与学生之间发生着的一系列的生活联系、故事和事件，教育的意义就是在教育发生的现场显现着、实现着。教师生活在教育发生的现场之中，实现教育的意义，就是他们伟大的创造。当我们关注教育作为一种实践的行动，关注它在教育现场的展开和实现，教师工作的专业性质才真正有了不可替代的基础。他们不再被那个僵死的跑道所束缚，而拥有了跑的过程所赋予的无比丰富的意义。由此，我们可以感受当今时代一系列教育的重大变革与教师专业化之间的联系。究其根本，它们原本是一回事，这件事就是教育本身。根据这样一种理解，也许我们可以说，教师专业化并不是一个永远不可企及的彼岸，它的实现，就是使教师每日每时的工作充满教育的意义。①

三、实践—意义取向的教师专业发展行动

在这里，我们不仅仅是希冀表达一种理论的理解。我们所希望探索的是一种以实践为取向的教育理论。这理论本身也是实践的，它作为理论形态的存在与教育实践之间所具有的是一种本然的直接的关系。这种本然的直接的关系，就像全息照片无论被粉碎成多么微小的颗粒，在每一个可视的微小颗粒中仍然可以看到照片的全部信息那样，使得这种理论无论被分解为怎样的细微之处，都仍然保有教育实践本身的充盈、丰富和生动并且可以践行。同样，教育实践的活动无论被怎样分割，也都仍然显现着这种理论的全部意义。

实践—意义取向的教师专业发展是我们尝试这样一种理论建构的一个探索。使用“实践—意义取向”这样一种表达方式，意在表明这样一种理解：教师专业发展，以实践为取向，以意义为单元。意义是不占空间、不拘时间的，它因而可以不被分割，可以总是保有无限的生动和丰富；同时，它又不像概念那样因抽象而离开事情本身，它就是事情本身为实践所敞开的显现。它与实践的本然关系，无论被分割成多么细微的部分或片断都仍然整体地存在和显现。

① 宁虹．从跑道到跑的过程．[J]．基础教育课程，2004（3）：14.

那么，怎样才能在这种理论思考与教师的教育教学实践和教师的专业发展之间建立一条通达的路径，使教师每日每时的工作充满教育的意义呢？对这个问题的回答，包括这个问题的提出，都不是来自我们在大学里的理论思考，恰恰是在我们建设教师发展学校与中小学教师合作研究的实践中逐渐清晰起来的。教育的意义不是一个概念的认识，而是一个实现的过程。实现教育的意义，不是一句空话，它有着极其丰富的内容。在与中小学教师的亲密接触中，我们从他们所讲述的一个个真实的故事里，开始领略它那丰富的内容。在与教师们一次次的交谈、讨论中，我们开始形成一个如下的理解的线索。

（一）对教育意义的清醒意识

教师应当有对教育意义的清醒意识。这意味着教师应当对自己的语言、行为能否对引导学生的道德、智慧、身体、精神、生活的变革、成长、发展有所形成、有所建构，具有清醒的意识。教育的意义，从根本上来说，就是使学生获得发展。发展，意味着发生了某种变化。变化，总要有某种触动。具体地说，教师对教育意义的清醒意识，就是要清醒地意识到“我一定要触动我的学生”。教师对自己教育教学活动的每一环节都应当反复思考怎样才能对学生有所触动，怎样才能给他们留下深刻的、甚至是终生难忘的印象，以及这些将对学生的发展和变化发生怎样的影响。

（二）对自己所授学科特有的教育意义有清醒的意识

在我们当前的学校里，教师主要是通过教授某个或几个学科来实现着教育。每个学科都有自己的特点，因而，也都有与这些特点相联系的每个学科特有的教育意义。教师对此也应当有十分清醒的意识。教师应当总是意识到“我一定要触动我的学生”，同时也要考虑“我对学生的触动怎样体现我所教授学科的特点”。每一门学科都有自己的特点，每一门学科的教育，都是在形成着学生整体的人格品质的某一个方面。以自己所授学科本身的意义触动学生，引起他们的激动，并且总是抱有这样一种抱负：把学生的每一次激动变成他们毕生的喜爱。这是每一个教师从自己所授学科角度对于实现教育意义所负有的使命，教师的每一个带有这种意向的教育活动，都是在对学生的成长作出一份贡献。教师应有足够的科学、人文素养，形成并始终保有对自己所授学科的自信和热爱。教师之爱，既包含对学生之爱，也包含对学科知识、教师职业之爱。教师之爱，或许可以这样来理解：我爱我的学生，我爱我所教授的学科，我爱这个可以用我所喜爱的学科引起我亲爱的学生的激动并成为他们毕生的喜爱的事业！

（三）对自己正在教授的内容在整个学科体系中的位置和它们怎样整体地显现其教育的意义有清醒的认识

每一个学科都有一个系统的知识体系。教师正在教授的总是其中的一个部分、一个环节、一个点。教育的意义是整体地实现的，但这个整体，是由每一学期、每一天、每一堂课、每一个瞬间教师所教授的每一个部分所组成的。学科与学科之间又是相通的，它们共同构成着人类的知识体系，并且与生活的历史、现在和未来相联系。教师还必须十分清楚自己正在教授的内容在本学科知识体系、人类知识体系以及社会生活中处于什么位置，它与哪些内容有着怎样的联系，它自身具有怎样的教育意义，它与其他内容相联系又将具有怎样的教育意义。所有这些联系构成一个教育的意义体系，教师应当把握自己正在教授的内容、正在施行的教育教学活动在这个教育的意义体系中的位置。

（四）对教育的意义怎样在自己的学生身上得到实现有清醒的意识

教育是充满意义的世界，意义的实现以理解为基础。知识的内容、教师的语言和行为将怎样为学生所理解、将达成怎样的理解，这是教育意义最终得以实现的所在。理解是交互的，与现场情境相伴随、与生活经历相联系的，每个学生的生活经历、对情境的感受又是各不相同的，这使教育意义的实现具有丰富的发生、创造和建构性质。它不是预先确定的，而是现场发生的，教师本人也置身于这个现场之中。前面所说到的那些教育的意识都不是作为结论可以加诸学生身上的，许多细节都是难以预料的，所有的教育意识、教育的意义都将经历学生理解的道路，因而，教师不是仅仅从教育的意义、学科的教学内容的教育意义去实现教育的，不是仅仅从成人的角度去实现教育的，他们必须理解自己的学生，必须对教育的意义怎样在自己的学生身上得到实现有清醒的意识。教师应当对自己学生的思维习惯、生活经历、个性特点、精神世界有充分的深入理解，从而对教育的意义怎样在自己的学生身上得到实现形成清醒的意识。

或许，我们可以把以上线索理解为一个教育意义的单元。教师专业发展是以这样的意义单元组成的追求教育意义的实践过程。对教育的意义、对自己所授学科的教育意义、对自己正在教授的内容在整个知识体系中的位置与联系及其教育意义、对怎样使这样的教育意义在自己的学生身上得到实现都有着清醒的意识，正是教师在每一个教学活动中都不能缺少的。它就在教师每日每时的工作和生活之中。这样做，教师的专业发展就完全融入了教师日常的教育教学活动，和他们的日常工作是一体的；同时，他们的教育教学活动也因为有了明确的、自觉的意义追求而不再仅仅是知识的传递，它本身就是教育根本的价值和意义的体现。

这一线索又可以理解为教师专业发展的一个可行的路径。它包含着在哲学层面对教育意义的理解，包含着对各个学科知识的系统的分析和意义探究，包含着对学生的全面深入的理解，又直接地发生在教师日常的教育、教学之中，直接地与学生的成长、进步、发展相联系。这一路径，可以深入到教育教学的每一个具体环节，对每一堂课、每一个概念、每一道题目都以上述四个方面的清醒意识作系统而具体的探究，使教育教学的每一个具体环节，每一堂课、每一个概念、每一道题目都深刻而具体地体现教育的意义。

实践—意义取向的教师专业发展，就是循着这一路径，以上述关于教育意义的四个方面的清醒意识作为思维策略的一项行动。作为教师发展学校建设中一项建设的行动，它的实施，有效地在中小学教师日常的教育教学实践中促进着他们的专业成长，以至于改变着他们的专业生活。对意义的追问，使得过去被认为是教书匠的简单、枯燥、机械、重复的教学变得充满探究的兴趣和发现，令人兴奋和激动不已。这种变化来自于教师的教育专业意识的一种追求：我怎样使我的每一个教学充满教育的意义。

这些活动在教师发展学校建设中引起较大的反响，参与的教师们也对此深有体会。

第四章

热爱、自信、整体理解
——教师发展学校工作理念

实践—意义取向的教师专业发展，在逐渐形成为一种理论建构的同时，也越来越多地进入我们与中小学教师们的合作。“教育在本质上是实践的”，这个表达究竟可以为教师们带来什么呢？在课堂上它将意味着什么？对于教师专业发展它将带来什么实质性的意义呢？对此，有教师直接提出这样的问题：实践究竟是什么？面对教师们的追问，我们已经不能不作出实质性的回答，而正是对这个问题的回答，使实践—意义取向的教师专业发展理论得到进一步的推进和完善，也使教师发展学校的建设又一次走向一个新的阶段。

一、实践的实质性的内涵

我们感到无论从我们的理论积累还是教师们的实际需要考虑，也许我们都很难对这样严肃和宏大的问题作出准确的回答。我们选择的策略是，提供一个可以形成一定实质性理解的解释。

我们这样向教师们表达我们的解释：实践是人以强烈的意向和伦理指向去追求和实现意义的行动。中小学教师专业发展由此获得被理解和认同的基础，也由此获得可以实现的基本途径。据此，可以确立以“实践”作为理解和实现教师专业发展的核心理念。而对于实践的理解，具有实质性的内涵包括以下要点。

（一）意向——教师工作总是抱有强烈的意向指向

人的实践是有强烈的意向指向的。人能够制造工具，这意味着：人在制作工具时，对于工具使用的结果已经有了自己的观念和意识。所谓实践具有强烈的意向指向，就是因为知道预期结果而具有的自觉的、强烈的渴望和追求。所以，以“实践”作为理解和实现教师专业发展的核心理念意味着：教师应当对自己的工作具有这样一种强烈的意向，总是抱有这样一种渴望：我一定要触动我的学生。

（二）伦理——教师工作总是包含着专业伦理追求

实践不是任何个人孤立的意向行为，而是在长期实践中逐渐集中和凝聚而成的公众的意向指向，成为协调公众行为的伦理。所以，实践总是具有伦理追求。教师职业在其历史发展过程中形成着以“师爱”为核心的专业伦理。关于“师爱”，我们强调要把对学生的热爱、对所授学科的热爱、对教师职业的热爱，汇集成一种强烈的意向，成为教师的专业伦理追求。

（三）整体——教师工作总是处于不可分割的整体联系之中

实践总是在整体地发生着。把事情分解为若干侧面、若干因素进行分析，只能是在事情发生之后，或者是发生之前的预断，但在它发生的当时，那些侧面、因素并没有也不可能作为一个孤立的成分存在。以实践作为理解和实现教师专业发展的基础和核心理念，实践的整体性——那种原本未曾分开的整体联系，成为必须坚持和贯彻的重要原则。长期以来的分析的态度，使得做到这一点、甚至作出解释都很困难。我们用一个故事来说明这种性质。

稻草与灯光

相传很久以前，在一个村庄里，有两个被认为是最聪明的孩子。但是，其中一个孩子的父亲很想证明自己的孩子更聪明。他想到一个测试的方法，看两个孩子谁能花更少的钱把一个房间装满，谁就更聪明。比赛的那一天，这位父亲高兴地看到，他的儿子花了很少的钱买了一屋子稻草，房间被塞得满满的。“不会有比稻草更便宜的东西了。”他高兴地想着，认为这场比赛，一定是自己的孩子最聪明。在另一个孩子的房间里，空空荡荡的，什么都没有，当观看的人们到来时，那孩子点燃了一盏简陋得不能再简陋的灯。整个房间就在那一瞬间被灯光充满了，所有人也都被这个孩子的聪明和智慧所折服。

我们关心的不是故事的结局，而是故事中稻草与灯光性质的不同。稻草是有边界的，看得见、摸得着的，但它是不可能把房间充满的，因为在稻草与稻草的边界之间是有缝隙的，因此无论怎样挤压，缝隙可以被缩小，但不会消失。但灯光是没有边界的，虽然它是无形的、摸不着的，也正是由于它没有边界，才真正光芒普照，充满了空间。

教育的实践性质，在最根本的层面上，体现的是烛光的性质，而不是稻草的性质。在这个意义上，它是没有边界的。这意味着我们面临这样的问题：如何建构它的理论形态才能体现这种性质？回答这一问题的尝试，推进了我们的理论探索。

（四）践行——课堂教学是中小学专任教师专业发展的根本

实践具有践行性质。关于这一性质，主要含义有二：其一，是以实现为追求而不是以证明为追求。这包含着不可证明的事情不一定不可以做到，以及做是为了实现实践本身的目的而不是为了证明什么。其二，是实践总要获得某种效果。只有做到了，事情真正发生了，事情本身的目的才得到了实现，这才是实践。对实践的这一理解使我们把日常的课堂教学作为教师专业发展的根本。正是因为如此，我们越来越把更多的努力倾注于在课堂教学过程中与中小学教师的合作。

我们愿意在此表明：以上的分析是为了说明问题的需要。它们也应当遵从实践的整体性的原则。它们同时并始终存在于实践的整体之中，并且不是以这种分条析缕的方式存在的。

二、热爱、自信、整体理解——教师专业发展工作理念

出于对实践的实质性内涵的理解，我们在教师发展学校的建设中注意在意向、伦理、整体理解和践行的层面形成集中的指向和追求。2004 年，我们在北京市丰台二中提出：以“热爱、自信、整体理解”作为促进教师专业发

展的工作理念。这一工作理念的提出，既是针对教师专业支持内涵性缺失的现状，也是贯彻对教师职业实践性质的根本理解，是前述关于实践含义的实质性内涵的具体体现。因为教师专业在本质上是实践的，所以教师的专业发展应从其实质性内涵着手，应在意向、伦理、整体理解和践行的层面形成集中的指向和追求。“热爱、自信、整体理解”的工作理念，强调教师树立这样的信念：

我热爱我的学生，我热爱我所教授的学科，我热爱这个以我所爱教我所爱的教师职业。

我对我所从事的教育教学工作抱有坚强的自信、饱满的热情和探究创造的渴望。我的这种信念和精神，来自我对教育、对学生、对我所教授学科的整体的深刻理解。

我相信，以我的不懈追求和持续发展，我的这种信念和精神可以在普通的、日常的教育教学工作中得到具体有效的体现，能够激发学生对学习、对生活、对人类文明的热爱！

这样一种信念不是空洞的，我们十几位大学教师来到中小学所要做的，正是要让所有这些都在教师日常的工作中、在每一个教学活动中有所体现。我们曾经遇到这样的质疑：这是一个多么庞大的体系啊，怎么可能要求教师在课堂上考虑到这一切！让我们回想那个稻草和烛光的故事吧。一屋子稻草，也许真是“庞大”到数不胜数，但教师的工作不是去数稻草，他所要做的，只是点燃蜡烛就够了，在可及的空间里，烛光已经无处不在。对于教师，这一切不是作为一个庞大的知识体系存在的，而是以一种精神、意识的方式存在的。如果作为知识的体系，难以在教学实践的现场去组织调动，但作为一种意识，却可以在任何一个瞬间一触即发。知识的作用就在于形成和加强这种意识，问题的关键就在于，人们重视知识，而不重视知识的作用在于形成这种意识。当发现不能奏效的时候，人们可能会去寻求更复杂、更深邃的知识，可能会归结为缺乏好的方法，但却不能接受关键在于意识、观念、意向、信念的方面。很多人会认为这些都是空的，强调这些是可笑的，他们没有想到，正是这样的偏见影响他们抓住教育的根本、教师专业发展的根本。

我们提出以“热爱、自信、整体理解”作为教师专业发展的工作理念，明确地带有克服这类偏见的针对性。作为教师教育工作者，我们对自己所从事的事业同样充满“热爱、自信、整体理解”，抱有坚定的信念。我们坚信，教师职业就是这样的，“我热爱我的学生，我热爱我所教授的学科，我热爱这个以我所爱教我所爱的教师职业；我对我所从事的教育教学工作抱有坚强的自信、饱满的热情和探究创造的渴望；我的这种信念和精神，来自我对教育、对学生、对我所教授学科的整体的深刻理解”。全世界的教师都是这样的；有史以来，全人类的教师就是这样的；每一位优秀的教师都是这样的；每一位教师自己，至少总会有那么一部分是这样的！

“热爱、自信、整体理解”的教师专业发展理念，既有热情的冲动，也有信念的支配；而信念，既含有意识，也富有理性，在成熟的含义上，还充满知识、美德和智慧。这一切都是不可分割地联系在一起的。教师的热爱、自信是以整体理解为基础的。针对现实当中的不足，我们比较强调教师对所授学科的整体理解，强调教师之爱含有对所授学科的热爱。我这么热爱我所教授的学科，渴望把它教给我可爱的孩子们，让他们分享并和我一起去热爱，这是教师应有的工作状态。我们也越来越感到，教师的发展实质在于意识的层面，在于一种意识的自觉和激活状态。热爱、自信在这里并不仅仅是一种情感，而且是情感的激活与觉察，是一种自觉的、强烈的意识指向。整体理解也并不仅仅是知识内容的学理联系，而是意识对包括知识内容、学理联系和教育意义以及兴趣、意向等与教育活动有关的一切的整体感知与觉察。

这样一种基于实践的实质内涵的理解形成的教师专业发展工作理念，在实际的工作中产生了显著的影响，无论是发现意义还是作出改进，它都会有犀利的、直接的、一针见血又一语中的的表现。

三、“什么是”和“是什么”——教师专业发展的内涵性缺失及应对

“直接的、一针见血又一语中的”的把握，来自对于内涵实质的拥有，来自对于每一个“是什么”的回答。中小学教师往往在“什么是”和“是什么”的理解上不作区分，这在一定程度上导致教师专业发展中的“内涵性缺失”。

对于内涵实质、对于“是什么”的回答，往往被当做一种概念游戏、玄学思辨。之所以这样，是由于他们完全没有想过，内涵实质并不是在概念之后才有的。不是先有概念的规定性表述才有内涵实质，内涵实质总是在我们

生活的理解中存在着，它总是与我们的生活相伴随着。回答“是什么”，并不是在于如何组织语言的表述，而正是要在生活的现实中直接而具体地感受、觉察、把握到它。我们可以用这样的例子来说明这一点：或许我们可以认定，没有一个人是通过字典的词条理解爸爸、妈妈是什么，当爸爸、妈妈出现在他的面前，甚至是记忆中、意识中时，他的心里都会拥有着爸爸、妈妈对于他的全部内涵。对于我们所熟悉的一切，都会是这样的。我们与这个世界的关系，最终是这样发生的，而不是以概念的方式发生的。即使一个准确完美的概念，也不过是帮助我们更容易地唤起真实的知觉，它最终还是要作为一种意识的成分才能进入实际的生活联系。

因此，我们的这些“是什么”的问题，并不是以一个概念来回答的，而是在一堂课一堂课的具体内容面前去拥有的。就像“爸爸、妈妈出现在我的面前，甚至是记忆中、意识中，我的心里都会拥有着爸爸、妈妈对于我的全部内涵”那样去拥有。

我们已经说到，对于我们所熟悉的一切，都会有这样的拥有。对于我们所探讨的那些“是什么”的问题，如果我们没有这样的拥有，那只能说明我们对它还不够熟悉。这些对于成就一位教师决不可缺失的专业性问题，必须被熟悉到可以在任何环节、任何内容都能“一触即发”地唤起我们对其内涵实质的拥有。做到这一点，就是教师专业化的“内涵实质”。做到这一点的过程，就是教师专业发展的过程。

那个可以“一触即发”地唤起的我们对内涵实质的拥有，就是我们对“是什么”的回答。既然可以“一触即发”，它一定会有形式极简明的表达，总是可以“一针见血”、“一语中的”，而同时，它又是千言万语汇成的，拥有着千言万语所要表达的丰富。至于前述的十个“是什么”的问题，确实在教师发展学校建设的活动中为我们和合作的教师们所熟悉和拥有。为了更为集中和系统地做到这一点，我们设计了系统的研修活动，从中去把握关于教师发展的那一系列“是什么”。

我们真诚地期望读到这里的每一位教师、读者，注意到我们这样的理解和解释以及我们这种理解和解释的方式。这正是实践的理解方式。它体现着我们所说到的从认识到实践、从工具性到本原性的理解方式、方法论态度以至范式的变革。

四、六层面四环节教师专业发展的研修活动

六层面四环节教师专业发展研修活动的提出，也是针对着前述的教师专业发展中内涵性的缺失。在教师专业发展学校的建设过程中，我们通过“教育、学科、课程、教材分析、学生分析、课堂教学设计”六层面四环节研修活动的设计和实施，使得我们强调“热爱、自信、整体理解”的教师专业发展理念成为教师可以实际操作的研修环节，使得关于教师专业发展的那些“是什么”的“内涵实质”的理解可以得到逐级深化的落实。如前所述，我们说教育在本质上是实践的，这意味着实践总是整体地发生着，这是它与认识的一个根本区分。以分析的方式认识事物，总是在事情发生之后方可将之分为若干方面、若干因素，而在实践当时之现场，所有这些方面、因素都是作为一个整体存在着，任何实践都不可能仅仅在某一个方面、就某一个因素而实行之。因此，认定教师职业的实践性质，也意味着“教育、学科、课程、教材分析、学生分析、课堂教学设计”六层面四环节的研修环节，最重要的是使教师树立教育、学科、课程、教材、学生、课堂教学不可分割的整体理解。认定教师职业的实践性质，还意味着培养教师树立执著的践行意识，要使他们清楚地意识到教师的工作不是以认识和证明为准则，而是以教育意义的真正实现为追求。

这六层面四环节的研究设计，是自上而下的一个整体理解，是相互之间层层衔接、环环相扣的动态连续的过程，体现了教师专业发展的整体性、过程性和内涵实质性。

研修方案的第一环节为通识性研修，着重于：培养教师对教育、学科、课程形成拥有其内涵实质的根本理解。首先，教师的专业发展应该树立教师对于“教育”和“教师专业发展”的基本理解，教师应理解自己的职责和使命就在于实现教育的意义。其次，教师应该形成对自己所教“学科”的根本理解，理解所授学科的性质、特点、基本内容、历史沿革和最新进展。当我们强调教师对“学科”有根本理解时，并不意味着此时教师不用再具有对“教育”的根本理解。实际上，教师对教育的根本理解始终在场，即当教师思考所教学科的性质、特点时，也始终考虑着自己的学科性质特点负有怎样的教育意义。第三，教师应对自己所教“课程”有着根本的理解：分析所授

学科的中小学课程设计思想及其结构；学科教学的目的以及问题研讨。教师对“课程”的理解也是基于教师对教育的根本理解，考虑如何通过自己所教的“课程”实现教育的意义。

研修方案的第二环节为分析与设计，着重于：在整体理解基础上分析教材，分析学生对教学内容的可能理解，完成课堂教学设计。第四个层面，“分析教材”：以本学期教材为主要文本，分析上述教育、学科、课程思想在教材文本中的体现。至此，就教师而言，对于教育、所教授的学科、中小学课程和教材都已经有了熟悉精研而拥有的对所有“是什么”的内涵实质的理解。因而，在这样的基础上，我们研修活动的第五层面——“理解学生”的含义，不是一般所说的学情分析，而是要分析学生对教学内容的理解和意向，对他们与教师拥有的内涵实质的理解的差异作出估计。这个估计成为设计教学的依据。在所有这些的基础上，才进入第六层面，完成“课堂教学设计”。

研修方案的环节三着重于：课堂教学实践——课堂教学实践及讲评。教师关于自己对教育、学科、课堂、教材、学生以及课堂教学设计的理解，最终还需要通过自己的课堂教学实践得以实现和践行。同时，参与本次研修活动的其他中小学教师、大学教师，还会一起对教师的课堂教学实践进行讲评和讨论，帮助教师分析、理解自己的课堂教学实践是否真正体现了自己对教育、学科、课堂、教材、学生以及课堂教学设计的理解。

研修方案的环节四为：教师发展过程描述——写作教师反思个案；制作日常化、生活化的教师发展视频案例。

需要强调的是，以上六个层面四个环节的研修活动是一个完整的整体，相互之间是环环相扣、层层衔接的。可以说，没有教师对“教育”、“学科”、“课程”的根本理解，没有教师认真分析“教材”如何体现着教育、学科和课程的思想，没有教师分析“学生”对教学内容的理解和意向，教师最终是无法真正完成一节体现着教育意义的课堂教学设计的。但是，我们以往的教师教育中往往忽视了前面五个层面的重要性，或者是以为这些对于教师是已经具备的，无需深究。因而，可以直接要求教师完成“课堂教学设计”。这样做的实质，就是不问“教什么”，只问“怎么教”。“教什么”的问题在很多场合被公然地拒斥了，在一些人那里（令人遗憾的是，其中包括一些从事教师教育的人），“教什么”的问题属于“是什么”的问题，凡是此类问题都是说不清楚的，更不需要教师有清楚的理解，教师所要做的只是“怎么教”

的问题。他们没有想过，不知道教的“是什么”，怎么可能自主地完成“怎么教”的设计呢?！一个潜在的回答，就是乞灵于一种不知道“是什么”就可以“教”的技术、方法和工具。这样做的结果，实际上是把教师置于相当低下的地位，使他们失去了专业自主的基础而只能为工具性所支配。因而，教师通常很难感受到自己是在认真研究自己的教学，很难真正设计一节体现着自己对教育、对学科、对教学内容有着根本理解的课堂教学。在这里，问题的症结仍在于太习惯于工具性的方式而忽视了对于“是什么”的理解这个根本。试问，一位对自己正在教的是什么并不清楚的教师，有什么方法、工具可以以“怎么教”的技术掩盖不知道“是什么”这个根本的缺失而达到教育的目的呢？教师可以以自己之“昏昏”而令学生“昭昭”吗？本书第八章有我们与卢吉增老师合作的案例，卢老师写下的题目就是：“以其昭昭，使人昭昭”。

第五章

教师专业发展：求根务本

随着实践是什么的追问，教师发展学校的建设形成“热爱、自信、整体理解”——教师专业发展工作理念，开展六层面四环节教师专业发展研修活动，深入到多个学科的课堂教学环节，紧密结合教师日常教育教学工作推进教师专业发展。我们和中小学的合作教师们都为这一进程所深深鼓舞。我们真切地感受到，我们正在走上一条可以使教师专业发展得到有效实现的道路。我们及时地总结了这一阶段的建设，进一步提出：以课堂教学为教师专业发展之根本，教师专业发展一定要求根务本。

一、求根务本的含义

“教师专业发展：求根务本”，成为北京市丰台二中教师发展学校建设近期探索的特点和工作思路。

求根，是坚持以严格的科学态度作为根本追求。我们一直在强调要有严格的科学态度，这主要体现在两个方面：一是要体现所教授学科的性质特点，抓住所教授内容的内涵实质，明确回答所有“是什么”的问题。二是要求对课堂教学的改善和教师学生的变化能够作出明确的解释，即可以明确说明这种改善和变化确实是由于既定的追求带来的。之所以可以明确解释，是因为我清晰地知道我要做的是什么。有了这样的态度和追求，教师们可以清晰地认识到教师发展不会仅仅在光鲜夺目的形式层面得到实现，而是要具体地深入到有效提升学生素养的教育如何发生这一实质层面。我们相信只有这样，教师的发展才有恒久的动力，而这一动力来自于教师对自己责任清醒的意识。

务本，是坚持教师专业发展以课堂教学为本。在当今学校教育体制下，教师专业、教师对儿童青少年的教育，主要还是通过课堂教学来实现的。教师专业发展，对于教师来说，并不是让他们离开课堂教学去做另外一件事情。做课题、写论文等都是促进教师专业发展的手段，都是为了促进他们努力探索“怎样教好、怎样教更好”，而不是仿佛只有会做课题、会写论文才是教师专业化的表现，更不可能以会做课题、会写论文作为教师的专业。教师专业的理解，必须立足于他们日常的教育教学实践，这是教师专业最终得以确立、得到普遍认同的基础，也是教师专业发展得到有效实现的根本所在。

我们和北京市丰台二中的教师们开始在数学、语文、政治、历史四个学科的教学中努力贯彻求根务本的追求，并迅速取得了令人欣喜的成果。本书在《超越与行动》部分呈现北京市丰台二中领导、教师们所写的文章、案例和我们所写的附记，反映的正是我们就此所作的合作探索。我们从中可以看到，这种“求根务本”的精神可以贯彻到课堂教学的整体和细节。教师的专业发展就这样通过对内涵实质的根本追问而凸显着。它使教师的教育、教学、研究、学习具有自然的内在联系，也使教师的专业成长有具体可行的路径，形成了教师的专业生活方式。

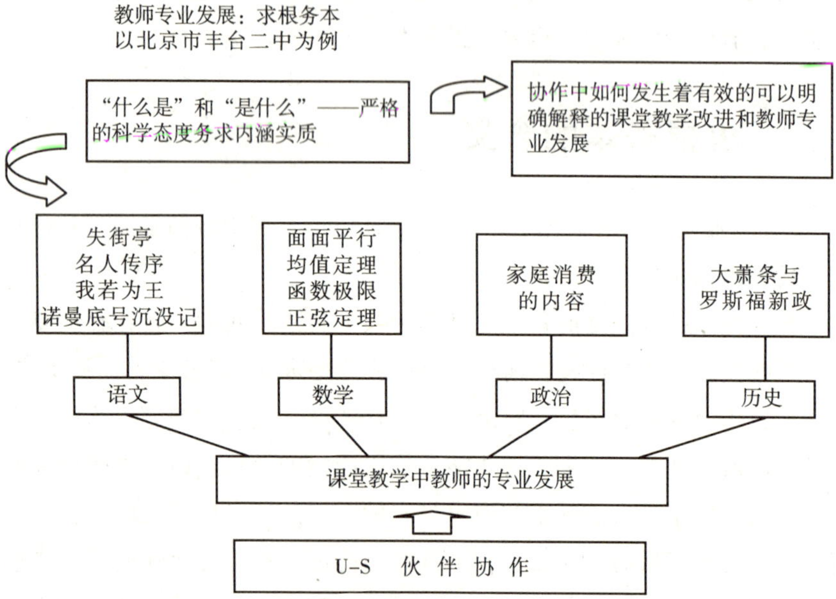

图 北京市丰台二中“教师专业发展：求根务本”建设活动示意图

“教师专业发展：求根务本”，这是2007年开始的教师发展学校有代表性的建设活动。这一活动主要是在丰台二中发起和展开的。它对于教师发展学校建设具有重要的意义：对于我们——丰台二中教师发展学校的建设者（U－S伙伴协作的双方：来自首都师范大学的教师和丰台二中参与教师发展学校建设的领导和教师们）来说，这是一个长期耕耘劳作后迎来的收获时节；是一个教师发展学校建设理论得到实现和在实现中得以验证的过程；教师发展学校建设的理念、理论得到“有内容的”具体呈现；可以由之为对课堂教学改进、教师专业发展作出明确的解释。而所有这一切，都一如教师发展学校建设的初衷：是合作中的建构生成。

二、收获时节

说这一阶段是一个收获时节，当然不是最后的收获，不是一个大丰收的结局，而是在长期耕耘劳作之后，终于迎来的一个收获的开始。在此之前，我们也有收获，也得到了发展，但始终未能实现我们心中所期许的一个追求：一定要获得可以有效发生且同时可以明确解释的课堂改进和教师专业发展案例。我们也曾有过一些成功的案例，但它们的成功，有些只能从中得到部分的、局部的解释，有些更多的是提供着探索的激励或启示，并且它们的出现往往是分散的、零星的、断续的。当以这样的事例谈起教师发展学校建设的时候，我们往往只能以某一案例解释某一方面，几个案例合起来，才能有一个相对完整的解释。因此，我们往往面临这样的追问：“你们说的几个方面挺有道理，能不能用一堂课的例子同时解释你们道理的各个方面呢？”

在2007—2008学年的第一学期，我们终于获得了可以有效发生且同时可以明确解释的课堂改进和教师专业发展案例。这样的案例不是一个，而是在同一轮过程中产生的每一个。这使我们仿佛看到了庄稼的成熟而意识到收获季节的到来。

三、合作中的建构与超越

在这次求根务本的建设行动中，我们感到兴奋不已的还有这些案例中可以看到的由于合作而带来的建构和超越。这使我们看到，严格的科学态度、对内涵实质的追求可以为教师专业发展带来什么：教学因此而深刻、丰富并富有效果；教师因此而被唤起激情的追求和职业的幸福感；他们的生活因此而走出平庸走向庄严神圣的理论自觉所驱动的不息的探索。这也使我们看到，丰台二中的教师们在最日常的教学活动中所建构的，既是学生的有效成长，同时也是富有理论建构意义的活生生的教育。这正是中小学教师专业发展得以真正实现所希冀的。从中，我们也看到基于实践哲学的理论的力量：多少次以规则、方法等可以抽象于真实、具体的日常活动之外的方式求之而不可得的期待，却在此刻真实地发生了。我们知道这是为什么，这正是我们基于实践哲学的理论可以明确解释的：我们所坚持的实践取向，使我们的建设行动从关注意识指向开始——热爱、自信、整体理解的工作理念都是意识的层面，而意识是可以与行动相伴随的，人的活动总是由意识在支配的。我们在与丰台二中的教师们的合作中所作的一切努力，都在于增强教师的专业意识，而这一切恰恰是可以内在于教师的教学实践而发挥支配作用，这就必然导致不同于缺乏这种专业意识的教学实践，更何况每一个教学的实践又都是教师们自己的创造。他们因具有这样的意识，而在自己的实践中有了充分体现教师职业之专业性质和地位的建构与超越。

四、“教师专业发展：求根务本”建设行动案例

北京市丰台二中的教师们在“教师专业发展：求根务本”的合作建设行动中所产生的案例，是由于“务求内涵实质的深刻理解”而形成的，因此，他们所获得的课堂教学的改善和教师自身的发展，是可以由这一建设行动的实践追求所明确解释的。这种解释之所以可以令人信服，是因为每一个解释都是有真实的和有效的内容来支持的。“有内容的”成为这些案例的一个突出特点。在这里，“有内容的”之所以突出，就在于每一个案例都以对具体教学内容深刻理解的延展运动构成自身的内容并以此内容构成全部建设行动。于是，“有内容的”成为连续的运动过程，在其运动轨迹的每一个点上，都是有内容的。“有内容的”之所以重要，是因为这正是教育之实践本性的体现。教育是实践的，实践是具体的，具体的是有内容的。“有内容的”，是对教育实践的解释。“在其运动轨迹的每一个点上”都是有内容的，实践的过程才是连续的、彻底的。当我们真实获得这样的过程时，这个过程既是教育

实现的过程，也是教师发展的过程，并且它自身又是教育实现、教师发展实现的验证过程。教育、教师发展都在实践意义上以有内容的连续性组织在同一过程的整体运动之中，展开其实现与验证的充分和必要。我们之所以在这里作这样的讨论，也是针对教育、教师发展现实中存在的问题。当前，围绕教育和教师专业发展的种种问题，不外是难以保持这种“有内容”的连续性。传统的讲授，有具体的教学内容，却没有深入其内涵实质的延展运动；相当严重地存在的中小学教师关于教学内容的“内涵性缺失”甚至使得他们在一开始就失去了真正的内容；改革风潮骤起，关注的重心指向学生的建构和主体性，却忽略了应有的内容，掩盖了教学内容方面的内涵性缺失；在推进改革的努力中，对“实践”之内涵实质理解的不足，又使得这些努力总是带有“非实践”印记，总是带有跳出“具体内容”的“抽象情结”。于是，可以强调能力、方法、情感、主体、建构，以为这样已经是“实践转向”了，却唯独不肯走进具体的内容，不能看到所有这一切都只是在有内容的延展运动中才具有了实践的意义。脱离了具体的内容，它们不过是一些“新概念”的玩偶，徒具漂亮的外表而已，于教育、教师专业发展的实践并无实质的增益。

有鉴于此，丰台二中教师们的案例才格外令人欣喜和骄傲，因为这些案例做到了“在其运动轨迹的每一个点上”都是有内容的。丰台二中的案例和我们为案例写的附记，呈现出我们的合作和合作产生的可以明确解释的效果。之所以说是可以明确解释的，是因为这些案例确实是出于我们所提出的以严格的科学态度、坚持对内涵实质的追求。不是所有的合作都有这样的案例，不是所有的案例都有这样的具体内容，不是所有教师发展都是这样和一个具体的教学内容紧密地联系在一起的。我们用一个通俗的描述讨论这个问题，就是：是“指哪打哪”还是“打哪指哪”。“指哪打哪”是可以明确解释的，因为他所打中的正是他所追求的。这实质上涉及的是一个深刻的理论问题。在一种以后现代为标榜的倾向中，以为一切都是在建构过程中以不知道的原因生成的，因而不存在先在的追求，但这样的结果离开了教育的根本。教育是有追求的，教育只有在他追求的意义发生的时候才是存在的。教育作为实践的根本性质为它敞开丰富的意义世界，实践是丰富的，它不限于认识的结论、知识的内容及其规定性，还有着意向、信念和具有实质性内涵的意义理解。看不到这些而轻言放弃，放弃的是教育的责任，造成的是教师工作因肤浅的操作化而失去发展的生命力。

第六章

教师发展学校的理论建设

教师发展学校自其开始之时，便把理论建设作为自己重要的内容和明确的目标。迄今为止，注重理论建设一直是教师发展学校建设的一个重要的突出特点。八年来，教师发展学校建设以坚定的信念和不息的探索，形成着与自身建设行动和谐一致的理论建设。我们把这一理论建设命名为“实践—意义取向的教师专业发展理论”。这一理论建设，于2001年教师发展学校建设的策划初期，已经有了明确的学术意图和基本思考，于2003年教师发展学校建设两年后，明确提出以“实践—意义”为基本取向，并于2006年10月，在历经探索之艰辛与波折之后，形成比较明确和贯通的理论体系。教师发展学校理论建设的探索，具有三个追求的原则：（1）具有坚强的学术支撑；（2）体现时代特点和改革与发展的大趋势；（3）可以在中小学教育教学实践中贯彻、产生效果。认真总结、检讨教师发展学校的理论建设，我们认为，可以说上述追求已经得到实现。

“实践—意义取向的教师专业发展理论”作为教师发展学校建设的理论表达，其基本要点包括：

（1）基本命题：“教育在本质上是实践的”。

（2）推论一：教育问题、关于教育的理解应当在实践领域而不仅仅是认识领域得到解决。实践不同于认识的性质特点，它赋予探索教育、教师专业发展问题特有的视角和维度。教育理论以此而具有作为实践之理论形态的建设。

（3）推论二：教师的专业是教育。实践是理解教师专业并获得普遍认同的基础和教师专业发展得以实现的途径。

（4）探索一：教师专业发展和教师教育以意义为理论与实践共同的基本单元。

（5）探索二：教师专业发展和教师教育以实践思维方式作为组织意义联系、建构理论和有效实施的线索。

（6）探索三：在实践中实现和证明自身——基于实践的教育研究方法论探索。

（7）探索四：教师教育：教师专业意识品质的养成——基于实践的教师教育理论建设。

（8）总结论：教育在根本上是意识品质的养成

以上要点汇集在一起，已经形成一个关于教师专业发展的理论体系，并且实际地涉及教育学基本理论建设的一系列重要问题，成为教师发展学校建设对于教师教育、基础教育改革和教育学学科建设的理论贡献。

这些要点是在教师发展学校建设过程中逐渐明晰、形成的，与现实有着密不可分的联系。大学文化的参与，在其形成过程中赋予其一定的超越性质，使它既作为实践之理论形态形成，同时又更加深刻和尖锐地指向诸多现实问题的内涵、实质。实践哲学是彻底的哲学，上述理论建构具有了这种彻底性质，这表现在从其作为教育实践的理论形态的根本的学理角度直到教育发生的具体环节，它都可以做到“吾道一以贯之”——无论是理论的表述还是教育实施的细节，它在信念、意向、追求、态度、基本理解和解释上总是同一的，总是具有内在的和谐与一致。

一、教育在本质上是实践的——关于基本命题

“教育在本质上是实践的”这一基本命题，在本书中已经被多次使用。实际上，在教师发展学校建设开始的时候，它已经是我们最基本的理论出发点。这一表述的理论依据，最直接和最著名的是援引马克思的著名论断：“社会生活在本质上是实践的。凡是把理论导致神秘主义方面去的神秘的东

西，都能在人的实践中以及对这个实践的理解中得到合理的解决。"① 由此，我们所获得的不仅是可以有教育作为社会生活的成分而"在本质上是实践的"这样的推演，同时，也获得对于实践与人的全部社会生活的联系以及避免把教育理论导向神秘主义，坚持在人的实践以及对这个实践的理解中寻求合理解决问题的信念。

在教师发展学校的理论建设中，我们也努力吸收20世纪哲学思想的积极成果，注重以西方哲学语言转向、生活世界转向和实践哲学转向的理论成果丰富自己的理论建设。我们愿意表明：我们的理论建设在性质上是属于实践哲学的。它作为一种实践哲学的理论建构，在反映着我们所坚持的马克思主义实践哲学立场的同时，也反映着20世纪哲学思想成果的启示，使这一理论建设具有了强大的学术支持。

"教育在本质上是实践的"，作为我们理论建构的基本命题，就其表达形式而言已经是我们理论建构的开始：首先，它表达着我们理论建构中的一个基本态度。从这个基本命题开始，我们将不再局限于以概念定义"存在者"的方式对教育是什么作出规定，而是直接朝向事情本身，寻求教育是什么的实质性理解。这样一种态度也是实践的，是期待获得关于教育实践的理论形态的一个尝试。之所以要作这样的尝试，也是因为概念定义的方式在回答教育是什么时所面临的窘境。定义，通常是以属加种差的方式实现的。其前提，是在定义之前已经承认了种属等级序列的存在。在这样一个等级序列中，属加种差的定义总是可以获得严格确认的效果。形形色色的"存在者"正是通过这样的方式被我们所认识。然而，并不是所有的事情都处于这样的等级序列之中。在那些最终极的追问中，涉及的往往是最根本、最原初的所在；在那些最根本最原初的位置上，可以从内容结构上作出种属等级区分的序列往往并不存在。在这样的情况下，一定要用属加种差的方式下定义是难以奏效的，因为它尚未获得自身合法的前提。而关于教育是什么的问题恰恰是人类社会生活领域处于最终极的追问之一。但这并不意味着教育是什么的问题不可以回答。"教育在本质上是实践的"，明确确认了教育的实践性质。虽然没有确认教育是什么"事物"，但性质的确认也是一种确认，也是有意义的。作为基本命题，我们以意义表达的方式确认教育的实践性质，并将由此严格

---

① 马克思．马克思恩格斯选集：第一卷［M］．北京：人民出版社，1972：18．

地在实践领域、以实践的方式展开对这一基本命题的推论与探索。

教育的实践性质，是我们对教育内涵实质的基本理解。教育在本质上是实践的，而实践则是人的全部社会生活。这决定了我们必须始终坚持把教育作为人的社会生活实践来理解。从根本上说，它总是处于发生状态，具有人的社会生活的全部的丰富和生动。在这个根本的层面上，它以其自身的发生活动呈现自身的存在，因而是具体的、有着丰富的内容的。它不为概念所定义，因为概念的抽象会使它失去原有的丰富；它不可以被分割，因为它总是整体地发生着。那些被认为是它的组成要素、影响因素的东西都是在它发生之后才被分析出来的，而在实践的现场，那些后来被分析出来的要素、因素都没有也不可能孤立地存在，不可能被分别地感知。它是一个整体地发生着的事情，是教师与学生之间一种精神、意识层面的交互作用和影响。这是教育的根本，它从性质上决定了教育与其他事情、特别是自然科学领域的许多事情的区别。以严格的科学态度对待教育，首先要看到这种根本区别的存在；无视这种区别，已经违背了实事求是的科学态度。如果在这个根本的层面上已经失去了科学的根基，那么在后续环节上即使再也没有科学的缺失，那也不过是建筑在沙滩上的大厦，并且是另外一座大厦。尊重教育的实践性质，是以严格的科学态度对待包括教师专业发展在内的教育问题的基点。

二、从认识到实践——关于推论一

教育在本质上是实践的合乎逻辑的第一个推论，就是指关于教育的问题应当在实践领域、以实践的形态、按照实践的方式得到解决，而不是像在认识论传统中所以为的那样，以认识的方式去解决。当我们说，教育在本质上是实践的，则意味着一种领域的变换——从认识领域转向实践领域。认识领域里不能解决的问题，可以在实践领域探索。它们之所以在认识领域里未能得到揭示，或许正是因为其原本就是实践领域的问题。实践领域并不是认识领域的对立物，它们也不是对等的、并列的关系。实践之于认识，具有包容的联系。实践孕育着认识，所以认识源于实践，而实践远比认识丰富。认识可以更深刻地揭示人的生活实践，但这种解释只有重新融入到实践之中时才是真正有意义的。实践领域有着不同于知识王国的法度。实践不是一种仅仅在认识结论支配下的机械操作，而是人以全部信念、情感、认识、智慧和力量投入的具有丰富创造性的行动，认识只是其中的一部分。以为可以把实践理解为一种仅仅在认识结论支配下的机械操作，实际上仍是因袭认识的传统，把实践领域的问题仅仅作为一个认识问题去解决。其后果往往会因为认识结论的抽象而失去其原始的丰富，因为认识结论的固定而失去其新鲜和生动，并终于偏离了实践本身的面貌、性质和形态。

这个变革的突出表现是从工具性到本原性的变革。从认识到实践的哲学变革，正是突出地表现为以本原性的追求而不是任何一种工具性的依循为根本。这既是在本体论承诺上的根本性变革，也是在认识论、方法论上的根本性变革。并且，由于实践的根本性质，使得它在本体论与认识论、方法论的关系上也与在认识论传统中的处置发生了根本性的变革，呈现出更具本原性的内在一致的联系。

关于工具性和本原性的理解，大致上可以说是这样的：人的社会生活首先是有意识的，人对于自己原意识的觉察是反思；这使得人类可以在实践中产生出认识；认识的结果，可以形成理论、方法、科学、技术；技术的运用可以产生创造。如果在这个过程的每一个环节中都只注重结果，那么，的确存在着一个从认识到科学到技术从而创造美好人类生活的可能线索。所谓认识的方式，大抵就是循了这样的线索，认识、科学、方法、技术都是创造美好生活的工具，并且只要掌握了这样的工具，就可以实现美好的创造。通常所说的认识论传统、工具理性、技术理性大致即是如此。应当说，这个线索是现实地存在的，并且其本身并不是错误。问题在于这个单向度的工具性的线索并不是人的生活的全部，工具性更看重的是这个递进线索上的结果，尤其是最可以获得功利性的也是工具性的实际效果的最后的结果。但是，它忽视了人的生活并不是仅仅以结果的形态构成的，在每一个结果之前存在的一切都已经如其所是地存在着了——当我们拥有现代技术的时候，科学已经存在；当我们拥有科学的时候，理论存在着；当我们拥有理论的时候，认识存在着；当我们拥有认识的时候，意识存在着。并且这不是以递进的方式逐级衔接的，而是以共在的方式益愈丰富的。意识及反思在实践中产生出认识，理论并不仅仅是认识的产物，意识及反思同样对它拥有滋养萌生的“动力因”的作用；技术决不会仅仅是科学的产物，先在的所有成分——意识、认识、理论、科学都对它的产生与存在发生着各自的作用。每一个先在的成分对所有的后者都从未停止过如其所是地发生着的、类似于种子对于植物萌生那样的内在的生长的“动力因”的作用。正是这样一种机制构成着人的实践着的生活。显然，居于最原初位置、作为最原初形态的意识，令人瞩目地贯彻于始终。正是在这个意义上，引起我们对于意识的关注，认为对于意识的关注和对实践的关注是同在的。

这个实践着的生活是人的实践、生活自身的本原，它生生不息地发生着，因而是一个活的、总是在不断丰富着的本原。因此，本原性并不意味着某一个历史源头的回溯，而是针对于每一个生活的真实的发生（虽然它包含着历史的源头）。一切工具性的结果，都可以并且实际地汇入了这个原初实践着的生活，这一切结果都是人的生活创造出来的，但是，它们却从未、也不可能孤立地存在和发生作用。如果说，认识的方式意味着对结果和工具的依循；那么，实践的方式就是坚持以原初形态的内在生长为根本，决不采取这种单向度的依循，而总是从本原的原初形态做起。因此，可以说，认识的方式是工具性的，实践的方式是本原性的。本原性的实践方式远比工具性的认识方式更为丰富。这种丰富不是同一层面的多寡，不是空间维度的增减，而是一种完全不同于工具性的单向度线索，在形态和方式上发生的根本性的变革。它可以使一切都在其中氤氲包孕，浑然天成，并且这不是任何大自然的造化，不可仅仅以生命的力量、认识的逻辑来解释。它只能解释为人的能动的实践。在实践领域里，本原、原初的含义都在这种丰富中拥有它们原本的意韵。本原不意味着作为基础的物体，原初不意味着一个起始的时刻。

这不仅仅是说它是认识的来源，因为它不仅是在一个起始点上具有源头的含义，而且一以贯之，始终是具有源出与展开、绽放意义的根本。教师发展学校的理论与实践建设，始终坚持了这样的本原性的追求，因此而有理论建设与实践在本原性意义上的本然统一。本文后续部分对意识和行动的关注以及赋予它们的本原性理解都是以这样的追求展开的。

正是由于对教育作为实践的本原性意义重视不足，才导致教育问题都被想当然地纳入了认识的范畴，以工具的方式加以处置了。由此造成了一系列的颠倒、分立、疏离、违背教育实践本性的结论。我们的理论建构正是针对这样一种状况，因而具有改革和探索的意义。这意味着对于教育的理解总是要这样充分地坚守它作为实践的根本性质：以自身为目的，非此则不是实践的。这也是为什么杜威如此强调“教育的过程在它自身之外没有目的；它就是它自己的目的”①。

从认识到实践，这个视域的转换并不是离开认识转向实践，而是在于避免夸大认识领域的法则而导致以偏概全。在这里，囿于认识论传统的习惯理解，总是把认识与实践理解为两个分立的过程，无论怎样建立认识与实践的联系，总是把它们看做两个可以彼此分立的存在者之间的关系。这导致对这一推论的疑惑，而每每说到转换，无论如何，总是摆脱不了非此即彼的轮回。问题恰在于这种分立的方式仍然是一种认识论传统的工具性的方式，而不是采取实践的本原的方式。从认识到实践的视域转换，不仅仅在于看视的领域，还在于、甚至是首先在于，在看视的方式方面从根本上采取实践的方式。这样，才有可能严格地走进实践领域，理解实践不同于认识的性质特点及其赋予探索教育、教师专业发展问题特有的视角和维度。

三、实践是教师专业认同和实现的基础——关于推论二

教师的专业是教育。因此，“教育在本质上是实践的”这一基本命题，也决定了中小学教师专业发展必定是以实践为获得被理解和认同的基础，也由此获得可以实现的基本途径。

在这里，同样存在着工具性和本原性的问题。对“实践”这一重要理念的简单的、表层化的理解，往往导致对教育、教师专业之实践性质的忽视和误解，期冀以工具性的方式解决本应以本原性的方式对待的教师教育和教师专业发展的问题。经常为人所乐道的“授人以鱼不如授人以渔”表达的就是这样一种希冀。以为只要学会捕鱼的方法，就可以有鱼吃；殊不知，在会不会捕鱼之先，以及在运用捕鱼方法的过程中，都还有是不是愿意的问题。虽然有捕鱼的方法，但不愿去捕鱼，捕鱼的方法不是仍然得不到发挥吗？愿意去捕鱼，虽然开始没有捕鱼的方法，但不是仍然可以捕到鱼、发展出捕鱼的方法吗？实际上，捕鱼的方法不就是这样产生的吗？方法是工具性的而非本原性的。讨论这个问题并非无谓的。在走向实践，促进教师专业发展的潮流中，确有这样的施行。这是必要的，但却不可作为根本。把方法作为了根本，

① 杜威．民主主义与教育［M］．王承绪，译．北京：人民教育出版社，2001：58.

也就把实践置于方法的运用与操作的地位，这是本末倒置了。认定教育在本质上是实践的，意味着实践对于教师专业而言，始终是根本的出发点。

由实践这个起点出发，教师发展学校建设的理论建设和实践建设共同走向以不可分割的方式保有两个具有根本性质的维度指向：

其一是意识指向，对实践的重视内在地包含对意识指向的重视。我们提出的教师发展学校工作理念——热爱、自信、整体理解——都是在意识层面的指向和追求。这一指向在建设过程中逐渐加强，最终形成以教师意识品质养成为目标和内容的教师教育改革主张和基于这一主张的教师教育标准建设构思。

其二是具体践行，对实践的重视也内在地包含对具体践行的重视。实践总是以具体践行的方式发生和存在的，总是可以以具体内容来呈现的。意识指向和具体践行作为实践的原生性表现在源出意义上是整体不可分割地伴随一体的，自觉地把握这一理解是以严格的科学态度、科学精神对待教育、教师专业发展的体现。教育是实践的，实践是具体的，具体的是有内容的。“有内容的”，是对教育实践的解释。“在其运动轨迹的每一个点上”都是有内容的，实践的过程才是连续的、彻底的。注重具体内容成为教师发展学校建设的鲜明特点。当我们真实获得这样的过程，这个过程既是教育实现的过程，也是教师发展的过程，并且它自身又是教育实现、教师发展实现的验证过程。

以严格的科学态度、科学精神对待教育、教师专业发展是教师发展学校建设明确的意识指向，也是教师发展学校建设在持久建设过程中历久弥坚、坚持并不断前行和取得持续进展和成果的保证。而作为其具体践行的是我们在理论建构上务求内涵实质和明确解释的努力以及与中小学合作实行“教师专业发展：求根务本”的一系列建设行动。

四、以意义为单元——关于探索一

以意义为单元，是对实践领域何以构成的探索。意义之于实践，从一定角度考虑，大致相当于概念之于认识。我们说，从认识领域到实践领域，有一个从工具性到本原性的变革。在实践领域何以构成方面，同样面对这一问题。

概念，对于人类认识的发展是重要的，如果没有获得抽象概念的认识能力，人对世界的了解，只能停留于原始的直观。概念的认识，使人类文明认识获得巨大的进步，建立了以概念为单元的知识体系，也形成了以概念为追求的认识传统。如果概念不明确，何以谈到认识？然而，人的生活并不仅仅是认识，它并不服从于什么概念，而是“如其所是”地以“事情本身”的样子发生着。在实践领域里，我们面对的正是这些正在发生着的事情。这些事情之间是有联系的，不过它们之间的联系，最终归结为意义的联系而不是概念的联系。意义，是在概念之先的，是所谓“前概念”的。概念，不过是意义被赋予了某个称谓而具有的规定性，它并不是原初的、本原的。意义相对于概念，处于更为原初的本原的地位。

在从认识到实践的转换中，既有着类似于像坚持方法的支配地位那样，对于概念规定性的坚持——这二者共同的倾向是把实践仅仅视为操作，而没有看到它作为人类社会生活原初的、根本的地位；也有着形形色色的对于概念规定性的质疑——但解构概念规定性的同时也丢弃了在概念之先的本原的意义，而意义的迷失，最终只能导向神秘主义、相对主义。在这两种倾向之间，对于“前概念”的意义的理解显示出它对于走向实践的理论建构的启示。在走向实践的探索中，种种把实践理解为神秘的、莫名其妙的、不可知的或相对主义的说法，都是有失偏颇的。我们一直在强调严格科学的态度，正是力图冲破这些误解的笼罩，在更为源头处寻求对实践的理解和问题的解决。“前概念”并不意味着取消了一切秩序和联系，它只是突破那种概念的规定性的限制，以体现事情本身的生动和丰富。之所以会有那些非理论的主张，就在于他们只看到实践对于概念的突破，以为只有采取一种非理论的方式，才能达致这种突破，才算“实践的”；而我们把希望寄托于另一个视角，把走向实践的变革不是指向理论体系的解构、而是指向构成理论体系的最基本的构成单元：如果这个最基本的构成单元并不是概念式的封闭的规定，而具有实践自身原本的生动、丰富、建构与生成的开放性质，那么，我们不是同样可以突破概念的规定性而获得一种我们所期待的理论建构吗？那谁来承担这样一种理论体系最基本的构成单元呢？我们选择“意义”！

我们尝试以意义为单元理解教育和教师的专业发展。意义，可能是一个最普遍、最空泛的范畴，但正是这样的普遍与空泛的品质使得它有可能在每一个具体的、个别的实践环节都能够从最根本处承担事情本身的丰富。意义被实践所激活，它依然普遍，但却不再空泛，而具有一种鲜活、生动的实在。这正是我们的探索所期待的。

实践和理论可以有这样一种关系：理论本身也是实践的，它作为理论形态的存在与教育实践之间所具有的是一种本然的、直接的关系。这种本然的、直接的关系，就像全息照片无论被粉碎成多么微小的颗粒，在每一个仍然可视的微小颗粒中仍然可以看到照片的全部信息那样，使得理论无论被分解为怎样的细微之处，都仍然保有教育实践本身的充盈、丰富和生动，并且可以践行。同样，教育实践的活动，无论怎样被分割，也都仍然显现着这种理论的全部意义。

意义是不占空间、不拘时间的，它因而可以不被分割，总是保有无限的生动和丰富；同时，它又不像概念那样因抽象而离开事情本身，它就是事情本身为实践所敞开的显现。它与实践的本然关系，无论被分割成多么细微的部分或片断都仍然整体地存在和显现。它就像光，你可以遮蔽它，但却无法分割它，一旦去除遮蔽，它又是没有边界的一片光明。

强烈的前概念的、超越概念规定性的追求是否一定走向消解一切规定性或规律性呢？其实我们所追求的只是回到事情本身的态度和方式，对前概念的追求，只是因为它比概念的规定更接近事情本身。至于规律也是一样，仅仅取决于事情本身是否有规律和规律是什么样子。就像生活世界的丰富不能为概念生动地反映，生活世界的规律性也不像自然科学的规律那样简洁和确定。我们愿意用维特根斯坦的“家族相似”来描述这种规律性。就像家族成员间在容貌、声音、步态等方面的相似是可以确定的，但在每个成员身上的呈现却是不确定的，我们在教育实践领域面临着这样的规律性：它的存在是确定的，但它的呈现却是不确定的。我们期待以意义为单元的研究有助于我们走近这样一种不确定的规律，它可以使事情本身的不确定性、复杂性如其所是地呈现。

以意义为单元的理论建构，还显示着一种理论与实践的本然的统一。意义总是在人与事物或他人的联系中显现。使人与事物或他人相联系的，正是人的能动的实践。人通过实践所实现的正是对意义的理解、追求和创造。意义就是这样与实践联系在一起。于是，我们获得这样一种可能性：意义，既是实践之根本追求，又是理论之构成单元。这样，理论与实践具有了一种直接的联系，而不再经过抽象概念的中介，也就无需概念与对象是否符合的证明。无需证明并不意味着空洞虚妄，因为它的实在是直接的，它是真正实在的。这一切都不是说说而已，而是真正要在实践中做到和实现的。

在教师发展学校建设过程中，意义的发现具有重要的地位。它不仅实际地开启了我们理论与实践共同建构的探索道路，而且真实地成为我们实际工作的基本单元。正是对每个具体教学内容、教学环节的实质性的教育意义的求索，构成着教师发展学校建设和每一位教师专业发展的不可磨灭的足迹。

以意义为单元，不仅是以组成单元的开放性质而带来理论的变革，它的变革意义还将因为意义这个开放的、没有边界规定的单元如何组织在一起而得到成倍的放大。这是一个强大的诱惑，它也许很接近于哲学家们关于“人文科学的逻辑”、“实践逻辑”的探讨。我们注意到，这些探讨都对逻辑的含义作了独特的解释，我们需要的是能够把意义组织在一起的方式，就像逻辑能够把概念组织起来那样的一种意义联系。

五、以实践的思维方式为线索——关于探索二

以意义为单元，是以组成单元的开放性质而带来理论的变革。随之而来的将是更加具有理论诱惑的重要问题，即：意义这个开放的、没有边界规定的单元将如何组织在一起。为了回答这一问题，我们尝试以实践的思维方式作为线索。关于怎样理解实践的思维方式，我们主要考虑如下几个方面。

首先，实践是以自身为目的的。这是从亚里士多德开始，就赋予实践的一个根本的意义。“唯有以本身为目的的‘实现’才能称为实践”①。在教育学的历史上，杜威留下了“教育除了教育自身以外没有任何其他目的”的名言，说的是同样的道理。

第二，实践是可以反思的。在这里，重要的是理解反思的含义。为什么反思总是可以和实践这样一个根本的概念联系在一起。亚里士多德为“实践”赋予了“反思人类行为”的哲学含义，实践哲学被认为是对人类生命活动的理性反思。反思一词在这样场合的使用，意味着它并不是实践的下位概念，对反思，应当有与实践的根本性质相接近的深刻理解。

从实践哲学的角度理解反思，我们主要关注两层含义：其一，反思之意，

① 张能为. 理解的实践［M］. 北京：人民出版社，2002：94.

在于可以从自身中得到解释，具有返回自身之思的含义。这使它可以与实践在一个根本性的层面上联系在一起。因为只有实践才是真正可以从自身中得到解释的。其二，反思是对原意识的意识，处于意识层面。它不是指"主体回过头来面对自己，使自己成为主体的客体"①，而是"在直接激情的对世界本身的交付中，此在的本己自身从事物中反射出来"的"实际—日常的自身理解"②，"是一种'第一性的自身—敞开方式'"③。这样理解反思，已经不是反思一词字面的含义。反思，既包括反思行为，也包括反思意识。通常说到的反思，更多地是指反思行为，是指事情发生之后的回顾、批判和思考。反思行为是无法与实践同时发生的。正如胡塞尔所指出的，在发怒时如果转向对发怒的反思，已经以反思消解了发怒。但反思意识是可以与实践同时在场的。此时，它只是蓄势待发的自识意识。虽然，它不能创造、产生原意识，但原意识却只有通过反思而被发现。

第三，实践具有强烈的意向性。实践除了自身以外没有别的目的，这意味着，实践总是充满着对这个目的难以抑制的渴望、追求。这种追求，并非朝向某个指定的目标行进，而是直接地发自意识层面的全部身心的投向。实践的意向性，就是这样一种强烈的意识的指向。就像倾心之爱并不需要理由一样，这也许也是范梅南教授为什么说教育是像爱和友谊一样自然地发生的原因所在。但是，这并不等同于把实践理解为仅仅是一种情感的冲动，而没有了理性的地位。那个意向的指向，既有热情的冲动，也有信念的支配，而信念既含有意识，也富有理性，在成熟的含义上，还充满知识、美德和智慧。

第四，实践具有伦理性质。实践以强烈的意向指向，追求自身目的的实现。自亚里士多德以来，就把这种追求之根本归于向善。"实践的真理——即最高的善"④，实践因此而是一种伦理行为。实践一定包含着伦理之知及其在具体生活情境中的实现，与人和社会的福祉相关。就思维方式而言，实践具有从根本信念到具体生活的直观性质。

第五，实践具有整体性质。实践总是在整体地发生着，把事情分解为若干侧面、若干因素进行分析，只能是在事情发生之后，或者是发生之前的预

①② 倪梁康．自识与反思［M］．北京：商务印书馆，2002：494．

③ 倪梁康．自识与反思［M］．北京：商务印书馆，2006：493．

④ 张能为．理解的实践［M］．北京：人民出版社，2002：94．

断，但在它发生的当时，那些侧面、因素并没有、也不可能作为一个孤立的成分存在。实践与认识的不同，在这里有一个明显的表现：实践不像认识那样可以针对某一侧面、某一因素进行，它面对的是一个浑然一体、不可分割的整体。那些可以被分解的侧面和因素，在实践发生的当时，都会有相应的体现，但它们是没有边界的。使它们得到实现是一回事（实践），规定它们的边界是另一回事（认识）。如果一定要在当时去区分它们的边界，那么，所做的已经是另一件事了。

第六，实践具有践行性质。实践的践行性质应从实践以自身为目的的本性去理解，而不可作任何操作性的解释。它强调的是追求自身目的的执行，和在真实参与中“获得某种效果”①。它对于实践的参与和它在实践中的实现，并不是一个理论的原则在实践中获得应用取得结果，而应当以始终朝向事情本身的原初、直接、丰富和生动的样态，真实地参与教育本身，获得教育本身应有的效果，在实践中实现自身。

以上是我们关于实践的思维方式的探索。其中，实践以自身为目的更具根本性质，其他几个方面在一定意义上都是它的延伸或展开。它们与意义的联系，也在于此：意义就是实践所要实现的“自身目的”。人的生活实践是有目的的，人对自己的目的是有意识地、自觉地追求的。之所以如此，是因为“劳动过程结束时得到的结果，在这个过程开始时就已经在劳动者的表象中存在着，即已经观念地存在着。”② 实践就是这样地发生的。它按照自身的方式发生而不是遵从认识的逻辑，因为尚无逻辑时已经有了实践，认识的逻辑是在关于实践的分析中获得的。它可以帮助我们理解实践，却不可能僭越、取代实践的方式或者说“实践的逻辑”。实践的方式或者说“实践的逻辑”是本原的，而认识的方式或认识的逻辑是工具性的。坚持实践的方式或者说“实践的逻辑”，也正是从认识转向实践的变革所不可缺少的。

以意义为单元，以实践的思维方式为线索，是我们实现教师发展学校理论建构的两个探索性的尝试。选择它们作为这样一种理论建构的合法性，在于：其一，它们都是内在于实践的，因此，它们不会违背实践以自身为目的

---

① 张能为．理解的实践［M］．北京：人民出版社，2002：65．

② 马克思．1984 年经济学—哲学手稿［M］．刘丕坤，译．北京：人民出版社，1979：50．

的根本，不会改变实践自身的开放、生动和丰富；其二，它们作为实践的追求、思维方式，可以、并总是与实践活动相伴随而同在，因此它们可以保有与实践的整体联系，并且这种联系是直接的、本原的。选择它们作为这样一种理论建构的有效性，在于它们可以使实践有所依循，在这方面，它们的作用在于唤起、增强实践的自觉，这是实践所需要的，并且它们作用的方式是内在的，在具备有效性的同时也具备对于实践领域的合法性。选择它们作为这样一种理论建构的合理性，在于它们保有理论与实践的本原统一：意义是实践及其理论形态共同的起点，实践的思维方式既是实践活动中的方式，也是实践理论建构的方式。

我们的理论建设尚在进行之中，但迄今为止的探索，已经可以使我们看到它大致的面貌。在教师专业发展领域，它已经可以获得类似全息图像那样的呈现。无论是整体还是哪怕是最小的碎片，都可以作为教育实践之全息提供解释和付诸实施。

我们的探索，着重于中小学课堂教学和教师教育以及教师专业发展领域。我们之所以作这样的选择，也是出于对教育本身、教育的生活世界的理解。在这里，我们所说的教育，主要是指学校的教育。应当承认，在今天我们这个世界中，它仍是教育存在的基本的和主要的形式，也是教育学术所关注的主要领域。现象学教育学要显示出自己的生命力，应当对这一领域有真实的参与，并且获得某种效果。教育的生活世界并不一定是要在学校之外、课堂之外。生活世界的含义，更重要的是强调“发生”，正在发生的事情，因其尚未被定义而是事情本身，构成生活世界。教育恰恰是在每一个课堂上、在教师与学生之间发生着。当它在课堂上发生的时候，它在学生真实地承受了教育的同时，也使教育得到真实、具体的呈现。这对于我们理解和把握教育有着根本的重要意义。

以意义为单元、以实践的思维方式为组织线索，使我们看到教育理论与实践共通的建构。关注教育的意义和追求、实现教育意义的行动是我们理论与实践共同的起点。意义以及对意义的追求，以实践的思维方式组织起来，展现着实践之所以为实践的面貌、形态，为理论提供着充盈、丰富和生动，也为实践提供着理论的追求、态度和生活方式。

六、在实践中实现和证明自身——关于探索三

这一探索是在“教师专业发展：求根务本”的建设行动中发展起来的。前已述及，“教师专业发展：求根务本”建设要求教师的发展、课堂教学的改进必须有对内涵实质的深刻理解，而其效果必须可以得到明确解释。真实地参与教育本身，获得教育本身应有的效果，在实践中实现自身，既是我们获得的理论表述，也是我们亲身的实践行动。当我们在教师发展学校建设中，终于以建设的行动获得可以明确解释的效果时，它同时也在我们努力坚持的理论与实践统一的探索方向上引起了新的建构。这一新的探索中的建构，开始似乎是涉及实践的检验或证明；继而它更使我们对于教育及其作为实践的本体论含义的理解得到进一步的深化；同时，它也在方法论层面给予我们弥足珍贵的启示。也许，在当前，它在方法论方面的意义对于我们尤其重要。

任何研究，如果不能提供对研究结论的有效证明，其作为研究的价值总会受到质疑。教育是实践的，实践是以自身为目的的，如果对于教育的研究不是以教育自身为目的而是以证明研究的结论为目的，那么就难以避免这样一种冲突：教育实践的效果需要一个独立于教育自身之外的研究来证明，而这样的证明难免有违教育以自身为目的的实践性质而有异于教育自身的实践形态。以实践自身改进为目的的行动研究为克服这种冲突提供了可能的条件。如果实践自身改进的行动同时也是自身的证明过程，那么前述的冲突不是就理想地得到化解了吗？

数学上存在这样一种证明——构造性证明。其意为，对于某一数学构造，不是在获得其构造结果后以数学的原理、法则给予证明，而是在展开这一数学构造的过程中以其严密遵循数学原理、法则的要求而使得展开的每一步都是数学原理运用的正确结果，从而使得数学构造展开的过程也就是这一数学构造及其展开过程的证明。

由此，类推至教育领域，当以严格的科学态度保证行动充分地贯彻了实践的理论自觉，使得行动的过程和效果始终可以在实践自身中得到明确解释，这个行动的过程——使得教育自身的目的得到实现的过程——就成为自身得以构造性地证明的过程。不是所有的行动过程都可以成为构造性证明的过程，只有当以严格的科学态度使得理论可以在行动中一以贯之地得到贯彻，最终

行动的效果可以明确解释的时候，行动的过程才可以成为自身的证明过程。而这一过程，恰恰是使教育研究回到了它的根本——研究如何采取行动使得教育真正发生。

从20世纪40年代逐渐发展起来的行动研究的产生，是教育改革的现实需要，也与20世纪哲学思潮的转折相关。但在一个认识论传统的解释系统中，它似乎总是带有另类的窘迫与尴尬，被认为不能达到某种理论的高度，不能列入教育的学术。从教育研究自身演进的角度来看，它的窘迫与尴尬之处，也许正是它得以发挥更大贡献之所在。我们正是从这里出发，强调以严格的科学态度保证行动充分地贯彻了实践的理论的自觉，使得行动的过程和效果始终可以在实践自身中得到明确解释，这个行动的过程——使得教育自身的目的得到实现的过程——就成为自身得以构造性地证明的过程。它意味着一种不违背以实践自身为目的，从方式、策略上都可以完全遵循实践的逻辑方式的教育研究的新道路的可能性。

教师发展学校建设所经历的正是这样一个过程；也正是由于我们亲历了这一过程并始终坚持着实践的理论自觉，才觉察和解释了这一过程。教师发展学校的建设，真实地经历和呈现了这样的过程：理论、研究汇入实践的行动，使得理论、研究在实践的行动中展开成为其中的必要成分，行动也因此可以从自身中获得充分和明确的解释，使得实现实践自身的目的和构造性证明成为同一过程。由此凸显的这种过程的方法论抑或是范式变革的重大意义在于：在这一过程中，研究不再孤悬于实践的行动之外，而走向与实践的融会贯通；实践的行动也由此而强大起来，它不再依赖外在的研究来证明，而总是以充分的理论自觉信心百倍地前行。我们所遵循的一切，都不是一种外在的约束，而是我们发自内心的倾心所愿，我们之所以倾心所愿，是因为理论与研究的结论和精神伴随着我们，使我们对所从事的事业总是具有执著的信念和深刻的理解。我们之所以可以相信理论与研究的结论，是因为理论学习与研究的全部经历使我们看到人类文明的前进方向。（拥有这样一个学习与研究的经历，是每个人成熟地进入社会生活的充分必要条件，这就是维系了人类文明的延续与发展的教育。做到这样，是每位教师的倾心所愿。）我们之倾心所愿是我们在人类文明前进方向的宽大正面上作出的选择。我们不能保证时时处处“从心所欲不逾矩”，但在丰富的实践行动中，当发生失误与偏差时，总是能被觉察其事与愿违而得以改正。觉察和改正失误与偏差的过程也汇入了我们实践行动的过程。这个行动的过程处处都是可以明确解释的，实践在实现自身的同时也得到自身构造性的验证。我们这样描述实践的形态：一切实践领域的事情都是以采取这样形态的方式发生着。

我们所强调的始终“在实践领域、以实践的形态、按照实践的方式”在这里更臻完整地得到了体现。正是为此，我们在引论中说道，它的作用大致相当于扣住了我们理论建设序列的最后一道链接，它把研究也绝不例外地纳入了实践自身的含义之中。

七、教师教育：教师专业意识品质的养成——关于探索四

这一探索来自教师发展学校建设中形成的教师专业发展工作理念——热爱、自信、整体理解。这一理念的提出与关于实践的内涵实质有关。教师的专业是实践的；实践的自身目的性质，要求教师不能在教的实践行动之同时去做离开了教育自身目的的另一件事情。可以在实践行动的同时存在，参与实践的行动并在实践行动中具有根本意义和实际的作用，又能够在实践行动中得到增强的，是意识——对于教师的实践行动而言，就是教师的专业意识。教师教育要做什么？要有教育的知识，要有教育的能力，但是在知识、能力的“-前”状态，还有意识的问题，既有意识的指向——是否愿意、喜欢、热爱，也有知识、能力在意识层面的呈现。说到底，教师教育是教师专业意识品质的养成。意识不是一个空的形式结构，而是有内容的。意识不是静态的自我陶冶，而是始终伴随实践的行动，具有执行状态。在教师教育研究中，对于实践的关注引起我们对于意识的关注。

（一）实践与意识

我们是在哲学意义上选择意识，而不仅仅是把意识理解为一种心理品质。意识是社会实践的产物，意识因此与实践相联系，并具有可以与实践的根本性质相匹配的地位。意识是能动的，它不仅反映着人的社会生活，而且在其中起着具有建构性的作用，因此它又具有与实践的源起的性质相匹配的地位。意识是人所特有的属性，是人对自己行为与意识的觉察，人因为有意识才能够觉察到作为人的社会生活实践。意识，既是人的一切精神活动的总和，又

是人的一切精神活动最原初的形态，因此，意识对于实践具有原初的、一体的性质。意识总是与人的社会实践相伴随的，因此，它有可能不是从实践中被剥离出来，而是在实践自身之中，以其与实践根本的、源起的和原初一体的性质，使丰富、具体、生动、鲜活的实践形态得到整体的呈现。

通常说到实践，人们总会强调实践能力，以为能力是可以与实践相匹配的属性特征。我们的理解与此不同之处，在于看到意识处于比能力更为根本和原初的位置。实践无疑是要有能力的，但实践不仅仅是能力，也不是能力在孤立地施展——实践是人的全部力量未经分化的绽放。知识、情感、意志、能力、经验以至智慧、体力……人的全部生命力量，都还未曾分化地汇聚着在实践中绽放，这个未曾分化的形态，是意识。意识孕育了这一切，并伴随、觉察和支配着它们的生长；而它们的生长，无论可以多么宏伟壮阔，都依然要体现于意识的层面，以未曾分化的意识的形态绽放出来。在这样的意义上，它们才是实践性的存在。我们既然承认教师的专业是教育，而教育在本质上是实践的，那么，选择意识是一个真正如其所是的呈现。

（二）教师教育：从知识到意识

我们从“教育在本质上是实践的”这一基本命题出发，形成对教师专业发展实质的理解，即：教师的专业是教育，因此教师专业发展只有通过实践才能够获得广泛认可和真正实现的基础；同样，教师个人的专业水平、状态也是以实践的形态呈现出来。实践，是人的全部社会生活的根本，它是那么丰富而又具体、生动、鲜活。我们可以找到一个什么样的角度使丰富、具体、生动、鲜活的实践形态得到整体的呈现而不被分解或改变呢？

教育正在发生着一系列重大的变革。这些变革集中的指向，是改变单纯知识传递的倾向，关注教育发生和实现的实践过程。这一变革对教师教育同样产生着重大的影响。教师的工作由于不再仅仅是知识的传递而更加显现出它自身的创造性质、专业性质，那么，我们应当怎样教育、培养不是仅仅以知识传递为业的教师呢？教师教育是否也不应当仅仅是知识的传递了呢？不仅仅是知识传递的教育又是什么呢？

教师发展学校建设的过程使我们走向这样的理解：教师教育应当确认其自身的实践本性，关注教育的意义，深入到意识层面。教师教育可以是这样的：树立教师的教育信念、教育意向、专业伦理、反思策略和习惯、思维方式以及对学科性质特点和具体教学内容的整体理解、对教育意义的清醒意识。这些既是教师教育的目标，也是教师教育的内容。

在这里，我们选择了意识，强调了教师教育确认其自身的实践本性一定是深入到意识层面的。树立教师的教育信念、教育意向、专业伦理、反思策略和习惯、思维方式以及对学科性质特点和具体教学内容的整体理解、对教育意义的清醒意识，都是指向教师专业意识品质的养成。这是一个重要的理解，从知识传递到意识品质的养成正是教师教育改革的焦点，是走出近代认识论传统，确认教育自身的实践本性应有的转变。

八、总结论：教育在根本上是意识品质的养成

在我们把教师教育作为教师专业意识品质的养成展开探索的时刻，这一探索得到进一步引申：它也适用于教师对学生的教育。亦即：一切教育，最终都是某种意识品质的养成。

在教育领域里，对于实践的关注和对于意识的关注一定是同在的。就整个人类社会的延续和发展而言，这一理解也是成立的。我们都承认教育对于人类文明的传承以至人类社会发展的根本意义，但必须强调的是，教育作为人类文明传承的意义不是在于书卷的写作和印制，不是在于文物的保存和流传，不是在于任何物的形态的传承，而是在于人的意识品质的养成——为每一代人养成与他们生活的时代相匹配的人的意识品质。我们总在说，教育就是使人“成其为人”。教育之使人“成其为人”，也是养成人的意识品质，因而才使他们可以觉察和创造人的生活。

我们不是在寻找可以使丰富、具体、生动、鲜活的实践形态得到整体呈现而不被分解或改变的教育的形态吗？我们不是在追问不仅仅是知识传递的教育是什么吗？所有这类问题，在讨论了实践与意识的理解过后，可以有一个统一的回答，即：教育在根本上是意识品质的养成。任何教育，都是某种意识品质的养成。任何教育，都只有在达至某种意识品质的养成时才真正存在。

教育的历史和人类的历史一样久远。从古至今，在漫长的历史岁月里教育一直曾经以各种各样的样态存在着，但它们都是如上所说的“意识品质的养成”吗？当前成为改革鹄的“应试教育”、本书中矢志改革的“基于近代

认识论传统的教师教育”也都确然地存在着，它们是否也如上述所说，达至了“某种意识品质的养成”呢？如果是的话，我们又何必耿耿于怀、必欲改之呢？意识对于人、对于教育的根本的、原初的意义，使得意识品质的养成在任何教育中都是恒有的。任何教育，必是具有了意识品质养成的成分才发生了；能够盛极一时的某种教育形态，必是对于意识品质的养成有其特有的效果才得以持续地存在了。其可以区分者，在于教育作为意识品质的养成是自觉地还是不自觉地实现着，是主动地、直接地实行着还是盲目地、间接地实行着。即以“单纯知识传递”而言，知识的传递并没有错误，难道教育可以没有知识的传递吗？之所以批评单纯知识传递、过于注重知识内容的教育倾向，是因为这样的教育把知识内容的传递当做了教育的根本，以为这就是教育的全部，而忘记了教育之所以有知识的内容是为了以知识的内容为媒介养成意识品质。

教育在根本上是意识品质的养成，实质上可以作为对于“素质教育”的一种解释。

素质是指这样一种基质，它构成着一切发展，而又在这一切发展和构成中依然存在，并始终起着类似于种子对于植物萌生那样的动力因的作用。对于人的一切精神活动来说，意识正是这样一个范畴。意识是人类一切精神活动最原初、最基本的形态。意识意味着对世界一切的觉察，教育不过就是让学生学会如何去觉察这个世界。作为一种最原初的形态，人的精神活动的后续过程——知识、情感、意志、行为在这里都还未曾分化。所以，意识是包孕着这一切的。在关于素质教育的探讨中，往往感到素质的含义太广泛、太丰富，因而难以被囊括，说不清楚。这样的思路是试图在一切都有了之后，找一个能够把这一切都囊括在内的东西，但尽管作了很多尝试，却至今未能如愿以偿。我们的做法不是试图在后面去囊括，而是走向它的源头，向一切尚未分化、包孕其中的源头去寻找。而意识正是这个源头。这个源头的含义不是说一个历史的开端，而是每一件事的发生都有其发生的源头，意识是伴随着每一件事情的发生的。对人的行为而言，意识又是有支配作用的。至此，对于“素质”作为一种基质的三个条件都已经得到了满足。

选择意识作为研究素质教育的基点和方向，是一条“回溯到直观中的原初形态”的道路。意识，既是人的一切精神活动的总和，又是人的一切精神活动最原初的形态，这可以作为对于“素质”的理解。意识有强弱、敏感程度的不同，因而有可以呈现的品质；养成则对应于教育，强调着“素质教育”——意识品质的养成性质。

教育在根本上是意识品质的养成，无论是基于实践哲学的理论探讨，还是我们在与中小学合作中关于教师专业发展必须求根务本的实践建设最后都归结于此。我们在教师发展学校建设中所作的一切努力，都是为了使教师能够成为自觉地这样从事教育的人，以此作为教师专业的有效建设和有效支持教师专业成长的教师教育理论。这也是为什么我们以这一命题作为我们理论建构最后的总结论的原因所在。

行动与超越

——北京市丰台二中教师发展学校建设的道路

2004 年首都师范大学教育科学学院孟繁华院长和北京市丰台二中李真校长共同为教师发展学校揭牌

宁虹教授在丰台二中讲授“教的艺术与哲学”

北京市丰台二中的卢吉增老师在讲授语文课

青年教师班开班仪式

北京市丰台二中的赖力敏老师在教师发展学校语文教学研讨会上发言

第七章

行动与超越
——对话中的建构

本书已经展开的教师发展学校理论建设与实践建设，所经历的是它们共有的同一建构过程。回顾这一建设的过程，我们欣喜地看到，“理论与实践的双向激活”可以如此自然地结合为一体，通常所说的理论与实践“两张皮”的对立与隔阂，在这里已经不复存在。理论首先以庄严、神圣、超越的态度融入实践之中，实践因而成为自觉实现的追求；而正是由于这种自觉的追求，理论才被实践所激活，成为实践自身的理论形态之建构。那么，行动与理论之间的超越究竟是怎样实现的呢？回顾我们走过的道路，我们深切地感受到，它取决于一个有效的对话是否发生。教师发展学校是大学与中小学协作推进教师专业发展的一种形式。大学与中小学协作的关键，正在于以有效的对话跨越各自的边界。在教师发展学校建设经历了几年探索过程之后，这种对话中的建构具有了更强烈的理论自觉和明确的指向，因此也就有了更为集中的行动与超越。

我们十分看重对话在建构中的地位，因为它是建构、超越真正发生的时刻。我们的理论建设，正是要强调一切建构与超越正是在它发生的行动中存在的。从这个意义上说，我们将以案例的方式呈现，北京市丰台二中教师发展学校建设道路的价值并不在理论体系的建构之下。

从本章开始，我们在本书的“行动与超越”篇，将以双方各自的语言呈现我们之间的对话，并以此来呈现我们和北京市丰台二中老师们共同走过的道路。本章是宁虹和丰台二中王志江校长分别就丰台二中教师发展学校建设道路所写的反思总结。第八章《教学生读懂》、第九章《深刻理解和准确把握》分别是丰台二中不同学科的教师们所写的反思案例和我们所写的附记。所有这些，都是在事情发生的当时完成的，我们在本书中保留了它们原来的面貌，包括"案例—附记"这种形式。我们期望读者也能够从这样的表达中，看到大学与中小学协作所追求的"平等共生的伙伴关系"。

一、教育是实践的，实践是具体的，具体的是有内容的

如何实现教师专业发展是当前教育理论工作者、中小学教师以及社会各界普遍关注的焦点问题。首都师范大学与丰台二中在合作建设教师发展学校过程中，以"实践—意义取向的教师专业发展"为主题，对此作出了探索。这一探索坚持以严格的科学态度推进教师专业发展，形成了有效推进教师专业发展的理论和实践建构。

对实践内涵的追问，对"热爱、自信、整体理解"工作理念的贯彻，使我们对教师发展学校建设的理解、经验和感受从点点滴滴逐渐集腋成裘。这样一种感觉，推动我们在所有工作中都更加关注内涵实质的理解。我们开始在合作学校中强调"什么是"和"是什么"的问题。"什么是"是外延，"是什么"是内涵。我们开始深切地感受到，一直以来我们所追求的和我们总是会感到不满意或不满足，因而可以"一针见血"、"一语中的"地提出问题的地方，往往都与有还是没有关于"是什么"的回答有关。大量的课堂教学实例使我们深切地感受到，中小学教师在专业发展方面的缺失是内涵性的，并且这种内涵性缺失已经成为影响教师专业发展的关键，但却没有引起足够的重视。

教师专业发展中的内涵性缺失主要表现为：(1) 对教学内容的内涵实质没有形成深刻的理解；(2) 对所授学科的性质特点没有形成深刻理解。为此，我们组织了针对性的系列研讨，研讨的主要内容包括：(1) 教师专业是什么；(2) 教育是什么；(3) 实践是什么；(4) 新课程新在哪里；(5) 教师之教是否可教；(6) 数学是什么；(7) 语文是什么；(8) 科学是什么；

(9) 艺术是什么；(10) 研究是什么。

这十个“是什么”的问题，既是十个关于教师专业发展重要的内涵实质的理解，也蕴涵着理解和实现教师专业发展的内在联系。我们以此强调：教师专业发展一定要坚持：严格的科学态度和内涵性实质追求。

我们的合作，注重在备课环节的参与。这使得在课堂教学设计过程中形成的深刻理解和强烈追求可以有实现的空间和过程。当我们在追求什么时，内心总是有一种期待，它会伴随实现追求的过程引发丰富真切的情感，而伴随有情感的过程是真实可信的。丰台二中教师们的案例所呈现的，正是这样一种过程。经历这个过程需要付出艰苦的努力，但甚至包括艰苦的付出在内的一切都是幸福的。当丰台二中的教师们用“幸福像花儿一样”来表达他们的情感时，我们看到的是欣喜的笑容。

人人都可以笑，但笑和笑是不一样的。在某种情景场合的会心开怀固然弥足珍贵，但它与这样直接源于某个教学内容的教育事件的发生相伴随的笑容是不同的，曾经发生、曾经获得效果而心灵触动难以忘怀的记忆为这笑容赋予了深厚丰富的内涵。教师的发展因此可以得到明确的解释，这正是我们以严格的科学态度所孜孜以求的。

为什么我们总在强调“可以明确解释”？它真的这么重要吗？丰台二中的这些案例真的可以得到明确的解释吗？也许，会有人感到这些与往常看到的案例没有什么不同。如果认真思考的话，是可以看到这当中的区别的。这个区别涉及我们已经谈到过的中小学教师中存在的内涵性缺失，我们所做的，可以说是包含着克服这种内涵性缺失的努力。我们意识到，实质上这是影响教师专业生活、影响中小学教学的一个瓶颈。可以说，数不胜数的课例由于缺少了对教学内容内涵实质的深刻理解，而使得这些内容在课堂上的呈现指鹿为马，面目全非，不论什么课，实际上都被当做“物”“理”课来教了——仿佛教师要做的只是为了搞清楚知识的内容和道理，各个学科的性质特点和魅力消失了，教育的真谛消失了，只是刻板的教条、机械的训练。即使在改革中，这样的缺失依然存在，只不过是有些地方变换了一下形式，用生活的联系去代替刻板的教条，用活跃的气氛去代替机械的训练。他们只看到了这个表现，却没有看到之所以会这样，是在于缺了“内涵实质”，而这些改变也同样没有走进“内涵实质”，使内容焕发出意义来。

教师专业发展实际上是在这里被阻断的，因为内涵性缺失而变得简单、枯燥、重复，没有了生命气息。

可以设想，如果不是这样呢？如果教师深刻意识到自己所教授的每一个内容都有它独特的意味、无尽的意义，我是如此喜爱它并因此而如此盼望着与我的学生分享，使他们也如同我一样地喜爱它，那么，事情是不是就会发生根本的变化？我们曾谈到教师的职业倦怠，为什么会有倦怠呢？是因为失去了兴趣、热爱、追求而被机械重复所折磨消耗。如果发生了这样的变化，教师的生活工作成了倾心所愿、倾心所爱，作为教师因乐此不疲而学而不厌、诲人不倦，又何来倦怠呢？

我们之所以说丰台二中的案例是可以明确解释的，就在于我们所说的这个变化在这里真的发生了，并且真的是由于我们为改变那种内涵性缺失而提倡的“热爱、自信、整体理解”的工作理念、以严格的科学态度求根务本及务求内涵实质的理解而做到的。

张为民老师在《〈名人传〉序》教学中，因为理解了“文章不是抽象的字词而是鲜活的事件”而感悟“授课的幸福在于带领学生被作品感动”，“顿觉天宽地广，耳目一新”，伴随她的是花开一般的幸福。赖力敏老师在《失街亭》一课的教学中，因为在小说与历史的比较中呈现的深刻理解而看到了自己所希望的语文教学的轮廓，获得了“突破发展的瓶颈”和“持久的动力支持”。卢吉增老师在《我若为王》教学案例中道出了教师的真谛：以其昭昭，使人昭昭。这使他体会到了“淘到金子的幸福感”，“对自己从事的语文教学产生了更真诚的热爱”，并且“这种爱是可以传递的，是可以感染我的学生的”。孙燕老师的研讨课《“诺曼底”号遇难记》，让人感到振奋的地方有很多，而其中最突出的则是孙老师对文本的理解。由此带来的是“在和学生们一起学习完《“诺曼底”号遇难记》后，我首先感受到的是自己的心灵被震撼了，这甚至是我在备课时都没有强烈感受到的：教学相长，只有教师首先做到披文入情，才能更加有效地带动学生主动阅读、自觉感悟”。何岩老师的《正弦定理课后反思》呈现着我们合作和发展的过程，向量的大小与方向和三角形边角关系之间的联系，使得内涵实质的理解不再是“太大，太空，太虚”，而是“多么重要”，“在深入寻找问题实质的过程中，我们的思路逐渐清晰起来，我想，这样的过程就是教师发展的过程，而且是专业化的！”

王晓芸老师以“无限接近内涵实质”为题所写的“函数的极限”一课案例，反映的是我们在深刻理解、准确把握方面所作的努力。通过自己备课、困惑、几次讨论、再思考这个过程，她切实地感受到“我现在觉得我是真的教授了函数的极限。我把对数学的内涵实质的理解传达给了我的学生，正因为对学科内涵实质的不懈追求，我的课堂有了变化，这种变化让我们感受到热爱、自信、整体理解。”王志江老师在“面面平行的判定定理”一课的教学中，以“平行大道”、“垂直大道”（这两条大道与它们之间的连接线一起构成了“立体几何大道”）总是保持着把学生理解纳入数学的思维之中，贯彻着数学的精神，并总是有一种对高位思考的追求。

所有的这一切都是有内容的。教师的发展是以他们最日常的工作——课堂教学为内容的；在课堂教学中求得发展，是以对课堂教学内容的内涵实质的深刻理解为内容的；形成这样的深刻理解，成为他们发展过程的真实内容，这种深刻理解向学生的呈现，成为课堂教学改进、学生受到教育的真实内容。学生的成长、学生的主体性正是在这样的教育关系中才有了依托于具体内容的真实有效的实现。教师的发展也因此成为富有内容的真实过程，在他们发展的道路上，每一步都有具体的内容；追求有追求的内容，实施有实施的内容，收获有收获的内容；并且所有的内容都不是干瘪的，而总是有亲历者的体验相伴随着，且在这体验中，深刻的理解总是与期待和向往、喜悦和幸福、充实和信念融会在一起。所有这一切，具体地诠释着教师专业发展的内容。当这些具体的内容一件一件、一次一次地发生在我们与丰台二中教师们的合作中时，它们就成为我们合作的内容，也给予我们同样深刻的理解以及期待和向往、喜悦和幸福、充实和信念融会在一起的亲历者的体验。有没有这些内容是至关重要的。试想，倘若把这些内容统统抽掉，剩下的会是什么？道理很简单，就因为“教育是实践的，实践是具体的，具体的是有内容的”！

正如本书前言部分所表达的观点，我们坚持认为，本书的作者是参与教师发展学校这一建设过程的每一位教师。也正是在这个意义上，中小学教师的教学案例在本书中是作为著作的正式文本出现，而非附录形式。以下将以合作者群体的声音来表达教师发展学校建设的道路。

二、风景这边独好——丰台二中教师发展学校建设的道路①

写在开头的话：

北京市丰台二中原本是一所普通完中，近年来发展势头迅猛，2005 年被评为北京市高中示范校。吃水不忘掘井人，我们不会忘却首都师范大学教育科学学院的鼎力相助，特别是对宁虹教授、蔡春博士、朱晓宏博士、李孔珍博士等专家毫无保留的工作付出，我们永远满怀敬意。借《基础教育》专栏约稿之机，谨以此文献给全体教师发展学校的合作伙伴——永远的师长和朋友们！

曾几何时，教育的神圣开始遭受质疑，三尺讲台变得不再平静，教师的从业状态令人忧虑：抱怨、麻木、疲惫，甚至显露庸俗。虽然古有韩愈的“师说”——“传道、授业、解惑”，今有陶行知先生的慧语，“千教万教教人求真，千学万学学做真人”，以及有关“双重不幸”（作为教师，经济窘迫，已属不幸；如果再没有献身教育事业的崇高精神追求，不能从这种崇高的精神追求中获得无上的乐趣，实属双重的不幸）的禅语，但是在面对“是否做班主任”、“如何热爱学困生”、“如何从根本上提高课堂效率”、“如何成为教育专业人士”等不容回避的具体问题时，这些智者的明训却显得如此苍白！

面对此情此景，任何一个有良知的教育者都不禁要扪心自问：我们的教育到底怎么啦？怎样才能真正实现教育的意义、还原教育的本真呢？

（一）“烛光”、“稻草”之辩

在教师发展学校建设过程中，有一个关于“烛火与稻草”故事在流传。之所以流传，是因为它说明了教育的意义和知识内容之间的关系。

这个故事让我们顿悟：稻草是有边界的，所以由稻草构成的世界是有缝隙的；而烛光是无边无际的，所以它可以充满整个房间、整个心灵世界。从教育的视角去看，这则故事的启示意义在于，一切被定义过的定义、定理、

① 作者：王志江，北京市丰台二中校长，数学特级教师。

公式、法则、概念都是有边界的，它们仅仅是“稻草”层面的问题，而“烛光”却不能被定义。虽然在我们生活着的这个物质世界里，“稻草”必不可少，但“稻草”永远也不可能真正触动我们的心灵。也许，教育的意义和本真就是利用“稻草”点燃“烛光”，让学生的心灵受到真正的触动，使师生双方共同享有教育的幸福和荣光！

然而，我们以往的教师培训却往往只停留在学科知识内容和课堂教学方法的层面上。这种培训对教育的“片段”关注多，对教育的“整体性”关注少；对“稻草”关注多，对“烛光”关注少；对“物”的关注多，对“人”的关注少；对教育的“功利性”关注多，对教育的“意义”和“本真”关注少。真正的教育需要我们充分关注教育的“烛光”意义。它需要一种超乎寻常的精神与智慧，而这种精神与智慧可能就是对“教育意义”的永不停止的追问和践行！

伴随着这样的思考，我校与首师大教师发展学校的合作徐徐拉开了帷幕……

（二）蹒跚起步，脚印深深浅浅

在首师大专家、教授的指导帮助下，我们最初确定了以下研究模式，即：以“实现教育的意义”为切入口，以常规的“说—听—评—案例”四环节的校本教研为底线，逐次渗透，渐进发展，最终使得“为实现教育的意义而教”成为贯穿每一位教师课堂教学及其教育生涯的核心价值追求。

从 2004 年“实践—意义”课题组成立开始，整整一个学年，首师大专家们深入到我校的各个学科教研组，利用教研组及备课组的固定活动时间，全程参与教研组每周一次的听评课活动，引领各组的骨干教师以学科知识和学科思想方法为桥梁，实现教育的意义，使大家对“为实现教育的意义而教”达成初步共识。

至 2005—2006 学年度，本着“自愿”和“让一拨人先明白起来”的原则，我校成立“实践—意义”取向的教师专业发展课题组。课题组的活动紧紧围绕“四个意义”，即教育的意义——什么样的教育可以触动我的学生，所任教学科的教育意义——我任教的学科可以怎样触动我的学生，所讲授具体知识在学科知识体系中的作用地位及其教育意义——我将要讲授的具体知识可以怎样触动我的学生，如何将这些教育意义在学生身上得以实现——通过什么样的具体方法才能触动我的学生，并紧扣六个“环节”，即了解学生、课前会议、上（听）课、课后会议、撰写案例、案例交流与欣赏，开展了扎实的实验研究工作。每周三上午是课题组的专用活动时间，专家和全体课题组成员先听两节课，再评两节课。上课人的设计和听课人的点评都力求打破学科界线，围绕以上“四个意义”进行。课后，上课教师再根据自己在“六个环节”过程中的心得写出反思案例。课题组的活动周期为一年，循环进行。

2006年9月，教师发展学校又在常规工作的基础上，举办了“烛光与稻草”教育哲学研讨班以及全校范围内的“教育沙龙”活动。

站在教学的层面看课程，站在教育的层面看教学，站在哲学的层面看教育，这是一个教育理想主义者应该具备的教育情怀和自我修炼的基本模式。为了给教育理想主义者搭建一个自由沟通交流的平台，我们利用周六上午8:30—12:00这段时间，进行了十次教育哲学研讨。哲学是开启智慧的科学，因而也被称之为智慧学。教育是理想的事业，理想离不开对意义的追求，对意义的追求就离不开对诸如“世界的本源是什么，我从哪里来，我该往哪里去，人生的意义是什么”等亘古问题的追问，而这些问题显然已经触及哲学。作为教师，我们经常教导学生：学问学问，就需要“一学二问”；然而事实上，“一时学习，终身受用”的思想正是目前教师专业化的最大障碍。举办教育哲学研讨班，不仅能帮助教师系统地了解哲学发展的脉络，还可以借此触摸永不停止追问的哲学精神，拉动和促进教师的专业发展。

受教师发展学校工作理念的启发，我校还组织了每周一次的教育沙龙活动。活动由教科研室策划、主持，全校教师自愿参加。这是一种灵活性很强的校本培训、研修形式。以往，在特定时间进行的特定培训虽有很好的短期效果，但却很难在日常工作中及时发挥对教师的指导作用，而且内容相对单一，局限性大。再有，全员出席、“一人讲、众人听”的培训方式缺乏针对性，教师完全是被动接受者，久而久之造成部分教师应付对待；只能保证部分教师参与的培训，面向全体教师的广度又不够，无形中打击了不少教师的积极性。而沙龙无疑是一种极富“开放姿态和友好界面”的方式，教师可根据自己的兴趣有选择的参与，带着问题进行理念求索。每位参与教师都充分享有自由的话语权，大家在畅所欲言和广泛交流中启迪思维，促进反思，切身感受到研究与实践的必要性。

我校教育沙龙活动自实施以来已经举办了37期。在这一过程中，教师们不仅接受了新信息新理念，而且直接把困惑与探索摆放到桌面上进行交流与沟通，力图寻求到教育工作的新思路。平等与独立、开放与互动、碰撞与交流，都使沙龙成为吸引教师参与研修的磁场。

与此同时，首师大的专家们又引领各学科教师就学科教学内容的内涵实质进行深入探究，让教师们能够对“为什么应该这样实施教学”作出清楚明白的解释。以语文学科为例，专家们深入到初一和高一语文组，与教师们共同备课，并在此过程中，对“语文的素养”进行界定——语文学科素养不是“听、说、读、写能力”所能完全涵盖的，它应当包含言语使用的意向和经验。这就意味着，语文教师最重要的任务是将自己对语言文字的敏感性“传染”给学生，在课堂上给学生一次真正“懂”的经历，让他们因此而触到学科的根本，以这种奇妙的过程带动起情感上的喜爱和追求。就这样，追求在课堂上体现学科内涵实质的扎实工作从语文学科开始，延及数学、历史、政治四个学科。每一学科的教师都在上课之前有至少一次与专家深入备课的过程；上课之后，又就自己的教学变化写出具体鲜活的叙事性案例，截至目前已积累至十余篇。

教师发展学校倡导、发起的所有这些活动一律不受时间、空间局限，打破学科界限、年龄界限、大学与中学的界限，不仅有力地推动了我校的课程改革，而且为我校教师搭建起不断寻求教育意义的桥梁。

鲁迅说：地上本没有路，走的人多了，也就有了路。四年来，教师发展学校一路风雨，一路前行，回首望，依稀可见一串深深浅浅的脚印……

（三）熟悉的地方，更有别样美景

作为学校的管理者，我从来没有停止过追问：到底什么才是促使学校发展的核心能力呢？与首师大教师发展学校的合作使我越来越深刻地认识到，学校核心能力之本在于教师的学科教育能力，这是内在的、无形的和本源性的。目前，教育正在发生着深刻的历史性变革，教育科学正在从传统的认识论体系走向实践论体系。在此背景下，我们必须认识到，每一个学科的知识都是有意义的，而每一个知识的意义都是在它与人相遇的时候才得以显现的。教师的学科教育能力正是体现在如何使知识的意义得以显现，如何让学科课堂成为充满意义的世界。从这个层面上讲，教师发展学校的作用首先就在于：

立足对教育变革趋势的深刻理解，在中学教育实践中密切结合学校需求开展教师教育，形成教师学习研究的团队，推动教师的专业化发展，打造学校的核心能力。

其次，学校核心能力不能仅仅靠“点上开花”，而应是学校整体层面的聚合与提升，也就是说，只有优秀卓越的学校文化才可能铸就学校的核心能力。在我们的课题研讨过程中，大学教授与我们组成合作小组，结成平等的合作“伙伴”，在这个学习共同体里，双方就共同感兴趣的、有实际价值的或直接涉及教育教学过程的真问题进行研究，共同寻找解决这些问题的系统办法，共同对我们自己的行为和实践进行调整和完善，共同就取得的成果进行检查和评价，共同分享成功的经验和喜悦，共同促进教师的专业化发展。双方在合作中就有关理论问题及理论如何指导、完善教育教学实践等问题进行交流、探讨，在一次又一次的讨论、沟通中，实现着首师大教科院与我校之间的文化融合。他们开放的学术前沿探究特质进入我校，与我校的教育实践逐步融合；我校具体鲜活的实际教育情境以及务实、求善的文化特质也进入大学，与大学的教师教育实践相融合。两种文化的聚合裂变，不仅推进了大学的教师教育和中学的基础教育的改革与实践，也提升了各自的教育教学质量和水准，铸就了各自的核心能力。

就像娇艳的玫瑰一定带着刺儿，绚丽的彩虹一定伴随着暴风雨，教师发展学校的成长与发展并不是动听的宏大叙事。

我曾跟一位网友就“烛光与稻草”这个话题展开过激烈的讨论。他说：“从教师的职业工作来说，我宁愿选择稻草，因为它不虚华，一种踏踏实实的感觉。”如果就教育的局部或某一段来看，这种说法不无道理，但要是从教育对学生发展应有的整体性高度来看，却有失偏颇。所以，我回道：“不知你是否想过，三年之后，你的学生走出校门，他们很快就会彻底忘掉你所传授的‘定义、定理、公式、法则’以及各种被你奉为经典的‘稻草’。孩子们的智慧没有因你而增加，孩子们的思维没有因你而灵活，孩子们的道德伦理没有因你而提升，孩子们的人性没有因你而完善……再一次把问自己的良知：你选择‘稻草’的意义何在呢?”同时，我也坦诚地说：“其实，比喻是有局限性的。‘比喻’之所以经常被人误解，就是因为一旦为‘本体’找到一个‘喻体’，‘本体’的无限丰富性就可能变得有限，或者是丧失了！而人们往往又习惯于不断更换角度来理解‘一个比喻’，如此这般，丧失的可能就不单单是‘本体’的丰富性，而可能是对‘本体’的误解和颠覆了！”

所以，虽然参与教师发展学校的教师也有很多的公开课、反思日志、教学案例、获奖或发表的论文，但我并不想用如此这般的“精确数据”来证明他们的成长与发展。看看他们在参与过程中时时处处的真情流露，你一定能够听到来自心灵深处的竹笋拔节的响动。

一位数学教师在总结中写道：“俗语说，三个臭皮匠，顶个诸葛亮。课题组的每次活动其实就是一场‘头脑风暴’。大到针对每节课的教学设计、教育理念，小到教学过程中教师不经意的一句话、一个小动作，都能成为点燃‘风暴’的导火索……”

一位语文老师在教学案例中说：“我常想，教师应该是一个淘金者，而不是挖沙匠。教师要淘到金子，同时其目的是要让更多的学生淘到金子，享受他们的劳作和收获……讲课时，我舍弃了很多原先语文课负载的额外的东西，从语文学科的性质出发，很自然地设计教学，并对教学效果比较满意，也体会到了淘到金子的幸福感。这种自信源于我对学科性质的理解，源于对文本的整体把握，这种自信使我对自己从事的语文教学产生了更真诚的热爱。而这种爱是可以传递的，是可以感染我的学生的。”

的确，教师发展学校始终不懈地坚持的是对内涵实质的追求，严格追问教育、教学、教师专业发展的一系列“是什么”的问题，并“如其所是”地严格执行。首师大的专家与我校学科教师的密切合作，时时处处提醒着教师们对学科教育和专业发展保持清醒的认识，与传统教研方式融为一体的开放性教研文化锻造出开诚布公、充满激情的团队氛围。在这样的校园文化的熏陶下，自我重复的倦怠、一叶障目的局限、人云亦云的盲目、自说自话的尴尬都不攻自破了。

至此，如果还有朋友问我，看不见摸不着的“教育意义”到底是什么呢，我们的团队一定会异口同声地说：我们所追求的“教育意义”首先是一种爱的信念，那就是——我爱我的学生，我爱我所教授的学科，我爱这个以我所爱育我所爱的教师职业（宁虹教授语）。教育的意义发生在、而且只发生在两个充满爱的灵魂恰好相遇的那个时刻，而教育的本真就是“那个时刻”所迸发出的丰富的、鲜活的，充满无限快乐、幸福和荣光的华彩！

有人说，教师做什么？只不过是做琐碎的事儿，教枯燥的知识，管懵懂的孩子。日复一日，年复一年，根本不需要太多的创造性，这样的工作怎么可能产生成就感和自豪感呢？熟悉的地方没有风景！是的，一节节具体教学内容的探讨看似琐碎，一个个触及对学科的内涵实质的追问看似繁难，深入“内在”和“本源”的工作过程看似效率不高；但是，这个漫长和艰难的过程所产生的价值应该是一切外在的、速成式的技法培训所无法企及的。因为它让我们清晰地知晓了心中的准则是什么，给我们更上一层楼的愿望和动力，使我们总能在熟悉的风景中找到新的开阔境界，让学校教育常做常新。对于头上的星空和心中的准则，我们永远心怀敬畏。愿星星点灯，让每一个教育者都找到回归教育本真的路。

稻草无情，烛光有意。瞻顾来路，脚印深深浅浅；眺望未来，风雨依旧，风景这边独好！

第八章

教学生读懂

一、幸福像花儿一样——我讲《〈名人传〉序》①

（一）迷茫过后待花开

2004 年，我讲《巴尔扎克葬词》这节课经历了前所未有的失败：在气氛沉闷的课堂上，心跳如狂又强作镇定的授课人面对不明就里的学生，脑中昏乱，手冰足冷。700 多个日子过去了，那个场景却一直深深烙刻在我的心里，触之疼痛，挥之不去。从此，再碰到此类作品，我的选择只有一个：仓皇逃避。

张为民，1967 年生，北京市丰台二中高中语文教师，中学高级教师，市级优秀班主任。

其实，就《巴尔扎克葬词》来说，读懂文本并非一件容易的事。作者雨果是法国的浪漫派大师，逝者巴尔扎克是法国现实主义的里程碑。作为一种崇高的赞扬，作品激情蓬勃，语言富于诗意又饱含哲理，文艺性非常强；学生阅读外国作品本来就少，加上这是一部翻译作品，中外作家语言习惯

① 作者：张为民，北京市丰台二中语文教师。

的不同更加大了理解的难度。不过，这一切都不是我把课上得那么糟糕的真正原因，缺乏对文词的深刻体味故而无法被作品触动，无法被作品触动故而无法找到课文的真正意义与价值，无法找到作品的意义与价值故而无法通过有效的手段使学生被作品触动——这一连串的“无法”和“故而”正是此次惨败的罪魁。教了十几年语文的我陷入了茫然和痛苦，难道我的教学之路就这样进入了死胡同？难道曾经的成就只能在记忆中辉煌？难道我的职业之花不再绽放？教师发展学校把我从噩梦中唤醒，让我不断探求教学的意义，不断体会到一个语文教师的幸福：作为读者，阅读的幸福在于品味文词后被作品感动；作为教者，授课的幸福在于带领学生被作品感动。崭新的思想使我顿觉天宽地广，耳目一新。就在此刻，另一位法国作家罗曼·罗兰的作品《〈名人传〉序》来到面前。

（二）感动我——花已含苞

20 世纪初，为了替具有巨大精神力量的英雄树碑立传，为了让世人“呼吸英雄的气息”并能够在苦难中成就伟大的心灵，也为了使卑俗的物质主义和腐败气氛重压包围下昏迷不醒的欧洲获得英雄精神的激励，罗曼·罗兰创作了“名人三传”，后又写了本序言。罗曼·罗兰写《名人传》，首先是为了世人。在欧洲工业化进程中，“拜金”、“媚俗”思潮泛滥，人们在充满艰辛的苦难生活中看不到光明所在，心灵陷入困惑与迷茫，作者要用《名人传》让世人“呼吸英雄的气息”。其次是为传主。三位名人都是具有巨大精神力量的英雄，他们在苦难生活中自强不息、以仁慈之心博爱众生的伟大品格犹如明灯，照亮了罗曼·罗兰，也足以照亮一切在黑暗中痛苦迷惘的心灵。再次是为自己。作为作家和著名的社会活动家，罗曼·罗兰一生为争取人类自由、民主与光明进行了不屈的斗争，具有广泛的国际影响。在创作《名人传》时，他没有把作品当做普通的评论性传记，而是作为对自己心目中英雄的纪念，是为获取这些伟人精神而作的充满诗意的努力——罗曼·罗兰视这种精神比伟人本身的生活更富意义。作为一个以拯救社会与人类为己任的作家，罗曼·罗兰尽到了自己的责任，也正因为这，名人三传及其序言才有着长久的生命力。在充分阅读文章之后，我被三位传主的苦难经历、仁慈心怀和伟大人格深深感动，也对具有强烈社会责任感的作者油然而生敬意。在阅读后充满快乐与幸福的我下一步要做的，就是在课堂上以文词为载体传播这种感动，使学生也能像我一样体味阅读的快乐与幸福。看着曾经被自己视为畏途的外国作品，我不再畏惧和逃避，而是满怀希望地欣然接纳，秣马厉兵之后，准备着再一次体验花开的幸福。

（三）感动我们——倾听花开的声音

1. 文章不是抽象的字词而是鲜活的事件

文章是什么？表面上看，文章只是印在纸页上的一行行字；实际上在这些字的背后，充满了鲜活的场景或形象，文章只不过是作者被生活中的场景或形象触动之后以文词作载体的感情外放。基于这一点，阅读也必须是充满感情的过程，必须是读者在理解文词的基础上不断地探求作品的价值和意义，继而领悟意义、体味情感、打动自身的过程。

《〈名人传〉序》四个字中有两个是文体，刨除之后只剩下了一个词："名人"。于是，《〈名人传〉序》的教学围绕着对"作者笔下的名人就是______"的探讨开始了。阅读文本之后，学生们给出了各式各样的答案：

高艺群：并非以思想或强力称雄的人，而只是靠心灵而伟大的人。

岳婧怡：他们的灵魂在肉体与精神的苦难中受折磨，在贫穷与疾病的铁砧上锻炼。

吴司：靠自己成功的人。

樊圳：英雄。

张建雷：心灵仁慈，品格高尚，受到长期的灾患，毅力坚强的人。

杨佳：散在各个国家、各个时代，孤独奋斗的人。

李震：长期受到磨难，并在其中得到锻炼，最后取得胜利的人。

王宇飞：历经了苦难的锻炼，以仁慈之心、伟大的品格映照出平庸时代的可鄙，带领人们走出自私自利的世俗氛围，寻求精神上的自由和幸福的人。

冯昭：一般英雄的友人，一般为了善而受苦的伟大心灵。

李维芸：被贫穷、烦虑、劳作压着的人，没有希望，没有一道快乐之光，大多彼此隔离，只能靠自己。

葛芮：固然由于毅力而成为伟大，也由于灾患而成为伟大的人。

张莹：不顾自然的阻碍，竭尽所能为一个不愧为人的人。

祖贺：仁慈的，坚毅的，饱受磨难的，指点了大路的人。

在同学们找出的13个句子中，我关注了3个“最”：受关注最多的——并非以思想或强力称雄的人，而只是靠心灵而伟大的人；最短的——英雄；最长的——历经了苦难的锻炼，以仁慈之心、伟大的品格映照出平庸时代的可鄙，带领人们走出自私自利的世俗氛围，寻求精神上的自由和幸福的人。

于是我问：“如果我们说作者笔下的名人就是‘英雄’，大家看能不能表现出它的内涵？”

屈平说：“我觉得不行，因为‘作者笔下的名人就是________’应该系统地解释出作者笔下的名人是什么，用‘英雄’太概括了。”

我点点头：“的确，如果用的概念太概括，给我们的印象就比较模糊。刚才大家找出的句子里，有五个是全班两人以上关注的，其中‘并非以思想或强力称雄的人，而只是靠心灵而伟大的人’被关注率最高（24人，超过全班人数的50%），下面我们一起来看这个句子，如何才能让它不再抽象？谁能具体解释解释它的意思是什么？”

在学生们思考的过程中，刘亚提出了一个问题：“一般来说，英雄的思想应该是挺高尚的，为什么作者却说名人不是以思想称雄？”这个问题虽然是我课前没有预料到的，但很有价值，它为我们提供了一个解决问题的思路：要读懂句子，首先要弄懂这个句子中的一些关键词语。接下来，大家就这个问题展开了讨论，认为“以武力和思想称雄”意即“在武力和思想方面有过人之处”，并分别举出了一些例子，前者如秦始皇、曹操、项羽、拿破仑……后者如马克思、恩格斯、列宁、斯大林、毛泽东、邓小平、鲁迅……看看这些人，大家不难发现，他们在武力或思想上达到的层次是一般人遥不可及的，他们离我们太远太远，于是话题又回到了“靠心灵伟大”上。通过回归课文，大家又有了新的发现，葛芮就一下子找出了四处，可是这些句子的不足在于仍然十分抽象，无法提供具体可感的、形象性的内容。果然，高艺群就说他不理解，因为“说得太概括了，很难以理解，就像‘仁慈’，就是一个词语，很难构造出一个形象”。

从高艺群的话中，不难看出语文教学的弊端：重视分析的结果而不重视体现学科真谛的学习过程，重视分析后得到的抽象结论而不重视鲜明、丰富的社会现象和生活事件。针对这样的课，尽管教师备课时殚精竭虑，授课时费尽心机，为提高学生的学习兴趣绞尽脑汁，学生却并不买账，往往上课时昏昏欲睡，日后留在脑海里的也许就是那么几个毫无生命力的单薄词语或抽象概念，真正的收获寥寥无几，更谈不上由此获得什么情感触动和心灵熏陶。长此以往，语文教师就会在问过“拿什么奉献给你，我的学生”后茫然地迷失，语文教学也将被推到更加尴尬的境地，变成一块食之无味、弃之可惜的“鸡肋”。也许，那才是真正的花枯叶败，真正的死胡同吧?! 思潮翻涌间，学生们已把注意力放在了对“仁慈”的理解上。我问大家：“‘仁慈’这个词经常用在什么地方?”

彭戈站了起来：“用在唐僧身上。唐僧他是出家人嘛，他非常地以慈悲为怀，就是动画片里演的，小蚂蚁爬在他的手上，他舍不得弄死，把它放在地上，让它爬走。”在我的启发下，彭戈说出了“‘仁慈’面对的是弱小的生命”，但这些名人究竟如何面对如小蚂蚁一般的弱小生命，课文却无法提供相关的内容。因为本文是写在《名人传》正文之前的序言，是为了交代写作目的、创作和成书的经过以及揭示创作主旨而写的，主要作用在于吸引读者阅读《名人传》，故而不可能把要写的内容都展示出来——那样的话，传记本身就失去价值了。为了让三位传主的形象在学生眼中清晰起来，我补充了源自《名人传》的有关材料。

（1）贝多芬，1770 年出生，1783 年发表了第一部作品；1798 年起感到听觉日渐衰弱，1820 年失聪。在他生命的最后十年，健康情况日益恶化，生活拮据，精神备受折磨。1827 年 3 月 26 日，贝多芬在维也纳辞世，终身未娶的他死时身旁没有一个亲人。

（2）米开朗琪罗，1475 年出生，1494 年以雕塑作品《哀悼基督》一举成名；1504 年完成的《大卫》被当时的政府安放在佛罗伦萨市政厅前的广场上。1508 年到 1512 年，米开朗琪罗在西斯廷教堂 800 平方米的天花板上，独立完成了《创世纪》的巨型天顶画，他的身子也因此受尽了折磨。虽然米开朗琪罗著作等身，作品多多，但是由于他的父亲、弟弟不断向他索要钱财，用于喝酒和赌博，米开朗琪罗晚年生活既贫困又孤独。1564 年 2 月 18 日日落时分，他走完了艰辛而痛苦的一生。

（3）托尔斯泰（1828—1910），出身于俄罗斯的古老贵族，家资厚富。1844 年入喀山大学，在学期间受法国启蒙运动思想的影响，对沙皇专制制度产生不满；1847 年退学回家，在自己的领地上尝试改革，设法改善农民的处境；1862 年结婚，家庭生活美满而幸福；1910 年 10 月 28 日，托尔斯泰弃家出走，决定放弃财产，摆脱贵族生活。他离家后得了肺炎，于同年 11 月 7 日死于一个名叫阿斯塔堡的小火车站，死时和贝多芬一样，身边没有一个亲人。

当看到前两位名人分别于 13 岁和 19 岁就一举成名时，学生们眼中流露出惊讶和敬佩；但当看到贝多芬从听觉日渐衰弱到完全耳聋间长达 22 年的折磨，当看到至亲无情导致米开朗琪罗贫困而孤独时，眼中的神情变成了诧异和气愤；当看到健康恶化、生活拮据的天才在艰辛、病痛和孤苦中辞别人世时，他们的眼中又充满了惋惜和哀悯。在打动人心方面，真实的生活比任何精辟深邃的词语都更胜一筹，看着学生们神态的变化，我知道，他们的感情被激发，他们的心灵被打动，他们的阅读之花已经初绽芳华。

2. 语文不是冰冷的概念而是丰满的形象

记得有个学生曾跟我说："老师，鲁迅的作品最好读了。"当时我很诧异，问他"为什么"。他说："读鲁迅的作品，甭管别人问你什么，只要往'封建毒害'上靠，肯定没问题。"我听后始而一惊，继而涌上一种深浓的悲哀：鲁迅的作品如此丰富、如此深刻，给我们学生留下的居然仅仅是"封建毒害"四个字的冰冷概念。早在 20 世纪，邓小平同志就提出来"教育要面向未来，面向世界，面向现代化"。那么学生的未来是什么？学生将来也许会成为各种各样的角色，但他首先必须是一个人，应该具有人的丰富情感和柔软的心灵。教师通过什么去帮助他达成丰富的情感和柔软的心灵？途径只有一个——通过语文教学。曾经的失败告诉我：语文课绝不能被机械地贴上概念的标签；作为语文教师，如果仅仅把文章作为技能训练的工具而不重视引导学生挖掘概念之下的丰满形象，不重视带领学生体悟作者的丰富情感，不重视对作品蕴涵的意义与价值的探寻，那才真的叫"误尽天下苍生"。

在理解"他们固然因为毅力而成为伟大，可是也由于灾患而成为伟大"这个句子时，有个学生这样说："他们要不是遇到灾患的话，也不会有什么特别的感受，就因为他们在那个社会上受到不平等，还有看到社会的黑暗，然后才产生了想法，才有了他们的作品。"

刚刚因学生对文章理解逐渐深入而欣喜不已的我在听到这句话时悚然而惊：糟糕，他们又想贴"概念标签"了，这可与作者的创作初衷背道而驰。实际上，《名人传》既是罗曼·罗兰艺术才华的真正显露，又是他英雄主义思想的显露，一个有力的证据便是：在这种思想的感召下，罗曼·罗兰自 1904 年开始创作长篇小说《约翰·克利斯朵夫》（此小说于 1913 年获法兰西学院文学奖金，于 1915 年获诺贝尔文学奖），无论是从经历还是成就来看，主人公都与《名人传》中的贝多芬惊人地相似。如果把《名人传》的传主视为向专制制度、黑暗社会宣战的斗士，对作者和作品无疑是一个脱离原作、歪曲本意的“谋杀”。

因此，为了校正学生的不正确理解，我抛出了新的问题：“三位名人的灾患是怎么来的?”

学生说：“贝多芬的灾患是生病，是自然而然的；米开朗琪罗的灾患是来自家庭，由于他爸爸和弟弟参加赌博，才让他变得那么贫困，那么无助；托尔斯泰的灾患来自沙皇专制。”

我追问道：“是沙皇专制？那托尔斯泰是深受沙皇专制压迫的贫苦民众吗?”

学生说：“不是。”

我说：“托尔斯泰出身于一个古老的贵族家庭，而且家资厚富，看来‘沙皇专制影响他’这个理由有点牵强。与贝多芬、米开朗琪罗的贫困相比，托尔斯泰的先天条件得天独厚，那托尔斯泰后来如何?”

学生说：“后来受先进思想的影响，对沙皇专制不满。不过，后来他结婚了，很幸福。”

我说：“那他不还是挺幸福的吗?”

学生仍不愿放弃固有的思想：“但那个思想还是在他心里，后来他就弃家出走了。”

我又说：“不仅出走，而且怎么样呢？放弃了财产。托尔斯泰与前两个名人有一点不同，他家世显赫，地位尊崇；有一点是相同的，他们最后都是在孤独中、无助中死去。如果说前两者还有先天的健康原因和无可逆转的家庭原因，那托尔斯泰的这个结果是怎么来的?”

学生说：“他自己自找的。”

看着学生的理解被引向正确的方向，我不敢失去机会，接着问：“托尔斯泰为什么抛弃好好的富裕生活不过，而去自己找孤独、找不幸？他为什么要自找罪受?”学生一时找不出答案，我请他们去看书。不久，有了新发现的李维芸举起了手，于是有了下面的对话——

李维芸：第五段的第三行，“目击同胞受着无名的羞辱与劫难”，我觉得这句就比较符合托尔斯泰。

我：能具体解说一下吗？

李维芸：虽然他过着好的生活，但他看到在他的周围，他的同胞还受着沙皇专制的摧残，他们永远过着磨难的日子。

我：你落了一句。

李维芸：生活为之戕害，内心为之碎裂。

我：什么叫“戕害”？理解这个词吗？

李维芸：我觉得就是因为生活很不美满，心灵很受伤害。

我：不美满在哪儿？他婚姻也幸福，家庭也富裕，不美满在哪儿？

李维芸：不美满在不是所有的人都能过这样的生活。

我：你的意思是不是说，虽然托尔斯泰自己很美满、很幸福了，但是他的心里有一种遗憾，这种遗憾来源于社会、民众，他看到很多其他的人还没有过上像他一样好的生活，因此他会感到不美满，是这样吗？

李维芸：是。

请李维芸坐下之后，我又询问几个原来理解有误的同学，他们心悦诚服地表示赞同李维芸的说法。看到自己终于把学生从“记概念、贴标签”式的阅读歧途中拉了回来，我感到一种无法言说的喜悦。但我并未停步，而是接着说：“书上有句话：为了更多的人，他们甘愿受折磨。托尔斯泰就是这样的，当他看到很多人受苦的时候，他就把自己的幸福给放弃了。如果说‘伟大’仅仅指创作优秀的作品，那我们知道的例子举不胜举，而为了别人的幸福能舍弃自己已经拥有的幸福，那些伟大作品的作者是不是都能做到呢？”

学生异口同声：不是。

我说：“因此，这些人，他们为了更多的人而舍弃自我幸福的品格，应该是‘伟大’的另一层含义，也就是作者所说的，英雄靠什么伟大的？”

学生又是异口同声：心灵。

表面上看，学生对“我称为英雄的，并非以思想或强力称雄的人；而只是靠心灵而伟大的人”这一句子的理解已经完成；实质上，这一理解仅仅附着在托尔斯泰一人身上，是“他”的而非“他们”的。这与作者把本文作为三部传记总序言的创作本意仍然相左，让学生填补这一“理解缺口”是不可疏漏的。为此，我把课堂推进到下面的环节。

师：“这篇序是为三位名人作的三传合序，托尔斯泰为了更多的人放弃了自己的幸福，照常理推断，另两位名人也该有与托尔斯泰同样的品质。那么，贝多芬的哪些行为表现了这个特点——为了更多的人而生活，而奋斗。贝多芬是干什么的？”

生：写音乐的。

师：说到音乐，学音乐的同学肯定知道他的作品，能说说吗？

蒋澄（音乐特长生）：《降 B 大调协奏曲》。

师：这太术语了，有没有通俗一点儿的名称？

生：《欢乐颂》。

生：《命运》。

生：《月光》、《小夜曲》。

师：在贝多芬的诸多作品中，《命运交响曲》是很著名的一部，它是世界上迄今为止被演奏最多的交响曲。它的开头很有特色，旋律强劲有力，令人听后感觉惊心动魄。不过，贝多芬在辞世之前留下的最令人称道的作品不是《命运》，而是包括“欢乐颂”这一乐章在内的《作品 115 号》。为什么呢？我不是做音乐的，《欢乐颂》的旋律我无法演奏出来，但是我还记得它的曲词：欢乐女神，圣洁光芒照大地，让我们一起来，来到她的圣殿里。从这两句曲词里我们看看，贝多芬他把这个《欢乐颂》写给谁？

生：全世界的人，所有的人。

师：是的。欢乐女神的臂膀不会因为你穷或富、美或丑而有所取舍，她会张开臂膀，迎接全世界所有的人。贝多芬从 1793 年开始为《欢乐颂》谱曲，30 年后的 1823 年才在《合唱交响曲》中得以完成。我们想一想，1823 年的贝多芬是一个什么状况？

生：他完全听不见了，特别苦，特别惨。

师：在这种特别悲惨的情况下，他却把乐曲命名为《欢乐颂》。1824 年 5 月，《欢乐颂》在维也纳克伦特纳托尔戏院首演，听众反应的热烈程度是空前的。贝多芬出场时，观众的掌声和欢呼声此起彼伏，长达 5 分钟之久，以致警察不得不出面干涉。但站在乐队中背对着听众的贝多芬什么也听不见，幸而女低音歌手翁格尔牵着他的手转过身，他才“看到”了听众的欢呼。所以，两耳失聪的贝多芬尽管自己深受苦难的折磨，但是他还要大声地歌颂欢乐，就像他自己所说的：我要扼住命运的喉咙，我要歌颂欢乐。我们再想一想，欢乐的旋律他听得见吗？这种“欢乐”他在其中吗？

生：不在，也在。

师：为什么？

生：表面上看上去他不在其中，因为他听不见；但是大家欢乐了，他也就欢乐了，所以实际上他在其中。

师：说得好！有一位作家这样评价贝多芬，“他用自己无比高尚的心胸给予了世人光芒，用痛苦换取了欢乐”。那《大卫》的作者米开朗琪罗呢？自己家里情况那么糟糕，可是他给我们留下的是什么？是优美的雕像，巨幅的天顶画。现在在西斯廷大教堂800平方米的穹顶上，《创世纪》依然光芒闪烁。米开朗琪罗已经离开这个世界了，可是许多人从他留下的优美雕像、巨幅天顶画中得到了一种艺术的享受。所以，现在我们再来看，作者笔下的“名人”、“英雄”是不是应该是这样的人：首先，他们在生活中是饱尝灾患、饱受痛苦的，但是他们超越了个人的不幸，把仁慈之心、博爱之心洒向世间的万千生灵，从而彰显出一种心灵的伟大。所以作者也说，“除了仁慈以外，我不承认还有什么优越的标记”，也就是说，正是这种“仁慈”，使他们的心灵伟大起来。

阅读着补充资料，联系着名人们的作品，想着贝多芬在两耳失聪、惨苦异常的情况下把乐曲命名为《欢乐颂》，用自己的痛苦换取世人的欢乐，想着米开朗琪罗在巨大的家庭不幸下为后世留下优美的雕像和天顶画，想到这些人在灾患中超越个人的不幸，把博爱之心洒向世间，学生们涌上浓浓的敬佩和崇仰，进而体会到作者那句“除了仁慈以外，我不承认还有什么优越的标记”的深刻内涵，情感的花朵愈加饱满起来。

如果是过去，我会因最终找到了预设问题的答案而沾沾自喜，并认为本节课上得圆满，但现在我不会再仅仅满足于对传主形象的把握，还把目光投向“丰满形象”群的另一重要部分——作者。在那个最长的答案中，作者的拳拳之心表露无遗，所以我请王宇飞带领大家诵读第1到第3段，进而归纳作者的写作目的：首先，于环境来讲，欧洲在重浊与腐败的气氛中昏迷不醒，人们的思想是卑俗的物质主义，这就需要英雄给人们提供新鲜的空气；第二，人生充满了艰苦，而三位传主的共性在于他们不是天生强力或者天生智慧的人，他们与常人一样经历苦难生活的折磨，但是，他们没有在悲惨的处境中沉沦，而是一方面通过自强不息的奋斗，把苦难走成了一种光明的坦途，另一方面又“先天下之忧而忧，后天下之乐而乐”，以仁慈、博爱的眼光去看待深陷苦难中的人们，把坦途上的光明做成火炬，去照亮每个在黑暗中摸索的人，成为“靠心灵而伟大”的代表；第三，他们不是遥不可及的神灵，而是近在眼前的榜样。他们的存在，让我们感受到精神层面的启迪与感召，给予我们从困境中奋起、战胜苦难的力量；第四，有些人想在平凡、庸俗中奋起，作者就把这些英雄的平凡人展示出来，让他们为世人提供援助，以让这个世界出现更多不甘平庸而奋起自救最终走向伟大的人。

听着教师的总结，学生的感情被进一步激发。他们的目光中除了对传主的深深敬佩，还包含着对作者的无限感激。在理解文句、把握形象和体悟情感后，幸福的花朵怒放了。

课至尾声，我用《米开朗琪罗传》中的一段文字作为本课的结语：“伟大的心魂有如崇山峻岭，我不说普通的人类都能在高峰上生存。但一年一度他们应上去顶礼。在那里，他们可以变换一下肺中的呼吸与脉管中的血流。在那里，他们将感到更迫近永恒。以后，他们再回到人生的广原，心中充满了日常战斗的勇气。”

（四）感动常在——花香长飘

《〈名人传〉序》这节课已讲过半年有余，而今每每想起，还觉得清晰如昨。第一学期期末考试的作文题是《________的选择》，部分学生在写作时涉及了《名人传》的传主——贝多芬、托尔斯泰，把他们为众人而受难的选择看成是人格伟大、心灵高尚的具体体现——不难看出，该课的主题给学生留下了非常深刻的印象。第二学期学《祝福》，这篇小说以人物典型、用语精妙、主题深刻著称，阅读难度很大。在学习中，我鼓励大家用还原文句内涵的方法来解读重点词句和段落，进而体会丰满的形象和丰富的情感。一向畏惧鲁迅的学生在重点语段的挖掘上初尝成功的喜悦，开始喜欢鲁迅的作品。（7）班的张颖异同学说“读了鲁迅，才知道什么叫好文章，才觉得原来喜欢的那些东西真不值得一提”，（8）班的史云骁同学说“过去一点儿也不喜欢鲁迅，因为根本就读不懂；现在能读懂了，感觉真有意思”。我希望学生们能在寒假里阅读鲁迅的《呐喊》和《彷徨》并写出读书笔记，很多学生都跃跃欲试。寒假归来，一篇篇阅读鉴赏文章摆到了我的案头，虽稍显稚嫩，却个性十足，有的还颇有见地，这真犹如阵阵花香，沁人心脾。由此可见，一旦把文字与活生生的社会生活实际相结合，就能大大激发学生的学习兴趣，带领他们走入多彩的文学世界，使之得到无尽的享受。

当语文教师近20年了，在成功与得意过后，留下的是“教学向何处去”的迷茫，教师发展学校将我拉出深潭，让我再一次体会到了做语文教师的幸福。回顾讲课的前前后后，感觉学到了很多东西，对“吃透教材”理解得更为深刻。备前反复修改说课稿带给我的收获至今难忘，课后的不断反思让我对文章有了更深层面的理解，为“专业发展”提供了空间。以后再指导阅读，我会遵从这样的思路：感知—感悟—感动。首先感知文本的词句，进而感悟作品的意义，最终感动教者和学者等所有人的心灵。但是，快乐之余，痛苦仍时时来袭击我，因为自己很多时候还不能把学科之美很好地进行展现。不过，我相信，“教师发展学校”能让我不断弥补遗憾，消解痛苦，不断体会“专业发展”的意义，让幸福感一天天丰富、充实起来。

文字的魅力是永恒的。在我看来，优秀作品的最大价值不在于它获过多少奖项，而在于它能永远给读者提供最广阔的思考空间，激励人们不断地探索字里行间蕴蓄的深刻内涵，体会作者的丰富情感。台湾女作家萧丽红在其小说《千江有水千江月》中写道：“我常常想，做中国人多好啊，能有这样的故事可听！”而今，我常常想：“做语文教师多好啊！能有这样的文章可读，能有这样的形象可感，能有这样的韵味可品，能有这样的作品可教。”还有什么比通过不懈地追求使自己和学生感受到学科之美更令一个教师幸福的呢？这种幸福犹如姹紫嫣红、芬芳万里的美丽花朵，绽放在我教学生命的旅途。

附记：“感动—传播感动”——《〈名人传〉序》之“序”①

《〈名人传〉序》之“序”，在这里，我们不是仅仅把它作为一种文体称谓的名词来理解，那样也许会因其过于冷峻坚硬而损失它的丰富。我们更愿意从“作序”这样一种动词的含义上去直接地感受伟大的罗曼·罗兰在向我们说着什么。作序，是为了吸引读者。语言的意义是在于它的使用，罗曼·罗兰深邃优美的语言，正是在它作为“序”的使用中感动和吸引着我们。读着它，我们仿佛听到这样的声音：

“打开窗子吧！”我们的书就是这个窗子。读它，就可以呼吸“英雄的气息”。“孤独与静寂中”艰苦的人类，“求一个朋友”，我们的书将在你的周围

① 作者：宁虹，首都师范大学教育学院教授。

集合，可以给你以援手，给你以希望和欢乐之光的朋友。如果说“最坚强的人都不免在苦难中蹉跌”，那么我们集合的朋友正是拥有为了善而受苦的伟大心灵的英雄。我们的书是献给受难者的，受难者已经一无所有，所以我们为你集合的英雄不是以思想或强力称雄，而“只是靠心灵而伟大的人”。与大家一样，他们都曾遭遇长期的磨难，或是悲惨的命运，然而，“在他们眼里，他们的行述里，即可看到生命从没像处于患难时那么伟大，那么丰满，那么幸福”。“依着他的先例，我们应当重新鼓起对生命对人类的信仰！”

或许，把“序”作为名词或是动词来理解，是两种不同的关注。我们曾经看到关于《〈名人传〉序》这一课的很多教学设计：他们关注“名人”所具有的特征，关注罗曼·罗兰的名人观、英雄观，并运用其评判现在社会流行的名人观。这些都是很有意义的，但是，在这些关注之外，是否还缺少什么呢？更值得重视的是，所缺少的是否更为根本、更为重要呢？我们以为，上述的关注，大概是一种“名词性的关注”，即总是关注可以为名词所代表的某一种东西或围绕它们的性质特点。我们之所以强调一种出于动词的关注，是因为所有的事情，都是先做了事情，做得多了才逐渐有了一个名词的称谓。那个名词的称谓，不占据根本的地位，也没有涵盖事情的全部。作序，是为了吸引、感动读者，《〈名人传〉序》也是如此。它的卓越之处，在于它不是一种商业的吸引，而始终是一种对生命、对人类信仰的鼓舞，是正义和自由的伟大心灵。罗曼·罗兰有他的名人观、英雄观，但此刻他不是在论述他的名人观、英雄观，而就是为了冲破窒息，给所有苦难的人以最可与他们的生活相匹配的鼓舞。在他这样做时，在他激情的文字里，的确体现着他的英雄观、名人观。但如果仅仅因此就把教学的重心倾注于此，失去的恰恰是作者为什么和怎样感动着每一个人这个原本意义上的根本。我们并不是要拒斥名词、概念的教学，因为任何一丝一毫我们都绝不放松、轻视；但只是希望看到，这还不是全部，还有更根本的、不可或缺的东西，那就是语言在使用时的生动、丰富。一切所谓名词性的关注，都可以在语言的使用中得到关注，也许是更准确、更深刻的关注；但在那些名词性的关注里，却因为抽象脱离了语言使用的具体情境而造成了无法弥补的缺失。语文课不是物理课，二者根本的区别，正在这里。这个道理，可以涉及极为广泛和深刻的学术领域，也可以用一句话概而论之，那就是：因为事情真的就是这个样子。

我们高兴地看到，张为民老师在《〈名人传〉序》一课的教学中，倾注了这样的关注。因而有了“一种贯串在‘阅读—感动—授课—传播感动’过程中的如花般的快乐和幸福”。从她关于课堂教学的描述中，我们可以看到学生经历着怎样的理解过程。从“名人”到“仁慈”的理解进路，再到接近三位传主形象时情感的变化：惊讶和敬佩，诧异和气愤，惋惜和哀悯。就是在这样的过程中，“他们的感情被激发，他们的心灵被打动了”。这个过程是重要的；之所以重要，不仅仅是因为我们已经看到的他们心灵的经历，还在于《〈名人传〉序》之“序”也同时被铭记于他们的心灵。即使他们此刻的意识尚未明确，即使他们终生并不作序，但会有这样的时刻，他们也将以自己的语言抒发自己澎湃的思想、激扬的情感，去感动更多的人。这就是语文教师的专业所在，做到这样和研究怎样做到这样的过程就是教师专业发展的过程。经历这个过程需要付出艰苦的努力，但甚至包括艰苦的付出在内的一切都是幸福的。“幸福像花儿一样”，事情就是这样，真的是这样，本来就是这样！

教学中，不乏常规的教学互动环节，如能精心磨砺设计，必将有更臻圆满的语文教学过程。这正是我们仍倾心以付、孜孜以求的。

二、根深方能求叶茂——教师发展学校给我的成长启示①

（一）苦闷中的跋涉

赖力敏，1973 年生，北京市丰台二中高中语文教师，中学高级教师，丰台区骨干教师，现任学校课程发展中心主任。

参加教师发展学校的研修已经两年。回看当初，发现自己原来竟然是从混沌中起步，并在苦闷中跋涉了很长的路。

初识宁老师，听到“热爱、自信、整体理解”的时候，心里很是不解、甚至不屑了一段时间：难道我当了十余年的语文教师，会不热爱语文教学？会对自己的教学状态没有自信？会不懂“语文”是什么？尤其是阅读教学，教了那么多篇课文，怎么可能教不明白呢？教师发展学校究竟能给我带来

① 作者：赖力敏，北京市丰台二中课程发展中心主任，语文教师。

什么变化？

在这样的怀疑和审视态度下，我踏上了研修的第一步：在与宁老师两次研讨之后，上《我若为王》一课。我想，杂文虽不好讲，但按照文章阅读的程序来，先分析主题，再关注论说结构、修辞手法以及其中蕴涵的作者情感，由此再过渡到杂文的特点，课堂教学的内容、层次就算清晰了，教学任务不也就可以完成了吗？换句话说，这么上，高考阅读的考点也就覆盖得差不多了，还能上出什么花样来呢？我的教学又不是作秀，实实在在的教学就得在课堂上有踏踏实实的分析训练。

于是，我围绕着引导学生认识和体悟杂文的特点设计了此课教学。课前，我安排了预习环节，要求学生简要写出了他们的理解程度，并就自己的阅读提出了一些问题。看过学生的预习笔记后，我发现学生对本文的主题理解有分歧，其他问题主要集中在逻辑结构的认识、语句含义的理解等方面，由此，我预定了上课的程序和内容。上课时，我先从分析本文的现实针对性出发，指导学生搞清作者批判的矛头究竟是对准“奴”，还是对准“王”的，并带领学生完成第一个教学任务——认识到杂文属于议论文体，有着鲜明的现实针对性，且作者的观点是十分明确的。在此之后，再由学生的预习问题引出对本文使用“归谬”这一逻辑结构的解说，进而引导学生讨论体悟本文的文学性和战斗性的特点，由此归结出杂文的一般特点，并布置拓展阅读作业。

课上完了，如我所料，我预设的教学任务基本完成，但课堂状况连我自己也不能满意。一个被称为“鲁迅之后杂文第一人”的作者写出的一篇充满深思和反讽的杂文，怎么会上得这样平淡？我首先想到的是教学策略使用不当。整节课以分析为主，重分析而轻感受，把阅读教学的课堂变成了考场上能规范答题的训练场，因而滤去了鲜活的心灵跃动、庄重的时代使命、丰厚的文化积淀和独特的思维视角。分析固然头头是道，却是干瘪的、残缺的，因为这样的教学过程丢失了语文的鲜活和丰富。至于改进，可以变“分析为主”为“悟读为主”——在教师范读之后，请学生就自己的兴趣点和疑难点找出相应的语段多读几遍；还有本文归谬式的逻辑思路、漫画式的夸张勾画、情感强烈的词语、语句都是学生在整体阅读中意识到但又不够清晰的，而这些都可以通过反复朗读、体会、讨论的方式使之更清晰化，一旦这些搞清楚了，作者的矛头指向也就能够迎刃而解了。我暗想，吃一堑得长一智，以后遇上这类课文，课堂上要多拿出几段文字让学生读读，情感才能被体味出来，课堂效果才会好。

更正的机会来了。这一回，我面对的课文是美国黑人运动领袖马丁·路德·金的著名演讲词《我有一个梦想》，正适合朗读体悟。我接受上次的教训，课前确定了寓析于评、寓评于品、寓品于读的教学思路，以文中飞扬四溢的激情为教学起点，让那些充满智慧又极富感召力的词句撼动学生的心灵，形成贯穿课堂的主线。整个课堂以诵读为导引，读—评—析—学四位一体，凸显马丁·路德·金为黑人奔走呼吁、为自由不懈奋斗的精神，并让分析渗透在品读中，生成在体悟里。应该说，策略的改进是有效的，课堂上学生的表现颇为踊跃，语段诵读有激情，分析也到位。但上过课后我仍感到些许沉重：为什么我的课堂节奏缺乏变化，教学没有高潮？学生选读的几个语段朗读理解得还好，那么全篇的整体理解如何？是不是缺少了连贯性和整体性？我的语文课为什么总是有捉襟见肘、顾此失彼的局促感？是不是自己的语文素养不够？

我忽然发现自己不够自信了，因为不能给自己的语文课堂教学以准确的定位和评价，不能确定自己语文教学的作用和效果到底如何。而且很长时间以来，我都能朦胧地觉察到自己的教学总是有欠缺的，但到底欠缺什么、如何弥补、怎样改进，却不能指明说出。我意识到自己显然是进入了专业发展的“瓶颈期”，卡在那里，进退无路。

带着尴尬、苦恼和困惑，我继续参加教师发展学校的研修。“烛光与稻草”哲学讲座、教学感悟沙龙、面对专家的多次说课……各种活动形成合力，推动我去彻底弄清发展的障碍究竟何在，以及该如何突破。在这个过程中，“站在教育的角度看教学”、“站在课程的角度看学科”、“在课堂上实现教育的意义”这些说法逐渐不再是平面的、抽象的概念，而成为我想要渗透在自己的学科教育中的内容。我期望我的教育行为在这样的思考视角和实践尝试中发生变化。

然而，实质性的变化并不容易发生。尽管我意识到一些道理，比如语文教学是要关注生命个体体验的，作者缺位的教学是把鲜活的作品制成干瘪的标本，语文课的内容要力求用语文的丰富性去浸润学生的心灵，等等，但我还是无法让我的课堂发生根本性的变化。虽说如此，我还是愿意将自己艰涩前行中的心得通过研讨课的形式来与专家和同行们进行交流，于是《泪珠与珍珠》的教学设计在数次说课、试讲和一周四次大幅度的调整之后产生了。

课堂教学实施的结果证明，这是一个“怪胎”。我本希望这篇凝聚台湾著名女作家琦君七十余年人生体悟的美文能够吸引、打动学生，并多次采用描述的方式对文段内容进行“情景再现”，试图拉近学生的经历与文本之间的距离，孰知课堂静如死水，只有自己在努力进行着看似精致的解读，学生却欲说无辞，迷茫不已。

这无疑是失败的一节课，但也让我明白了一个道理：如果说在此之前我的状态是，在没有彻底弄懂“教的是什么”之前就急于设计“怎么教”，那么这一次是，总算比较清楚地弄懂了要教的是什么，却没有设计好怎么教，以至于把自己备课的所有体会和内容一股脑搬上了一节课的课堂，而这只让学生感到深奥厚重，目不暇接。不过我坚信，以其昭昭才能使人昭昭，我需要的是在这个基础上再前进一步。

（二）追求发展的自主与自觉

我们更看重失败之后的总结和反思。在这节课后，宁老师帮助我作了极细致的分析，发现在阅读教学中，教师的“昭昭”应当体现在对文本内容、道理、情感、情感寄托和文本流传这几个方面的整体把握上（后来又由王校长简练概括为“文载何道”、“道何以生”、“道何以表”、“道何以传”几点）。所谓“整体把握”，就是教师要清醒地意识到以上诸方面因素在文本中的融合，而不能只偏重强调其中的某一方面或某几方面。失却了这个根本，语文课就可能会上成历史课、思想教育课、文化知识普及课，语文教师就没有做好“语文学科”本身应做的事。但是，如果将教师课前“整体把握”的十桶水都拎到课堂上来，一股脑地倒给学生，结果也会让学生无所适从，使效果适得其反；而课堂教学的突破点也必须从体现学科内涵实质的内容上寻求，学科教学才能不错位或失位。

弄清了这些，我便渐渐摆脱失败的阴影，继续以后的教学了。这一次我主动请缨，上《失街亭》一课。课文内容节选自罗贯中的历史小说《三国演义》，这我和学生都是比较熟悉的。正因为熟悉，所以“拒谏失街亭”的情节、马谡刚愎自用的形象、诸葛亮谨慎周密、治军严明的特点、作者罗贯中扬刘抑曹的思想情感倾向、由《三国演义》小说改编成的其他多种文艺形式的广泛流传等，学生在上课之前就有所知，不足以作为课堂教学的突破点。因此，我把课堂突破选在了“作者的情感寄托”这一点上。这也恰恰是历史小说的特色所在——作者借重历史的影子泼墨描摹，或一笔带过，或浓墨重彩，或集中突现，或无中生有，都只为写尽一腔不平之意，挥洒一段不了之情。教学策略于是自然生成：通过《三国志》中两段相关史料与课文内容的比照，造成冲突，抓住学生阅读感受上的差别进行剖析和体悟，让学生对“演义小说”的真实感有较深的理解。

方向一旦明确，教学的实施就有了主心骨。一上课，我就直奔主题，提出这样的问题：“《三国演义》中的故事可谓家喻户晓，那么作为历史小说，它与正史记述有怎样的关系呢?”正史（《三国志》）中与课文内容相关的史料在课后练习中恰巧给出了，也许教材编者的意图与我不谋而合吧，正好取用。

诸葛亮出祁山。加郃位特进，遣督诸军，拒亮将马谡于街亭。谡依阻南山，不下据城。郃绝其汲道，击，大破之。

（晋陈寿《三国志·张郃传》）

亮身率诸军攻祁山，戎阵整齐，赏罚肃而号令明，南安、天水、安定三郡叛魏应亮，关中响震。魏明帝西镇长安，命张郃拒亮，亮使马谡督诸军在前，与郃战于街亭。谡违亮节度，举动失宜，大为郃所破。亮拔西县千余家，还于汉中，戮谡以谢众。

（晋陈寿《三国志·诸葛亮传》）

将两段综合起来，表述如下：

诸葛亮身率诸军出祁山，戎阵整齐，赏罚肃而号令明，南安、天水、安定三郡叛魏应亮，关中响震。

魏明帝西镇长安，加郃位特进，遣督诸军拒亮。亮使马谡督诸军在前，与郃战于街亭。谡违亮节度，举动失宜，依阻南山，不下据城。郃绝其汲道，击，大破之。

亮拔西县千余家，还于汉中，戮谡以谢众。

接着就可以进行比较了。我先从历史小说与历史的联系入手，引发学生感受、思考：上述史料与课文内容有什么联系？小说中哪些内容与史书所述一致？学生很快找到并概括出来，即：

诸葛亮出祁山，治军有方，进军顺利，三郡归降，确有其事；

诸葛亮派遣马谡迎战张郃于街亭，马谡未遵诸葛亮部署而屯军山上，导致汲水之道被绝，结果溃败，确有其事；

诸葛亮退兵回汉中，斩杀马谡，确有其事。

比较只不过是手段，并不是目的。通过比较学生可以直接感受到《三国演义》“七分真实，三分虚构”的特点，而有此特点亦不是作者一己之力，而是“天然有此等妙事以助成此等妙文”，罗贯中不过借历史之力，根据民间故事、传说、戏剧及重要史料陈寿的《三国志》和裴松之作注解时所引用的野史杂记，创作了《三国演义》这部75万字的长篇巨著。

但演义毕竟是小说，怎样让小说的味道弥漫开来，让学生体悟到情节的虚构、作者的匠心、文学的真实、人物的力量呢？只有细品小说中细节的描摹和作者刻意安排的情节详略侧重以及那“三分虚”的情节虚构。在我的引导下，学生很快看出，史书记载的街亭之战十分简略，没有如小说那样用细节刻画人物，也没有战斗过程的展开，只是事件概述、纪要而已；史书记载中，马谡只与张郃对阵，司马懿并未统领张郃大军；街亭是蜀军进攻中所要攻取的隘口，不是退路上的要隘。可见，史书是“因事生文”，小说则是“以文运事”。这就是生活真实与文学艺术真实的区别，也是小说的艺术性表现。罗贯中在“七分实”与“三分虚”中着力塑造人物，使马谡的麻痹自大、诸葛亮的多智严明、王平的谨慎、赵云的厚德一一印入读者心中，而这一切与大家心目中固有的历史人物印象是相符的，合乎了大众的审美取向和心理需求，所以令读者感到格外亲切和真实。这不也正是历史小说可以不湮没于史实，而有长久生命力的谜底所在吗？

课上至此，已近尾声，学生的情绪和思维已经被充分调动起来了，但还需要顺水推舟，趁热打铁，让学生有拓展的空间和表达的机会。于是，我借引在《百家讲坛》中“品三国”的易中天教授的一段话作为课堂教学的结语：“历史确实可以酿酒。《三国演义》就是历史酿的酒。不过也有（把历史）酿成醋的……历史就是让人说的东西。说的过程就是发酵的过程。至于酿成什么，一看目的，二看手艺，三看运气。”① 并让学生课下可以结合自己读《三国演义》片段的感悟，谈谈对以上这番言论的见解。

从课后作业的情况看，学生们还是颇有所得的。他们积极探讨“历史小说与正史的关系”、“后人对历史酿造、加工的不同效果”、“一个历史人物其

---

① 易中天．我的历史观：一［EB/OL］．［2010－07－09］．http://blog.sina.com.cn/yizhongtian.

历史形象、文学形象与民间形象三者之间的联系与区别”等问题，显得意犹未尽，饶有兴趣。

（三）实践中的一点体悟

《失街亭》的教学让我看到了我所希望的语文教学的轮廓，因为它体现出了整体的语文理解和完整的语文学习过程——先追问和回答教学内容“是什么”，再使用语文的手段去达成语文的目标。

回首以往，我想我的失误在于，当面对每一个具体的语文教学内容时，长期养成的思维习惯往往让我首先考虑到的是“怎么教”的问题。因而在备课阶段，我往往颇费苦心地搜集他人的教学策略，推敲自己的教学手段、显示技巧，要的是课堂能够花样翻新、令人称奇，并且将此作为语文教学创新的正途，认为自己在这个过程中得到了提高和发展。现在想来，这样做恰恰是陷入了语文教师专业发展的误区。而这“误”就误在在没有搞清教学内容“是什么”的情况下，就急于解决“怎么教”，是舍其“本”而逐其“末”的做法。教学如果以此为起点，教师就无法从更高的视角看到教材内容的价值，难以将语文教材作为教学资源加以开发和利用，也就很难实现从“教教材”到“用教材教”的转变。

比如历史小说《失街亭》的教学，通常我们会借课后“思考与练习”的问题“失街亭，谁之过”作为教学的切入点，因为这样能引发比较热烈的课堂讨论甚至辩论，使课堂气氛热烈；并且这样也便利于教师在学生充分表达自己观点的基础上，完成“分析诸葛亮和马谡的人物性格特点”的小说教学任务。但只要深想一步，问题就凸显出来了：学生能够条分缕析地罗列出历史小说人物性格特点，就说明他读懂小说了吗？“失街亭，谁之过”这一问题引出的是对小说中事件的客观、逻辑、理性的评判，这种置身事外的评判，与作者的立场和态度相吻合吗？与历史小说“以文运事”的特点相吻合吗？如果这些问题不能解决，“教学生学会阅读历史小说”的问题又如何解决呢？

可见，不追问根本，而片面考虑教学手段和策略，教学就难免浮泛。要挖掘教材价值，就不能回避“教材内容是什么”的问题。正如要教历史小说的阅读，就必须先追问“什么是历史小说”、“历史小说与正史的关系究竟怎样”、“历史小说的独特审美价值何在”这些根本性的问题，再通过《失街亭》这篇课文看《三国演义》是怎样加工史料进行艺术创作，形成艺术美感，给人以深刻印象的。这样，课文才能成为教学生读《三国演义》、读历史小说的例子，让学生窥一斑而见全豹，起到导引入门的作用。

当然，教学手段与策略的使用也是必要的。但既然是“语文课”，就必须使用语文的手段，达成语文的目标。

语文教材内容不乏经典内容，在其流传过程中又与其他艺术形式相结合，成为音乐、美术、戏曲等艺术加工和演绎的对象；加之现代信息技术的普及，使得以上这些艺术成品能够被语文教师所用。所以，现在的语文课堂呈现手段愈加新颖，形式愈加丰富。

应该说，语文教材所涉及的内容是非常广阔的，用“多把钥匙开一把锁”的思路也是不错的，有利于学生全面而有个性的发展。但是，每一门单一的课程都不是万能的，每一门课程都应该站好各自的岗，做好各自的事，立足于各学科的学科性质和特点，使学生认识到各个学科的视角、观点、方法，并让学生基于各学科的学习，自己建构起对生活世界的认识。语文课也不例外。因此，语文课应当用体现语文学科性质特点的手段和方法进行教学，达成语文课的教学目标。

比如《失街亭》一课，是将京剧传统剧目《失空斩》引入课堂，让学生在京剧艺术家的舞蹈演唱表演中感受人物形象和小说艺术创作特色呢，还是用史料中无而小说中有的司马懿与诸葛亮的对阵情节，对比史料与小说攻守异位的差别，让学生体悟到小说作者的用心呢？我想，采用后一种方式才更符合语文课的特点。因为这种方式会在课堂上造成历史与小说强烈的反差，而这种鲜明的对比使用的是语文的手段，能深深吸引学生，并引发学生探究、发现的浓厚兴趣，在历史与小说的对比差异中强烈地感受到生活真实与艺术真实的不同。这“不同”推动着语文课堂成为兴味盎然的“发现之旅”。在这个历程中，“小说与历史相比增加了什么”最终被归结为以下几点：事件内容上增加了情节，无中生有，以文运事，使叙事更引人入胜，矛盾冲突更集中，场面更具戏剧性；人物刻画上增加了个性化的细节描摹和人物对话，使小说人物性格更生动鲜活，差异矛盾更凸显；作者的态度倾向渗透在小说中，无处不在，处处可感，使作品更充满情感的力量。这样的课堂教学过程是丰富的，而这丰富又是在绝不放弃“语文”学科固有的性质和特点的前提下，不失历史的厚重与文学的斑斓。因此，《失街亭》的教学唯有采用这种方式，才能让学生清楚地看到历史小说与历史的区别；才有利于用教的策略带动学生的学习策略，让学生学会用语文的手段去探究自己感兴趣的文学问题；也才可能将学生培养成为成熟的阅读者，而不满足于拜伏在经典作品的脚下。

总之，“是什么”决定“怎么教”，“教什么”必须“像什么”，这样才能让学生进入那个用语言呈现的鲜活、丰富的世界，因文而有感，因感而欲言，因言而得意，因意而悟道，因道而成文、成人，从而实现语文学科教育的意义。

我深知，由于年龄和阅历的局限，教师对学生的这种影响不可能立竿见影，不能够在试卷成绩上立即有所体现，但我认为我们不能因此而失位。我的责任在于，在我的课堂教学过程中为学生的心灵播撒下一颗颗古莲的胚芽。我坚信，在未来的某一天，当温度和湿度适合的时候，说不定哪一颗莲子就会破泥而出，亭亭净植，菡萏花开，香远益清。

我认为这就是教师应有的行走方式，是教师专业化发展的正途所在。至少，它帮助我突破发展的瓶颈，给我以持久的动力支持。所以，“既然选择了地平线，那就只顾风雨兼程”，既然找到了根本，那就只管把追问进行到底吧！

附记：小说不湮没于史实，教学不湮没于内容，发展不湮没于形式①

“黯淡了刀光剑影，远去了鼓角争鸣，眼前飞扬着一个个鲜活的面容。湮没了荒城古道，荒芜了烽火边城，岁月啊，你带不走那一串串熟悉的姓名……”电视连续剧《三国演义》这支深情里带着哲理的片尾绝唱，此刻恰好可以用来理解和解释赖力敏老师的《失街亭》一课和她与此相牵涉的经历以及我们刚刚写下的“小说不湮没于史实，教学不湮没于内容，发展不湮没于形式”这个附记的题目。所有这些，或许都是引发自赖力敏老师案例中的一句话。在那里，她问道：“这不也正是历史小说可以不湮没于史实，而有长久生命力的谜底所在吗?”如果我们真的把它设置为一个谜语，那么，我们愿意把谜底射于两个字——“超越”。也许，会有人不屑地说，这算什么谜语，不湮没就是超越了?！不！不为湮没而仍然具体、可感、鲜活地存在着

① 作者：宁虹，首都师范大学教育学院教授。

才是超越！也许会有人说：什么超越，太空泛了，不要给我们中学老师说什么“超越”，回你们大学超越去吧！我们可以不说超越这个词，但却不可以不追寻不为湮没而仍然可以具体、可感的鲜活，不然，那里有什么长久的生命力呢？问题聚焦在怎样才可以获得不为湮没而仍然可以具体、可感的鲜活。

赖力敏老师的《失街亭》一课对于我们的合作来说，是期待中不期而至的一课。正如赖老师所写到的，她曾经历了苦闷中的跋涉，对此，我们怀有深深的歉意。在我们兴致勃勃、孜孜以求的时候，没有估计到这会给对方增加多少辛劳和烦恼。记得有一次，我们曾清晨六点钟赶往丰台二中，为的是改变《泪珠与珍珠》这堂课的教学设计，请她用不到两节课的时间准备，并在第三节上课。固然，有长期合作的熟稔，有对赖老师语文教学的信心和信任，但临阵换计，毕竟难得功成。在此后的一周里，赖老师连上五节，而且那一周，真的是天天都在改变着设计，天天都在讲同一个内容，这使我们深感内疚，也怀有几分担心。后来的经过可以证明，这是一个成熟的合作，没有丝毫抱怨，没有丝毫焦躁，没有丝毫动摇，平静而又不停地继续着所涉及的每一个探讨。

当赖老师说她准备选《失街亭》一课再作一次探讨时，开始我们是犹豫的，因为太长、太熟悉了，难道离开内容单说小说？那样的话，又会不会太枯燥、太教条？当赖老师说出她选择的角度是小说与史实的比较，一切顾虑都在顷刻间消解了。这的确是一个极好的角度，我们已经预见到这课的成功，甚至预先已经估计到其将会“遭受”表扬的“火力点”。

这堂课的教学实施取得了成功。之所以成功，首先在于小说与历史的强烈反差造成的冲突形成吸引学生的新奇感。他们也许没有准备承受这样的冲突，因而心灵反而更容易敞开。继而，“小说比史实增加了什么”的问题讨论，既是课前教学设计的落实，也成为这堂课成功的关键。这个比较，使学生不在史实资料中流连，迅速进入语文情境。在这个后来被我们戏称为“小说－历史＝?”的教学情境中，那个问号所展开的是：在对话与描述中呈现的人物性格；在虚实结合中拥有了细节和情节的故事内容；在字里行间以及虚与实的抉择中表现出来的作者的态度倾向：小说正是因此而不湮灭于史实。接下来，“天然有此等妙事以助成此等妙文”的感慨，更让学生深刻地思考和理解小说与历史。当学生真实地对此有所感悟的时刻，他们懂得了《失街亭》、《三国演义》、历史小说，我们所说的生动、具体、鲜活，此刻也就现实地存在于学生的头脑之中——教学因此而不湮没于内容。在这个过程中，教学内容并没有被削弱，相反，它因为对比强烈而得到加强，因为具体、鲜活而给学生留下更深刻的印象，因为思维空间的开拓而得到更深刻、更丰富的延伸。这从赖老师所谈到的学生的探讨可以看到。

在这堂课成功的背后，还应当看到赖力敏老师对于如何实现这一过程的反思。她不满足于以往外延式的舍本求末的花样翻新，不满足于形式上的课堂气氛热烈，而着眼于“是什么”的内涵发掘，因此，她抓住根本，实现了从“教教材”到“用教材教”的转变。因为对于语文学科的性质、小说的特点有了深刻的理解和把握，她才能够从容地用教材教根本，教学的策略、方法、手段都在根本的追求中组织起来得以灵活运用。做到这一点和思索、探讨怎样做到这一点的过程，就是教师专业发展的真正发生和实现，也正是我们希望借此实现的教师专业发展追求——发展不湮没于形式。

我们愿意在这里回到开始时所说到的“超越”的话题。“小说不湮没于史实”、“教学不湮没于内容”、“发展不湮没于形式”都有了不为湮没而生动、具体、鲜活的存在。赖老师正是从这样的超越中看到了她所希望的语文教学的轮廓。我们正处在变革的时代，正在经历着一系列的变革，而在变革中求发展，需要有超越的追求。不必把超越想象得多么神秘、多么遥远，只要抓住根本，它实际上可以、也应该轻松平常地做到。因为既然是根本，便是长久生命力的来源，生命力如果没有受到束缚，原本就是超越的力量。

我们曾经讨论，为什么要关注不为湮没的生动、具体和鲜活？是否有不为湮没而又不能生动、具体、鲜活的东西呢？抽象的形式，也是不为湮没的，但它失去了生动、具体而不再鲜活；抽象出一般的形式，原本是为了推进理解、追求鲜活的具体，但忘记了这个追求而把它当做了不变的规定，就成为束缚生命力的教条。很多人努力争取发展，却恰恰在这一点上受到了束缚。我们真诚地希望渴望发展的教师认真考虑这当中的道理。当前的教育改革、课程改革以至于方法论变革，正在彰显着它的力量，我们也真诚地期待更多的教师能够从中找到发展的希望。

三、以其昭昭，使人昭昭——《我若为王》教学案例①

（一）授课背景

“（我若为王）我将把我的臣民一同杀死，连同尊长和师友”。这是课文《我若为王》里的一句话，这句话很能说明我当时的心情，因为我要上研讨课了。上研讨课其实未必有多难，对教师而言这是最常态的事情了。但是，难点在于这节课要用新的理念来呈现。我们教师发展学校课题组已经进行了一学期的教研活动，课题组的每位教师都要上一节课来呈现这种比较前沿又朴实的理念。开始时我感到很困难，生怕把握不好新理念，更何况我刚刚入职三年。

卢吉增，1979 年 11 月生，教龄 7 年。北京市丰台二中高中语文教师，中学一级教师，曾发表多篇教学论文。

另一件很痛苦的事情就是选择课文了。教师们都有这样的感受，选传统经典文章吧，别人上过无数遍了，没什么新意；选新文章吧，又怕可参考的资料少，自己理解出现偏差，出现大的硬伤。为此，我要选一篇自己既更有把握一些，又容易在课堂上体现课题理念的课文。

开始时，课题组推荐我上《我若为王》，我一百个不同意：这怎么可以呢？这是一篇杂文，文章的内容与思想和当今中学生的生活相距甚远，会对学生的阅读理解造成不小的障碍，教师和同学对话定会困难重重；再者很多教师讲这篇文章并不很成功，把这篇文章推荐给其他教师讲时，有的教师死活不讲，可见这篇文章对教师的挑战不小。已有前车之鉴，我要重蹈覆辙吗？

可再看看其他课文，也不过如此，《我若为王》也是那样。最后，我决定一不做二不休，索性就选它了。因为它难度大，那就用它来挑战一下自己，讲好了是对自己的鼓励，讲砸了也无所谓，大不了和别人一样不成功。话虽如此，选讲这课是飞蛾扑火，还是涅槃重生？《我若为王》，我能成为“王”

① 作者：卢吉增，北京市丰台二中语文教师。

吗？心里依然有几分隐隐的担忧。

（二）理念支撑

在高一的第一个学期里，我们系统学习并研讨了教师发展学校的理念。显然，这节课必须要充分体现这种新理念。这是一种非常贴近教学实际而且仍处前沿的理念，它对于语文课堂教学回归到本位、学生学习收获以及教师的专业发展具有重要意义。它朴素务实，自然本色。它要求在总体上突出语文学科的性质和特点，课堂教学设计要体现“热爱、自信、整体理解”的原则，挖掘文章的“道”。但是语文课又不是把道理讲清楚就算完事的课，要晓之以理动之以情，但又不可过分（一旦程度掌握不好，很可能就把语文课上成了政治课或艺术课；一旦太重分析，那就又把语文课上成作品分析课了）。此外，课堂教学设计面对的是文本，而文本的内容有其相关的道理，体现以下四个方面：

① 文本的内容和道理；

② 道理产生的原因（或触景生情或因事而发……）；

③ 作者是如何把思想情感寄托在内容或道理上的；

④ 作品流传过程中的新意义。

在课堂的呈现方式上，要求采用叙事性语言，有情节、细节的描述，注重学生的整体感受和阅读状态，并把这种阅读状态还原到学生的学习过程中，其中教师的描述性语言与分析性语言要适当运用，不可矫枉过正。

这些理念都很具体，指导性和操作性非常强。它通过学生和教师的双主体对话来进行课堂教学，它体现了语文教学的本质、本真与本位。从一开始接触这种理论，我们就如醍醐灌顶般豁然开朗了，以前积压在心中的各种若隐若现的矛盾纠葛似乎一下子被这种理念消释了。但理论是好理论，如何结合理论进行教学设计，这个过程就是带着镣铐跳舞了。不过，必须要跳下去。接下来，我就开始准备课了。

（三）教学心得

1. “反主为客，角色转换”，还原阅读状态，让我更准确地理解文本

有个成语叫做“以其昏昏，使人昭昭”，意思是说自己还糊里糊涂，却

要去教别人明白事理。显然，这个成语是对我们某些教师的一个黄牌警告。我们从事的是传道、授业、解惑的职业，使人昭昭，首先是自己昭昭。很难想象，如果学生通过我们的讲解以及和我们的交流，对事物的认识感到更加没有把握，甚至感到神乎其神、莫名其妙，这说明什么呢？是学生不够聪明，还是我们对事物的认识没有达到昭昭的一种体现？答案不言而喻。

接下来，最根本的问题就是怎样才能使自己昭昭，使人昭昭。

以往，我的做法也许就是读两遍课文，查看一下参考书和所谓的示范教案，然后准备一下多媒体材料，尽量把课上得直观些、有趣些。有时课堂气氛也挺热闹，但是细一想来，这堂课学生们的收获到底有多少；他们是不是在深度参与，而不只是表面的简单应和老师和要小聪明式的互相争辩。这样想来，我心里不免一惊：我到底是在做什么？学习应该是这样的吗？语文课应该这么上吗？语文独有的本色哪儿去了？语文老师的幸福感在哪里？我们的教学是否“心为形役”？是否过于借助其他学科的力量来追求教学模式或形式，而忽视了语文学科特色？是否我们在求根务本上，进入了盲区？

恰此，宁虹教授告诉我们，教书不是教师为了完成任务，不是仅仅设计一些新颖奇特的教案，得出一两个结论的事情。对于语文学科，教师要带领学生一起品位文章的“道”之所在。所以在讲课之前，教师要深入文本，要放下教师的架子，不要人为地加入一些负担，不要带着包袱去阅读，不要考虑任何教学方面的问题，而还原阅读的本真状态，以普通读者的身份来读这篇文章。读完之后，再写一篇自己对这篇文章认识的说课稿。

这样行吗？就这么简单吗？自己以前也在读啊，但感觉这跟以前也没太大区别啊！宁教授用他坚定的微笑告诉我们，试试吧！

恭敬不如从命。

当我按照宁教授的建议尝试这样去做的时候，我发现感受不一样了。我感觉其根本在于，此时我所关注的问题不再是如何去设计教案了，而是自己完全投入到文本阅读中了。我最关注的是文本的内容和思想，作者是怎么写出来的，他为什么这么写等方面。哪些地方我已了然于心，哪些地方我在投石问路，我想学生在阅读文章的时候，一定也是和我有类似的问题与想法。而把这些问题弄清了，对文本的理解就很深入了，这就有了教学的根本了。其实，教学设计已经不再重要，我们在课堂教学中未必一定要按照既定教学流程按部就班地进行（有些教师不顾学生的认知情况生硬地把学生拉到自己的设计程序中来，这样的课堂是教师在演，而非学生在学），而会根据具体情况灵活调控。这样，不管是哪一种教学设计，不管学生会发生什么情况，我们一定会在课堂上做到游刃有余。

对于《我若为王》一课，在文章的主旨的认同上，人们似乎清一色地认为是批判奴才思想。但是我通过细心的阅读发现，文章的主旨应该是批判王权意识。我想，这应该归功于本色阅读。

《我若为王》，初看到这个题目，感觉很有意思。这篇文章，我以前既没有学过，更没教过。在不看文章内容的情况下，我想作者会写些什么呢？是不是做王以后实行一些惠民救世的政策，把国家治理好，把江山坐稳呢？

如果要是这样写的话，那么他肯定是对当朝者的政策感到不满，通过假设自己为王来写王应该怎样来做。这样一来，他要批判当朝统治者，而批判的原因也许就是这个王没有能力或者昏庸腐朽、声色犬马、不学无术、懦弱无能等，所以着眼点在他是否明达贤能，也就是说，他是对“王”这个人能力和态度的批判，不涉及其他人和内容。

但是，文章的内容真是写这些的吗？当我看完文章之后，我惊得目瞪口呆。作者所写和我假想的内容大相径庭。作者用了大量笔墨来写“我”若为王后的种种光景。写“我”的妻怎样，“我”的儿女怎样，“我”的亲眷怎样，“我”的生活怎样。而“我”的妻儿等被捧得像天上的星星一样，都源于“我”，因“我”而变，因为“我”是王。

这时，一个问题油然而生了，为什么自己看到文章题目时所假想的文章内容和作者所写的内容有如此天壤之别呢？后来我想通了：因为我和作者对“王”的含义理解不一样。我所理解的“王”，是在文学及影视作品中那些勤勉廉洁、公正威严、爱民如子、明达贤能的光辉形象，即使他们有问题，也是在能力、态度或认识等方面。如果要对其进行批判，也不会脱离“王”个人的范畴，仅此而已。

但是，作者眼里的“王”是“封建的残物”（文章的第一段这样写道：“我根本不想做王，也根本看不起王，王是什么东西呢？难道我脑中还有如此封建的残物吗？”）。所以作为封建残物的“王”，在作者眼里还应否存在？显然，作者认为做王就是头脑中有“封建的残物”。作者不想做王，要批判王。批判王，就是批判人们头脑中的“封建的残物”——即王权意识，就是批判现实中某些人头脑中的王权意识。这样，文章的主旨——批判王权意识——便水到渠成地出来了。在杂文上，探索文章的“道”是非常重要的。

以往，我们常常采用贴标签、然后证明的方式来进行语文教学。在并没有很深入理解文本的基础上，就去看所谓的示范教案，然后为现成的结论找论据证明。这样做缺少了真知灼见，就不能把课文教好，教学效果和学生兴趣会日渐式微。这次，我抛弃了惯有的先入为主的强加概念贴标签的做法，改从阅读的一点点体会中逐渐把文章理解清楚，再去进行课堂教学，感觉效果不错。其实，这是一种很自然的过程，但常常被我们忽略了。

2. 运用什么样的语言更容易触动学生

在课堂的呈现上，运用一种什么样的语言才更容易触动学生，答案就是有情节或细节的描述，注重学生整体的感受以及学生的阅读状态，把这种阅读状态还原到学生的学习过程中，同时教师的描述性语言与分析性语言适时运用。教师可以在课堂导入时创设情境，用叙事性语言让学生尽快进入状态；也可以在课堂进行中，用生动形象的、与文本风格一致的语言，为课堂创造一种立体氛围。我通过做《我若为王》这节课，对后者深有体会。

在讲课时，我加大了语言的形象性、可感性设计，注意贴近文本语言风格。尤其是在感受奴才的存在给社会造成的恶劣影响时，我饱含深情地用了这样的语言：

“这是一种种怎样的光景呢，混乱反常的社会，可笑滑稽的场面，不可思议的举止。

奴才的存在，真理将失去光辉，正直将黯然失色，诚信将悄然缺席，那么黑白颠倒将厚颜无耻地大行其道，尔虞我诈如流行感冒般大肆流行，我们不禁要深深叩问，这是一个怎样的社会啊？”

说完这几句话，我发现学生们听得异常认真，我相信此刻他们在感受的同时也在思考。课下，首都师范大学的朱晓宏教授对我说，她还以为是书上的原话呢，并幽默地说自己还在书上找呢。语言风格和文本语言一致，而且又容易让学生感受和思考，这样，教师的语言组织和情感运用便深深感染了学生。

语言形象性是杂文的一个特点，其妙处在于形象可感，论证有力，增强表达效果。在此又引出论证方法，即反证法：我若为王——我是奴才——我不能为王——我们不能为王。一石二鸟，一箭双雕。

课后，我询问学生的感受，大家都说对文章的语言和写作手法印象深刻。我也感觉我的目的初步达到了。

课下，还有不少学生自觉地写了随笔，有的学生把文章批评的王权意识和现实生活联系起来，举出许多例子，表达了对当代社会中王权意识和奴才思想的看法，并且分析得头头是道。我知道他们读懂了，这样的课他们认同。其中，康明慧同学这样写道：

> “奴才”是社会必然的产物，也同样是社会的绊脚石。如果一个社会充满了奴才嘴脸的人，到处都是假话，到处都是虚伪，那会是一个怎样的社会啊？人人心中都有一层障碍，拼命伪装自己，讨好别人，这是一个噩梦，希望这个梦不要实现。

这和当初自己试讲时的效果形成了鲜明对比。在试讲时，我对此没有给予足够重视，为了探索文本的“道”，我简直把活生生的语文课上成了政治课、甚至是数学逻辑课。我很辛苦，学生们也很疲惫。我在课下问学生，他们的印象也不深。真是费力不讨好，我感觉自己的方向可能错了。

本次课能有这样的效果，我感觉这得益于形象化语言的恰当运用，以及自己对文本理解的比较深入。只有自己迈出坚实的一步，你身后的大车才能真正地向前行进。

3. 写说课稿让我质变

说课稿是对文本内容、主旨、语言等的理解、认识和对教学的预设。说课稿，名义上是说，其实是想。说得清的前提是想得清。这种想不是一般的想，不是想到、想过、想一下，不是像火花一样闪一下，不是像流星一样划一下。这种想是将思维中的各种“象”甄别开来，将文章的方方面面全面有机地勾连起来，形成一个支脉相通的树形结构。这种想具有理性、联系、持久的特点。关键之处是“想”之间的联系点、有怎样的联系以及如何联系。

至于写说课稿呢，又要把想清楚的问题写明白，这是另一种升华。这种升华直接对课堂实践以及教学效果有特殊影响。其实在写说课稿的时候，我已经在为课堂教学组织语言了——语言的规范简洁，这是说课稿必需的，同时也为课堂教学规范简洁优美的语言奠定了基础。而如果我们不写说课稿，这两个重要的过程就被淡化或忽视了。显见，教学效果会怎样呢？

在学习《我若为王》的文体特点和语言风格时，我自己也更清楚了文体特点和语言风格的紧密关联。

《我若为王》是高一下学期的一篇杂文，对于杂文，学生们在高一上学期还没有接触过。说实话，自己对杂文的认识也就停留在很表面的层次。既然学生在高中第一次接触杂文，那么，就让他们对杂文文体首先有比较清晰的认识吧。

通过课下的询问得知，学生们在初中时学过《“友邦惊诧”论》和《论雷峰塔的倒掉》。我问学生这些文章的文体是什么，有的说是议论文，有的说是杂文。再问他们什么是杂文，他们就支支吾吾说不上所以然了，有的甚至把杂文等同于议论文了。因此，在学习本文时，我认为很有必要让他们了解杂文的特点、特别是语言方式，从而在一定程度上能让他们了解杂文和议论文的联系和区别。于是，机会来了。这篇文章是典型的杂文，我何不借助杂文和议论文的区别来进行讲解呢？

但要教给学生的杂文最最主要的特点是什么呢？从现有的资料中选择哪几条典型特点呢？自己还不是十分清楚。

在搜集了大量典型杂文和典型议论文之后，我在阅读中总结，在总结中概括提炼，在书写中加深印象。其实，最后落实到书写的环节的工作量已经不大了，但之前需要做大量的工作。

我发现在杂文的众多特点中，其中一处是最重要的，即把精辟论述寓于形象之中，语言灵动，婉而多讽，具有深刻的思想性、批判性和充分的艺术说服力。可以说，杂文语言艺术的法宝就是形象性，而这也正是它区别于一般议论文的关键所在。

议论文的主要表达方式是议论。通过运用概念、判断、推理的逻辑形式，运用分析和综合的方法，并通过证明或反驳来阐明见解和主张，它具有说服性。但是较之杂文，它少了形象性。

与议论文不同，杂文的内容主旨一般不直接给出，而是隐含的，要靠形象化的语言刻画或描述。它同时具有散文的一些特点，比如写意性、写作对象类别化、表达的形象化。而议论文一般是中心主旨（论点）明确给出，所用论据只是用来证明中心就可以了。

我在教授本文的过程中，特别注意语言的形象化这一点，让学生清楚文体和语言的关系、作者的情感表达与对语言要求的关系。

在讲授《我若为王》时，我具体做了这样的设计。作者批判王权意识，已经是明确了的问题了；但作者没有列举王的几宗罪，却是从假设的角度写“我”若为王的种种光景，那么，作者写了哪些光景呢？为什么要这样写？

我的目的就是要让学生明白，作者通过形象化的语言来让人们感受王的好或坏。学生们很快找到并用心体会了如下语言：

纵然是个娼妓般的妻子，也会成为尊贵的王后；纵然是个白痴般的儿子，也会成为尊贵的太子或王子；

无论是怎样丑陋的女儿，也会成为尊贵的公主；

无论是怎样顽劣的亲眷，也会成为荣耀的皇亲国戚；

无论“我”是一个怎样的人，“我”就是有道明君，伟大的主上。

看到他们若有所思和所得的样子，我暗暗高兴。以前读完文章，我就做教学设计，想方设法利用各种形式去吸引学生，有时对形式的追求都超过了对内容的把握，拿着固有的认识想尽办法去证明它的正确。这样一来，教师精疲力竭，学生似懂非懂。别说是学生，就连我自己对语文课的兴趣、乐趣都不高了。自从写说课稿以来，我感觉自己对文本的理解比较到位了，对一些细节问题的理解让我对课堂充满自信。所以，说课稿是对文本方方面面的理解和全面深入，它迫使我必须厘清一些认识，否则就难以写成逻辑合理的文字。

通过写说课稿，我还弄清了更多的相关问题，在设计教案和驾驭课堂时有了极大的自信和热情。我感觉写说课稿让我发生了质变。

4. 真诚对话，师生同行，孺子不可欺

苏格拉底用他的智慧和高度在和学生的交流中，使学生不知不觉地得到教诲。我和学生对话，谈不上我有智慧，只是说我在用心和他们真诚地交流，而不是像为了完成什么任务似的问一些机械性的问题。可见，师生对话，看似简单，实际上成功的对话里隐含着智慧和陷阱。

在讲《我若为王》时，我有这样一个环节设计，即把自己作为普通读者阅读文章时的困惑告诉了学生，让大家帮我解决。这个疑惑并不是我刻意为之，而是我的切实感受，只不过我自己后来想通了。但这个疑惑对文本来说至关重要，想通这个问题，就找到了问题的突破口，就把握准了文本的主旨，而且其他的问题基本都能迎刃而解。

我的问题是“为什么我在读文章之前，看到文章题目后所想象作者要写的内容和作者真正写的内容大相径庭”。开始，学生们似乎被我的问题给唬住了，片刻之后，他们感觉这问题有个性，新鲜、刺激、好玩，便随之来了精神，大家七嘴八舌说开了。有的学生在开始回答问题时谈感受，说从小到大都没有回答过这样的问题，大家听后都笑了。经过一番较量，学生最后归结道：“我所理解的王和作者理解的王的含义不同。”他们说，我所理解的王，着眼于王的好坏、贤能明达与否；作者所写的王，是封建的残物，着眼于王应否存在。

课后，同行和专家都说这个环节设置得很巧妙，简直是神来之笔，而且没听过任何一个人这么讲过。自己在窃喜的同时，也最明白这个对话环节的创设其实是自己在认真阅读文本之后的一个很强烈的心理活动，简直挥之不去。由此，我也想到自己课堂问题设置的一些事情。

以往，我的提问方式是由文章生出问题，然后再让学生从文章中找寻答案。我们不能否认答案要从文本中出，但是我们却忽略了学生最为重要的阅读状态和体验以及学生的整体感知。现在，我感觉以往那种简单的方式是在画地为牢，作茧自缚，并且它粗暴地剥夺了学生阅读的主体地位，使他们为回答问题而寻章摘句。这两种方式的不同在于是否注重了学生的阅读体验与深度参与的过程。

我常想，教师应该是一个淘金者，而不是挖沙匠。我们有时候真的非常辛苦，我们自认为给了学生很多东西，但是我们是否想过，我们给学生的是金子还是沙子？

首先，教师自己要找到文本中的金子。有这样一种现象，教师没有找到金子，也没有意识到自己给学生的是许多沙子，反而认为自己给了学生金子而沾沾自喜，这是多么可怕啊！

而且，教师不仅要给学生金子，还要让更多的学生自己淘到金子，让他们享受自己的劳作之趣和收获之乐。而学生一旦淘到金子，哪怕是一点点，他们必然会兴致大增，会珍视这种淘漉的过程，并坚信文章之中有金子，且对淘到更多的金子充满热望。试想，如果学生淘不到金子，除了千淘万漉的辛苦与疲惫之外，就是认为金子不可企及、信心丧失，或者自欺欺人地把泛黄的、粗糙的沙砾当做金子来敷衍自己的收成，这不是很可悲吗？

对教师而言，如果我们自己都没有淘到金子，我们的专业权威和尊严在哪里？我们的职业幸福感在哪里？我们对学生成长的良知在哪里？如果我们没能让学生淘到金子，也不要小视、敷衍甚至欺骗孩子。因为生命的茁壮来自真诚的体验与感悟，在师生同行的道路上，孺子不可欺。

5. 对语文教学的思考

(1) 新的理念让我感到“有法可依”，在进行教学设计时不再感到无从下手

通过对新理念的学习和教学实践，我越来越深切地感到，应该首先把自己归入学生或读者的行列。课堂教学设计面对的是文本，而文本的内容有其相关的道理，即体现为以下四点：文本的内容和道理；道理产生的原因（或触景生情，或因事而发）；作者是如何把思想情感寄托在内容或道理上的；作品流传过程中的新意义。从这几个方面入手，我就很容易知道自己怎么操作一篇文章了，进行教学也就轻松多了。

在讲授《我若为王》中，在问“道”时，我把自己的阅读感受和困惑告诉了学生，并由此切入，提纲挈领，最后在师生的交流中，我们很快“得道”；在体会作者的情感时，我设计了杂文文体和语言风格二者对情感的关系这个环节；在作品流传过程中对新的意义解读环节，我设计了一个开放性问题，作为课上讨论和课下随笔的内容，即“封建时代已经离我们远去，民国时代也过去了，现在，我们的社会中还有没有王权意识和奴才思想呢”。学生们课上发言异常踊跃，课下随笔不乏精彩。

(2) 对语文学科性质的深入理解，使语文课有了自己的特色，还原了语文课堂本色，也解放了教师

通过在教师发展学校课题组这段时间的学习，以及通过结合宁教授的新理念设计教学的过程，我感觉自己的进步不小，而且对语文学科的性质更加清楚了。语文课要有语文课的性质特点。语文在语言和文学上有个很好的切合点，我们要善于发现并进行探索。语文靠语言来描绘形象，所以在语言的形象化方面，教师尤其要予以重视。

课堂教学要体现“热爱、自信、整体理解”的原则，挖掘文章的“道”，但是语文课又不是把道理讲清楚就算完事的课。语文教师要晓之以理动之以情，但又不可过分，一旦程度掌握不好，很可能就把语文课上成了政治课或艺术课；一旦太重分析，那就又把课上成了作品分析课。我在试讲《我若为王》时，为了探求文章的“道”，不惜用上了数学课的逻辑推理，最后虽然

推出来了，可是语文课是这么上的吗？语文自己的方法在哪里呢？语文不能成为数学、政治的附庸啊。我们应该把语文自己的东西找回来，运用语文的手段，比如叙事语言等等，来进行语文教学。

在正式讲课时，我舍弃了很多原先语文课负载的额外的东西，从语文学科的性质出发，很自然地设计教学，最后对教学的效果比较满意，自己也体会到了淘到金子的幸福感。这种自信源于我对学科性质的理解，源于我对文本的整体把握，这种自信使我对自己所从事的语文教学产生了更真诚的热爱，并且我坚信这种爱是可以传递的，是可以感染我的学生的，就如“一片云推动另一片云，一棵树摇动另一棵树，一个心灵触动另一个心灵”。

还原语文的学科本色，既减轻了教师的负担，又突出了语文学科特色，更使学生直接感受到语文这门学科的魅力。

总之，通过讲授《我若为王》，除了新理念给我带来的课堂生机和教学自信外，我的一个更真切的体会是，教师必须深入文本，本色阅读，对文章的方方面面——内容、主旨、文体、章法、作者等——都要理解到位。以其昭昭才能做到游刃有余地与学生进行对话和调控课堂。

所以作为教师的我们不必再劳神费力、冥思苦想教学形式、方法和流程设计，把文章读明白了，把握到位了，这一切便水到渠成。读懂了，就能讲明白了。以其昭昭，才能使人昭昭。

附记：“以其昭昭，使人昭昭”之为教师之本[①]

《我若为王》是一篇情感激越、风格奇特的杂文。读着它，在被那巧妙的语言感染着的同时，也为作者激烈地表现的蔑视、痛恨王权独裁统治，殷切期盼人民民主的情感所激荡着。这样一种情感，在最后一句——“我若为王，将终于不能为王，却也真的为古今中外最大的王了。‘万岁，万岁，万万岁！’我将和全世界的真的人们一同三呼。”出现时，被推向最明确、最激越的高潮，即使在几十年之后，它仍然可以让我们读到作者的激昂愤慨，并为之心动，愿意为之一战！杂文的战斗性，其实可以是很感性地实现的。这样一种感受又是在阅读中一浪一浪地酿成的。

文章起始，一句“王是什么东西”，已经表现了作者对王的憎恶与不屑，

① 作者：宁虹，首都师范大学教育学院教授。

而后接连的四段“我若为王”都是“假定又假定”的虚拟。每一次虚拟，都从一个似乎尚可接受的假定开始而归向绝不可以接受的大谬，从而让人尽尝王的存在的绝伦之荒谬。以假定归于荒谬而使假定不能成立，便是“反证”了，虚拟—归谬—反证的逻辑确是本文蹊径之所在。然而在文章里，逻辑不是以其形式意义而是以活的语言存在、让人在阅读中感受的。

在把王推向绝伦之谬的淋漓尽致的描写中，有着奴才的卑微，它以人性的泯灭更深刻地诠释着王的存在之荒谬。其中，也不乏对奴才、奴性的不屑与憎恶，极言之处，为“不准一个奴种留在人间”，不惜将他们连同尊长和师友一齐杀死，但之所以如此，更在于它造成的结果将是“王将终于不能为王”。倘若不念及此，以为杀奴甚于恨王，实在有撄此文之缨头。那么，文中不是有着强烈的对奴性的批判吗？是的，文中的确也表达着强烈的对奴性的批判和深恶痛绝之情，但这里，不是要尽显奴性之卑微，而是要以民主精神尽扫不争之奴性，结束一切王的存在。

那个古今中外最大的王，已经与此前任何一个王字有了根本之不同。它不再属于哪个万人之上的君主，而是属于全世界的真的人们自己，是他们自己做了自己的主人。真的人们，是不愿做奴隶的人们——读到这里，应当有“起来，不愿做奴隶的人们！”一样的昂扬。我们并不想把个人的感受当做作者意图的还原，也不试图去寻找一个可以完全认定为作者意图的规定，但我们在阅读中激起了这样的感受，并且我们从通篇的文字中都能感受到，这正是作者写作这一文本时所持有的或所期待的。我们在阅读中拥有了共通的思想情感，我们毫不犹豫地认为这绝不是唯一的，因此语言和语言引起的理解才会那么丰富多彩。同时，我们也毫不犹豫地认为，那样丰富多彩的理解总是共通的，总有共情与共鸣把我们联系在一起，使我们意识到它们是来自同一文本的语言表达。能够这样感受，大概就可以说是读懂了。文章是多意的，但也是可以读懂的，它不像一个方程的解那样有一个确定的表示，但却同样确定无疑地存在着。语文教师怎样教语文，也许很难用几句话说清楚，但一个根本的要求，就是一定要教学生“读懂”。这本来是一个很普通的道理，但现实中确有大量的事例，真的没有做到“读懂”。

即以本课为例。我们曾问及学生读完之后的感受，有个学生说，读完之后的感受是王也很孤独，很无奈，连自己的名字都不能叫，只能叫“万岁”；我们也曾听一位教师讲授此课，她刻意于让学生由奴才而想到李莲英，讲出一番李莲英是慈禧的奴才，慈禧是帝国主义的奴才的道理。他们都有自己的理解，但于此文而言，却只能说他们没有读懂。对那位学生来说，他可能以今天自己的生活去揣度，却忘了历史上烛光斧影、弑父杀兄，为的就是可以被人称为万岁；说李莲英是慈禧的奴才，慈禧是帝国主义的奴才的道理，的确没错，但在本文中的王，却不是哪一个王，而是一切可以有王的存在的时代和制度。一堂课、一篇文章、一件事情的懂与不懂，也许不是什么大事，可是，如果一个学生从来没有读懂过，一位教师从来没有教学生读懂过呢？

在课后的教学研讨会上，卢吉增老师发言的题目“以其昭昭，使人昭昭”成为这次研讨潜在的主题。它集中地体现着以严格的科学态度寻求教师专业发展和课堂教学真谛的努力。

在一个学期里，我们所强调的严格的科学态度，主要体现在两个方面：一是要体现所授学科的性质特点，二是要体现所授内容的内涵实质。这是我们前期工作的继续和深化。在此前的一段时间里，我们在合作探索中提出，以“热爱、自信、整体理解”作为实现教师专业发展的工作理念，它表达的是这样一种坚定的信念：我们坚信，教师职业就是这样的，即“我热爱我的学生，我热爱我所教授的学科，我热爱这个以我所爱教我所爱的教师职业。我对我所从事的教育教学工作抱有坚强的自信、饱满的热情和探究创造的渴望。我的这种信念和精神，来自我对教育、对学生、对我所教授学科的整体的深刻理解”。在后来的合作中，我们更简要地把教师专业发展的实质概括为四个字：“愿意”和“明白”。愿意，就不能容忍自己不明白；明白，就会有更加愿意的强烈愿望。在这个愿意与明白结为一体的过程中，教师经历着自己的专业成长，课堂教学得到推进和改善。卢吉增老师教授《我若为王》的案例，记录的就是这样一个过程。

四、关于《“诺曼底”号遇难记》的教学案例①

2006年8月，我正式参加了首师大教师发展学校“实践—意义—取向”课题组。在经历了几次研讨后，课题组成员就“热爱、自信、整体理解”达成了共识。

---

① 作者：孙燕，北京市丰台二中语文教师。

就语文教学而言，首要的是要教会学生读懂文本所载之道，并且头脑中应同时呈现出语言形象，而不仅仅是理性的“道”；此外，文本在流传的过程中被赋有的内涵也不能被忽略。唯其如此，教和学便都因为有问“道”之追求而引人入胜。

孙燕，1974年生，北京市丰台二中初中语文教师，中学一级教师，现任学校学生发展中心副主任，丰台区优秀教育工作者，北京市中小学紫禁杯优秀班主任一等奖获得者。

对于语文教学有了较为明确的研究方向后，课题组内成员上了三节研讨课。我教学的内容是北京版第13册的《“诺曼底”号遇难记》。

（一）深入阅读，备好教材，明确教什么

此文是法国著名作家雨果的短篇小说，其场面描写真切悲壮，感人至深。小说以一次海难为背景，刻画了一位临危不乱、处变不惊、忠于职守的船长形象。对学生而言，似乎通过自学也可读懂全文的主旨。那么，我的教学目标又该如何定位呢？为此，我有目的地查阅了作家的创作风格及其生活背景：

维克多·雨果，出生于1802年，病逝于1885年，其一生几乎跨越了整个19世纪，成为19世纪法国浪漫主义的旗手。

对现实社会持批判态度是雨果的创作风格。1851年拿破仑三世称帝，雨果奋起反对而被迫流亡长达19年，直至1878年拿破仑三世被推翻后，他才得以重返巴黎，也正是这种坚韧的风格让雨果的作品铭入了时间的金册。此外，最为重要的是，我们必须看到：人道主义、给弱者以人文关怀，是贯穿雨果每部作品之中的思想主线。

雨果小说中的代表作包括：

《巴黎圣母院》，创作于1831年，是雨果浪漫主义小说的代表。小说将敲钟人卡西莫多和副主教克罗德作了鲜明的对比。前者虽外貌丑陋，但心地纯洁善良；后者则是典型的道貌岸然的伪君子。此外，还有艾斯梅拉达的美与卡西莫多的丑的对照；乞丐世界的肮脏、鄙陋与上层社会的奢侈繁华的对照……

《悲惨世界》的创作历时三十余年，是最能反映雨果文学手法、思想观念的文学巨著。在小说中，雨果描述了下层人民的深重苦难，并且通过主人

公冉·阿让的遭遇，真实地再现了19世纪上半叶法国城市下层人民悲惨的生活和命运，表达了雨果悲天悯人的思想，体现了他深厚的人道主义精神。

《九三年》是雨果的最后一部小说。小说的两个对立人物——革命派郭文和保皇派郎特纳克侯爵——是雨果的又一善恶对比。郭文在捕获郎特纳克侯爵之后，因念郎特纳克侯爵救了三个孩子，竟不惜把自己送上断头台，而放走了敌人头子。这种安排，最能体现雨果对慈悲为怀、对纯洁良心的信仰。

有了以上了解，我认识到：就情节而言，《“诺曼底”号遇难记》是不难理解的，哈尔威船长的人格魅力也是不难感受的，但是作品是怎样渲染这一形象的，又该如何让学生从心灵深处去感悟这一形象，领悟作品所具有的丰富的人文内涵，这其中体现了语文教学的特点，也是执教本文的重点和难点。

有了这样的思考，我制订了如下教学目标：

【知识与技能】

1. 理解环境描写、人物描写的方法及作用；

2. 理解忠于职守在文中所体现出来的人道主义精神。

【过程与方法】

1. 分析：哈尔威船长的英雄形象；

2. 讨论：怎样看待哈尔威船长的死。

【情感、态度与价值观】

引导学生感受哈尔威船长的人格魅力，感悟生命的意义。

【教学重点】

分析人物，品味语言。

【教学难点】

理解文中意义深刻的议论句，深入体会作者所寄予的人道主义精神内涵。

（二）课前预设，备好学生，制订教学步骤

因为本文的情节简单，主旨鲜明，即便是对初一的学生而言，按照以往的教学设计（通过情节认识主旨，分析人物加深理解），使他们理解此文也不难。但此文显然并非是一位成熟的文学巨匠应编者之邀专为十二三岁的学生而作。对文本背后所蕴涵的作者的精神追求与价值观的理解，显然不能仅仅停留在舍己救人、忠于职守上；而且对于贯穿作家一生创作精神的“人道主义”，学生应该有所了解。尽管对初一年级的学生来说，理解起来会有难

度，但要达到这种认识高度也应是水到渠成的必然，而非教师的刻板升华。为了引领学生整体感知、入境生情、提高认识，我将此课的教学分成四步进行：

第一步，组织学生搜集资料，做好充分的课前准备。具体措施是通过搜集网络、图书资料，了解雨果在法国文学和世界文学中的地位及其作品的风格。

第二步，学生带着基本的见解展开自由读书活动，把课文读通顺、读流利，初步了解文本的内容。

第三步，到第二课时，在充分读书的基础上，引导学生边阅读边思考：作者是怎样刻画哈尔威船长（一个执著坚守他人生存希望的崇高的灵魂）这一形象的？让学生在小组合作学习中，尝试着把自己的认识、感悟和体会表达出来，从而培养学生积极质疑和主动探究的精神。而后，将说、听、读的训练结合起来，做到依据教材（分析作品语言），超越教材（融入作家的创作背景），从而提升学生的认知水平，初步感知雨果的人道主义精神。

第四步，到第三课时，拓展教材（观看《泰坦尼克号》中轮船撞上冰山后的片断），加深学生对文本主题的理解，进一步感知雨果笔下的“英雄”形象，从而更加深入地理解贯穿雨果一生活动和创作的主导思想——人道主义。

（三）学生研讨情节，突出教学重点；教师点拨细节，突破教学难点

在上述教学设想的建构下，我和学生一起上了本文第二课时的研讨课。

【课堂导入】影片《泰坦尼克号》取自真实的故事，船体撞上冰山后，船上最终有 1 500 人未能搭上救生艇，而这 1 500 人中只有 6 人侥幸生还。

在茫无边际的大海上行船，海难的发生是不可预料的，而处于危急中的人们常常会因无处躲藏而发生混乱不堪的局面，造成更为惨重的损失。今天，我们要学习的课文同样以海难为背景；不同的是，场面中所表现的更多的是悲壮而非惨烈。因为在这次事故中，“一个伟大的灵魂”创造了一次海难史上的奇迹——船上 61 人中有 60 人生还。

【人物分析】教师范读课文，创设情境，激发学生的思考：在哈尔威船长身上最令你感动的是什么？为什么？

学生很快便能说出：舍己救人、果敢镇定、忠于职守、保护弱小。我顺势引导学生说出他们的认识是基于文中的哪些语句。品析语言是语文教学中一个最为重要的内容。而这个问题牵动全篇，学生可以相对更加自由地谈出自己的理解，不必拘泥于师问生答的套路。当然，这样设计问题也必然会带来一种弊端——在学生的畅所欲言之中往往会出现对文本的分析缺乏条理，使得课堂教学内容零散。为此，在学生的发言中，我有意识地引导他们从四个角度去分析人物：

景物描写

“诺曼底”号邮船的沉没是偶然现象，还是必然现象？

沉船的必然因素：

1. “玛丽”号的闯祸：

（1）船速快：冒、幽灵、山峰、穿破、飞驶、笔直、逼、有螺旋推进器

（2）负载大：撞、剖、终于（破坏力强）

2. “诺曼底”号：没有防漏隔墙
　　　　　　　　炉火灭了、机器停转

沉船的偶然因素：

1. 天气状况：夜晚（夜色正浓）、一片漆黑
　　　　　　薄雾弥漫、越来越浓、沉沉夜雾

2. 船长的负责：照例（有经验）
　　　　　　　小心翼翼（坚守岗位）

3. 船体性能好：大轮船（稳）
　　　　　　　“年轻”

小结：

“诺曼底”号的沉没是偶然中的必然。如果没有“玛丽”号的闯入，就不会有这一次海难。既是偶然，说明无准备；既是必然，说明破坏力强，势不可挡。

然而，就是在这样一个必然的情势之下却没有出现一个必然的灾难性结果。是谁拯救了众人？

——哈尔威船长

文章前半部分景物描写与表现人物有何关系？

——暗示下文情节，烘托紧张危急的气氛，衬托人物（哈尔威船长）果

敢镇定、忠于职守的精神。

分析描写哈尔威船长语言、肖像的语句

1. 船长的语言——简短而有力

①"全体安静，注意听命令！把救生艇放下去。妇女先走，其他乘客跟上，船员断后。必须把六十人救出去。"

② 与机械师的对话

快速了解邮船破损的程度，最终作出弃船的决定。

③ 与大副的对话

当机立断、镇定而果敢（非常有经验），非常时期的非常震慑——为了保障每一个人的利益（包括船员）——第一个高潮。

④"把克莱芒救出去！"

临危不乱，心系他人，每一个细节都想到了（克莱芒虽是船员，但首先是个孩子），再次掀起人性美的高潮。

2. 画出船长遇难前的肖像描写，并分析句中重点词语的含义

"哈尔威船长**巍然屹立**在他的船长岗位上……他屹立在舰桥上，一个手势也**没有**做，一句话也**没有**说，犹如**铁铸**，纹丝不动……黑色的**雕像**……"

船长选择死亡时那坚定、悲壮、慷慨、高大的形象，读了令人有一种荡气回肠的感觉。在其沉着、镇定的神情中，我们看到的是真正的无畏，而这源于他强烈的敬业尽责精神以及至死不渝的对轮船和大海的执著的爱。透过人们的凝视，我们可以感到大家对哈尔威船长深深的敬意与永久的怀念将长存心中。

船上其他人的表现与哈尔威船长形成对比

以乘客的混乱来衬托哈尔威船长的果敢镇定、尽职敬业。

最后引导学生归纳人物描写的手法及作用：正面描写（揭示人物的内心世界，表现人物的精神品质）、侧面描写（环境描写对于刻画人物、表现中心的作用以及通过他人来衬托中心人物的写法）。

分析文中议论的语句（突出哈尔威船长的精神）

1. "实际上一共61个人，他把自己给忘了。"

理解这个句子时，应联系上下文，"他把每件事和每个人都考虑到了"，这说明他不可能不知道船上一共有61个人。"他把自己给忘了"，实际上是他已经为自己做好了打算——与“诺曼底”号共存亡。（分析到此处时，就有学生开始质疑：能够逃生的船长为何选择死亡?）

2. “没有一个人违抗他的意志，人们感到有一个伟大的灵魂出现在他们的上空。”

灵魂：喻指起主导和决定作用的精神因素。

伟大：当一个人把自己的生死置之度外时，他也就具有了超人的力量。

3. “仿佛他不是给人而是在给灾难下达命令，就连失事的船舶似乎也听从他的调遣。”

用拟人手法写出灾难在船长面前无法再肆虐，衬托出了船长人格力量的伟大及镇定自若、指挥从容、力挽狂澜的英雄气概（果敢、大智大勇）。

4. “他一生要求自己**忠于职守**，履行**做人之道**。面对死亡，他**又一次运用了成为一名英雄的权力**。”

忠于职守：舍己救人，与事业共存亡。

做人之道：对他人生命的尊重，对弱势群体的保护，彻底忘我。

运用权力：哈尔威船长是船上的指挥者、主宰者。在危难关头，他手握生死大权。他选择了“悲壮的舍己救人”，最后随着轮船沉入深渊，成为英伦海峡上无人能与之相提并论的“英雄”。成就一个英雄的“权力”人人都有，关键在于你是否运用这个“权力”。

又一次：暗示在哈尔威船长的航海生涯中，他不止一次冒着生命的危险成功地挽救了众人的生命。可见，这是一个闪烁着人道主义光芒的的英雄。

当然，受课时的限制，对上述内容的分析不能做到面面俱到，只要引导学生从上述四个要点去理解人物，对关键性语句深入分析即可。最后，我带领学生对人物形象进行总结：

1. 危急时刻，行事镇定果断而周密，使得救援工作井然有序；

2. 履行做人之道，保护弱小、舍己救人；

3. 忠于职守，与事业共存亡，敢于牺牲的大无畏。

课文分析至此，似乎已完成了教学任务，然而对于一篇文学作品，若能引导学生从文化传承的高度去认识，定会提升他们的人文精神的内涵。于是，我便将学生的质疑作为拓展性问题提出，以提升学生的理解深度：

“在刚才的发言中，有同学提出人应该珍惜生命，哈尔威船长在可以逃生的情况下却选择了死亡，这种英雄行为不值得提倡。你怎样看待?”

应该说，这是一个能很快触及学生兴奋点的问题，其讨论的深度较前面的文本分析也大大提高了。尽管学生都认为哈尔威船长的伟大毋庸置疑，然而还是有相当一部分学生认为这种牺牲是不必要的，甚至有学生视其为愚蠢之举。

在学生的讨论处于僵持之时，我没有正面表态，而是先提及邓世昌的故事：

“甲午海战”中，邓世昌在生死关头“誓与军舰共存亡”，表现出来的就是一种执著的爱国主义精神。他在死亡面前能自觉地经受严峻的考验，放射出英雄的光芒。

接着，我又为学生朗读了《岁月随想》中赵忠祥评述“泰坦尼克号”的设计师在遇难前的镇定表现的一段话。

在这样两段资料的介绍之后，我并未急于要求学生按照我的引导统一认识，看到学生们听完后都若有所思，我继续启发学生回想课前所查阅到的有关作家雨果的生活背景以及创作风格。

之所以设计这样迂回的教学步骤，就是要引导学生自觉地感悟作家对生命意义的理解：

1. 哈尔威船长用生命来捍卫自己执著的追求——对航船的热爱，对航海事业的忠诚。在他看来，人在船在，船亡人亡——忠于职守的价值观，就是一个船长对生命的尊重。

2. 雨果以其特有的浪漫主义创作风格表达了他对英雄的热爱与讴歌。拿破仑三世称帝后，雨果曾奋起反抗乃至被迫流亡长达19年，可见他本人就是一个坚韧无比之人。船长献身的情节安排表达了雨果在那一时代对英雄的呼唤。人道主义、给弱者以人文关怀，贯穿在雨果的每部作品之中，以生命为代价是作者对英雄的最好诠释。

分析至此，我对全文的主题作了这样的总结：哈尔威船长一生都要求自己忠于职守，履行做人之道。作为船长，除了保证船上人员的生命安全之外，还应保证船的安全，虽然撞船的责任并不在他，但高度的责任感、自我牺牲的勇气，使他作出了“人在船在，船亡人亡”的决定，义无反顾地选择了这种彻底履行一个船长职责的举动。因而哈尔威船长所表现出来的保护弱小、果敢镇定、舍己救人都源自于他的忠于职守，这便是他的做人之道。而“忠于职守”，便是雨果在这篇小说中对人道主义的诠释。

为了进一步提升学生对“忠于职守”的深刻理解，我在第三课时安排学生观看《泰坦尼克号》中轮船撞上冰山后的片段，并组织学生讨论：

在死亡面前，最能展现一个人的本色，谁都可以抓住这个机会造就英雄的业绩、谱写英雄的乐章。在“泰坦尼克”号沉没之时，你认为有哪些人称得上是英雄，为什么？

讨论中，我引导学生将两位船长作比较——同为以身殉职，但“泰坦尼克”号的船长却未能做到忠于职守，而致使许多本可被挽救的生命在混乱中可怜地死去。又如那四名乐师，在最危急的时刻仍能奏响生命中最动人的乐章，以其对生命的尊重堪称英雄。

（四）课后反思

真正的教育意义只有在那种精神的触动发生的时候才是存在的。在和学生们一起学习完《“诺曼底”号遇难记》后，我首先感受到的是自己的心灵被震撼了，这甚至是我在备课时都没有强烈感受到的：教学相长，只有教师首先做到披文入情，才能更加有效地带动学生主动阅读、自觉感悟。语文课堂应该是学生的课堂，然而没有教师的引领，学生恐怕连阅读的门槛都无从跨越。教学固然注重传授学生方法，然而热爱才是最好的老师。怎样让学生爱上语文课、热爱阅读，身为语文教师，其自身对文本的热爱将起到至关重要的作用。

在整个教学过程中，特别是第二课时，也出现了不少问题，而其中最令我感到遗憾的是对课程资源的把握还很欠缺：

1. 多次忽略了学生即兴生成的问题资源，而仅仅为追求教学预想的完整性。

2. 对学生讨论的积极性尚未完全调动起来，尽管随堂听课的教师使得学生的情绪不够放开，但这也恰恰说明平时的训练还很不够。

3. 对学生的思维训练缺乏系统的指导，从而使得学生在课堂上的表现缺乏激情，少有与文本的思想碰撞的火花出现。

要让学生将自己的阅读活动变为自我探究、自主讨论的活动，教师不是以自己的感知强加于学生，而应唤醒学生的思维，重视个体的情感体验，让学生在自主体悟的状态中阅读，在真实的自然阅读中提升。语文课绝不是一个单纯的说理课，应该让学生在明白、理解文本中所承载的“道”的同时，于头脑中呈现出语言的形象。即："道"溢于"形"（文学形象），"形"成于"言"（语言文字），"言"源于"载"（文以载道）。在课堂上，教师应努力创设这样一个"场"：让学生尽情地读，给学生一张精彩的嘴巴；让学生充分地说，给学生一双自信的翅膀；让学生自由地思，给学生一个聪慧的脑袋。

附记：文学修养、文本理解与语文教学①

孙老师的研讨课《"诺曼底"号遇难记》，让我感到振奋的地方有很多，而其中最突出的则是孙老师对文本的理解。

孙老师对文本理解在语文教学中的地位有自觉的意识："教什么"决定了"怎样教"！所以，语文教师首先要做的不是去选择方法，而是去读懂课文，因为只有首先有了合理的目标，方法才有意义。现在有很多语文教师基本上不怎么去读课文，或者自己读了一遍课文之后，就开始上网查资料或者阅读教参，看别人是怎么理解的，并找方法，甚至是找现成的教学设计，然后稍加修改，就去上课。这是不负责任的教师，自然，也不是一位好教师。事实上，对于语文教师来说，最紧要的工作就是自己真正地把每一篇文章都读懂。语文教师备课的基本方法就是读书，一遍一遍地读，反反复复地读，"一直读到自己满意为止"（特级教师于永正语），一直读到"自己有信心走进课堂为止"（网络作者落地麦语）。什么是自己满意，那就是"读到文章就像自己写的一样，就像写自己的事"。只有在有了自己的深刻理解的基础上，别人的见解对"我"才会有所帮助，而且也只有这样才能保证"我"是在吸收"他"的见解，"他"为"我"所用，而不是把"我"让渡给"他"，不是使"我"湮没于"他"。文本理解，需要"我"，基于"我"！

蔡春，男，教育学博士，教育学博士后，首都师范大学教育学院副教授、硕士生导师。主要研究方向：教育基本理论、教育哲学、美育、教师教育等。

孙老师读这篇课文很多遍，就像她自己所说的，"本文情节简单，主旨鲜明，即便是对初一的学生而言……理解此文也不难"。但她始终琢磨的是：从故事情节而言，初一学生可以把握，但"文以载道"，"道"不仅仅是

① 作者：蔡春，首都师范大学教育学院副教授。

“故事”本身。那么，故事所承载的“道”到底是什么？是“忠于职守”、“舍己救人”吗？是的，肯定有这方面的所指，但还有其他的东西吗？

孙老师开始了她的文本理解之路。孙老师不仅仅从文本开始，亦是从作者开始，从时代开始。孙老师通过阅读雨果，发现“人道主义、给弱者以人文关怀，是贯穿雨果每部作品之中的思想主线”。是的，雨果诸多小说中的人物，如《悲惨世界》中的冉·阿让、《海上劳工》中的吉利亚特、《九三年》中的郭文、《巴黎圣母院》中的艾斯梅拉达、《笑面人》中的格温普兰等都倾注了作者的人道主义信念与理想。

要做到这一点很不容易，孙老师却凭着深厚的文学修养做到了。语文是什么？是语言与文字？是语文与文学？是语文与文化？都是的。语文教师必须有深厚的文学修养，才能深刻地把握住所要教授的文本。如果孙老师没有这种涵养，没有认真读过雨果的这些著作，是无法把握住雨果的这一写作动机与动力的。如果缺少了这些东西，读《“诺曼底”号遇难记》自然也就读不出“人道主义”的意蕴来。一个教师的一堂课，是与他/她的底蕴与修养息息相关的。我记得在听赖老师讲《失街亭》时，学生问了这样一个问题：“为什么诸葛亮会派马谡这么一个笨蛋去守街亭呢?”马谡笨吗？这个问题不是你就《失街亭》能回答的。要回答这个问题，得先问：你读过《三国演义》吗？如果没有，你的回答就会是千姿百态，而且会失去很好的教育学时机（pedagogical moment）。赖老师让学生分析马谡之“笨”，学生们竞相讨论。赖老师除了指出由马谡失守街亭的一些理由并不是“笨”以外（如过分自信等），还进一步追问：有谁读过《三国演义》？如果你读过《三国演义》，就会知道，马谡并不笨。诸葛亮在平定“南蛮”时，曾与马谡相商：“吾奉天子诏，削平蛮方；久闻幼常高见，望乞赐教。”谡曰：“愚有片言，望丞相察之；南蛮恃其地远山险，不服久矣；虽今日破之，明日复叛。丞相大军到彼，必然平服；但班师之日，必用北伐曹丕；蛮兵若知内虚，其反必速。夫用兵之道：‘攻心为上，攻城为下，心战为上，兵战为下。’愿丞相但服其心足矣。”而当时诸葛亮的反应是叹曰，“幼常足知吾肺腑也”（第八十七回）。由此而出现了“七擒孟获”的奇怪战争。可见马谡并不笨，马谡可能更多的是一个战略家，而不是一个战术家。赖老师并顺势推进到：如果大家有兴趣，可以利用假期的时候读一读《三国演义》，这样就会对文章中的更多人物有更多的了解，也就不会这么随便去给一个人下结论了。这就是文学修养，这就是语文教师的语文素养，同时，这也是教育学的敏感。只有具备了素养与敏感，方能抓住稍纵即逝的教育学时机，甚至是制造出这种教育学时机。

孙老师的教学设计也是十分独到的。在教学开始与拓展课中，她多次用到了电影《泰坦尼克号》的相关镜头。这一设计不仅仅是为了用一个相似的事件、用一段感性的材料来让学生感受“诺曼底”号沉没时的场景，更重要的是，《泰坦尼克号》中处理救人的原则与课文是一致的——“妇女和儿童优先”。据研究，“泰坦尼克号”沉船事故中，69%的妇女和儿童生还，男性的生还率则只有17%①，而这正是人道主义的基本表现。因此，教师在教学设计时，运用什么材料，选择什么方法，一定都得围绕着目标，即围绕着“教什么”。一切方法或材料，只有在目标达成的前提下，才有资格谈得上是否有效。显然，孙老师的这一设计是十分成功的。

孙老师在讲课的过程中，已经感受到了学生对能够逃生的哈尔威船长最后选择的是与船共存亡这一行为感到很是不解。事实上，这一质疑是颠覆性的，甚至可以说是击中了阿喀琉斯之踵。因为人道主义首先表现的是对生命的呵护。在所有人都得以安全脱身的前提下，船长为什么要漠视自己的生命？这种对生命的轻视是不是本身就是反人道主义的——学生可能不能理解“人道主义”这一抽象的概念的所有表征，但学生肯定能明白漠视生命本身是非人道的。如果教师不能就这个问题给出一个能让学生接受的、恰当的解释，课文所承载的“人道主义”的旗帜就不可能树立起来，因为它有可能不存在！

在我们的理解中，哈尔威船长所献身的，是一条不成文的航海准则。船长们愿意为这一规则献身，这是因为它是一条长期的人类航海经历的演化性规则，它是确保航海顺利的最基本的规则之一。哈尔威船长选择死亡，并不是因为对大海的热爱，而是对人类航海事业的关注。哈尔威船长作为航海事业中的一员，不惜以生命为代价进行自觉的规则、制度维护，这是另一种更深层次的人道主义，即对人类社会中合理制度的维护，是对人类利益的责任。在这一意义上，哈尔威船长献身于人道主义，是一种自觉的责任伦理使得哈尔威船长选择了与船共存亡。哈尔威船长以身殉“道”！

孙老师在给学生的补充材料中提到赵忠祥的回忆。赵忠祥观看根据“泰坦尼克号”惨案拍摄的故事片《冰海沉船》时，被设计师的戏所深深打动。

① Popeone D. Sociology [M]. 10th ed. Englewood Cliffs, N. J.: Prentice Hall, 1995.

当这艘触到冰山的客轮正在下沉，女人、孩子首先被送上救生艇时，这艘船的设计师，却正在船舱中沉默独坐。这时一位船员冲进来，请他上甲板，准备逃生。这位设计师平静地说："请你转告我的家人，我没有贻笑大方。"这亦是一种责任伦理，一种源自于良心与事业责任的自觉的伦理诉求，它属于康德所说的永驻于心的"道德律令"。在"责任伦理"这一意义上，孙老师所用的《泰坦尼克号》电影再一次印证了课文的主题。

对于教师这一职业来说，我们应该关注的可能不是设计师般的"贻笑大方"，而是不要"误人子弟"。教师也应该有一种类似于船长与设计师一样的责任伦理，应该从"影响一个人的一生"的角度，承担起对每一个孩子的责任；应当从"影响人类未来社会成员的素质"的角度，承担起对人类未来的责任：从而树立起一种基本的责任伦理意识，真正地把每一篇课文都读懂。只有这样，才能让更多地孩子读懂更多的课文！而教师能否真正地理解文本，其后果是影响人类"理解力"的发展！

五、培养史感，让历史不再遥远——《大萧条和罗斯福新政》教学案例①

要讲《大萧条和罗斯福新政》这一课，我按照常规备课程序，先翻阅《教学大纲》，了解本节课的基本要求为：识记经济危机爆发的原因、经济危机的特点、影响、各国摆脱危机的办法及影响；识记罗斯福新政的背景、内容、评价；理解罗斯福新政的特点、实质和影响。然后，我阅读教材，参看辅助资料，提炼出本课的基本结构框架为经济危机爆发的原因、危机的表现、特点及产生的影响（本课的第一个大问题似乎也就涉及这几方面）；并由此引出危机爆发后美国的应对措施——罗斯福新政，讲清新政的内容、特点、作用，最后让学生谈谈对该政策的评价。这样，这节课的基本任务应

罗晓静，女，1980 年生，首都师范大学世界史硕士，北京市丰台二中历史教师，中学一级教师，丰台区教育系统优秀共产党员，教育论文多次在市、区级评比中获奖。

① 作者：罗晓静，北京市丰台二中历史教师。

该就完成了。接下来，我按照上述思路，制作了课件，写好了教案。

没想到在备课组研讨时，该设计直接遭到大家的否定。大家认为，这样上课，可能基本的知识点都交代清楚了，但完整的史实被人为分解得零散不堪，历史事件之间内在的逻辑联系体现不清，无法给学生一个整体的历史感觉；另外，整个设计显得干巴巴的，没有体现历史特有的生动性和丰富的情感内涵。如此这般，我只能推翻重来。在接下来修改的过程中，我有幸与首师大的宁老师进行了沟通。宁老师直接抛给我一个问题：历史这门学科到底要传递给学生的是什么？具体到每一节课又该如何实现？带着这些问题，我开始重新跋涉。

我想，历史是一门有关人性教育的学科，关乎国民性的改造，是对人类文明及民族之演进的认识，涉及国民社会态度的养成。因此，历史教学必须有助于培养学生正确认识、理解历史事实，并运用历史方法透析社会问题，养成良好的历史思维习惯。基于此，历史必须“求是”，不能偏离基本的历史观念，即历史唯物主义和辩证唯物主义；其次要“求实”，历史作为一种“提供认识”的知识载体，理应通过各种方式使其成为学生的“自我认识”；最后还要“求真”，历史教学如果不存在真实史料，学生不能以真为据、依据而实、据实而言，对历史的解读就难免不会存偏见，所以历史教学必须史论结合，并使其意义化和内化。基于这样的认识，我开始重新设计该课，主要的原则是尽可能多地提供一些史料包括文字和图片，带领学生从对史料的分析中得出相应的认识。同时，按照危机爆发的原因、表现、影响、解决措施这样的逻辑关系将相关知识串联起来，形成对历史事件整体的呈现。最后还可设置一个开放性的讨论题，联系经济危机和罗斯福新政谈谈对当前中国经济建设的启示，更好地体现史为今用的功能。

以下是据此设计思路而进行教学的课堂实录：

第一次世界大战后，在凡尔赛—华盛顿体系的维系下，资本主义世界进入一个相对稳定和发展的时期，尤其是作为战胜国的头号经济强国美国更是开启了他们飞扬的20世纪20年代。时任美国总统胡佛也认为，“我们正在取得对贫困战争决定性胜利的前夜，贫民窟即将从美国消失”，他踌躇满志地向美国人民许诺，要让“美国人家家锅里有两只鸡，家家有两辆汽车”。千万不要以为这是大话，因为机会和富裕已经成为20世纪20年代醒目的标志，数据也许是最有力的证明。

整个20世纪20年代，美国制造业持续快速发展，1921年的指数发展水平为67点，1929年已达到119点。在一个资本运作的社会，股市也许是国家经济最直接的晴雨表，每天股市门口都聚集着大群股民，他们将大量资金投入股市，希冀一夜暴富，也正是这种投机心理推动美国股市一路攀高。据统计，20世纪20年代美国股市经历连续8年的牛市，道琼斯工业指数从70多点一直被推到360多点。

可以说，整个20世纪20年代美国的经济一派欣欣向荣，技术发明一个接一个，工厂里机器隆隆，流水线日夜运转，巨大的财富累积极大地改变了美国人的生活，富裕对他们而言简直触手可及。然而如果我们够冷静的话，就能看到繁华背后实际上暗流涌动。这时，出示四组材料：

1. 到1929年，在美国占人口5%的富人的收入几乎占全部国民收入的1/3，而全年收入在两千美元左右的贫困户占家庭总数的60%，还有21%的家庭年收入不到1 000美元。

2. 1920年到1929年，美国工人的工资增长为2%，而工厂中的生产率却增长55%。农业工人的工资还不到非农业工人的40%。

3. 20世纪20年代，美国银行推出了分期付款的业务。从1924年到1929年，分期付款的销售额约从20亿美元增加到35亿美元；到20年代末，分期付款的销售额约占全国零售总额的15%。

4. 1928年8月底，美国股票市场的平均价格相当于5年前的4倍。1929年夏季的3个月中，通用汽车公司的股票由268点上升到391点，美国钢铁公司的股票从165点上升到258点。

我先让学生阅读，后总结材料所反映的社会现象：材料1反映了美国贫富差距加大；材料3反映分期付款和银行信贷刺激了市场的虚假繁荣；材料4反映了过度的股票投机活动；材料2则说明资本家盲目扩大生产。在此基础上，再由我带着学生根据现象分析其所折射出来的严重社会问题：贫富差距拉大，占人口绝大多数的劳动人民相对贫困，使社会实际消费能力的增长低于社会生产力的发展，从而分析出社会存在严重的生产和销售的矛盾；20年代后半期，美国市场日益盛行分期付款，以此来刺激消费，造成市场虚假繁荣。这种繁荣不是社会实际消费能力的增长，而是一种提前消费的形式，说白了就是花明天的钱，办今天的事，随之而来的很可能是消费的疲软；而无限制的股票投机活动掩盖了这种矛盾，增加了金融市场的不稳定性，为货币和信贷系统的崩溃、矛盾的最后爆发埋下了伏笔；但在以生产资料私人占有为基本特征的社会，资本家的一切目的就是攫取利润，因此不可避免地会扩大生产，而这种盲目性势必会导致生产和销售的矛盾更加尖锐。这就是经济危机爆发的具体原因，而所有这一切的根源就是生产的社会化与生产资料的私人占有制之间的矛盾。

矛盾日积月累终于击破了日益膨胀的泡沫经济，后期持续的疲软击倒了人们的信心，广大投资者开始疯狂抛售股票，股市崩溃。股市崩溃引发一系列连锁反应，投资者的财富一夜间化为乌有，迫于生计和信心动摇，人们纷纷赶往银行兑现存款，这又直接导致银行倒闭，而银行倒闭，大量工商企业因为失去资金支持而相继宣告破产，工人因而失业，人民生活水平下降，更无力去市场购买商品，大量产品销售不出去，堆积如山，如此这般，美国经济如多米诺骨牌般形成恶性循环。而世界经济联系的加强，使一国发生的经济危机会迅速蔓延到全世界，尤其是美国作为头号强国，对其他资本主义国家经济和世界市场有着极其重要的影响。

图1　人们疯狂兑换股票

图2　大量失业人员

图3　资本家倒牛奶

这时，我出示一幅图表，由学生总结出特点：范围广，持续时间长，破坏性大。（这里学生的回答非常困难，关键是我没有给他们一个提示和铺垫，让他们不知从哪些方面来说，结果花费的时间比较长，说了很多都不是我想要的答案；另外，这也反映了学生的读图能力需要加强培养。）

我接着出示两段材料：

在美国，1930 年 3 月 6 日，各大城市有 125 万失业工人举行了声势浩大的示威游行。1932 年，2 万多老兵由于没有拿到抚恤金而发起“向华盛顿进军”。他们在华盛顿搭建起“临时城市”，发誓除非政府拿出钱来，否则他们不会离开。

法西斯协会、黑衣社等法西斯组织也十分活跃。

由学生总结出经济危机的影响：引发了资本主义国家严重的社会危机和世界局势的日益紧张。

设疑：经济危机如此肆虐，有没有解决之道呢？

给出当时两种盛行的观点：法西斯思想和胡佛的自由放任政策。这样的方法可行吗？学生普遍认为不可能，我紧接着追问了一句：为什么？思索片刻后，有学生举手回答说：“不就是自由放任政策导致经济危机爆发，再坚持这种政策就会更严重。”当然学生这么想可以理解，我又进一步引导他说，现在的问题是生产和消费严重不配套，如果再自由放任只会加重这种危害。另有一个学生说：“我不赞同法西斯主义，因为它是一种专制独裁。人类经过那么长时间的斗争才好不容易取得了一些民主，实行法西斯不是又倒回去了吗？”我不禁为学生的回答感到高兴，便接着问：“既然上述方式都不妥，那你们有没有更好的解决办法呢？”学生讨论后，普遍认为国家应插手干预经济。于是，我由此引出美国的方式——罗斯福新政。罗斯福总统诱人的承诺和坚强乐观的魅力征服了美国民众，他击败胡佛成为美国第 32 任总统，也给黑暗中的美国民众带来一丝光明。

罗斯福上台后马上开始实施一系列改革措施，这时，我打出图表，从金融、工业、农业、救济等方面详细阐述罗斯福新政的具体措施。纵观整个罗斯福新政，最核心的措施在于他的国家干预，正如总统本人所说，解决危机的最后的唯一的办法就是——最大限度的行政权。自此新政后，美国摆脱完全自由经济政策，开始全面实施国家资本主义经济发展模式，这也是罗斯福新政最大的特点。我让学生想想这种做法其实与苏联实行的计划经济有一定的相似性，所以尽管社会性质不同，但很多发展模式还是可以相互借鉴的。

新政后，美国经济开始逐步恢复，这时，我出示一张柱状图及两段话：

“他是一位外科医师，资本主义经过他的手术，得到的不是死亡，而是变得比过去更强，并取得新的生命。”——美国著名新闻记者杰拉尔德·W. 约翰逊①

罗斯福“是资本主义的一个坚定的代表人”，“他只是努力去掉一些资本主义最坏的弊病借以挽救资本主义”。——福斯特

我引导学生根据上述史料，对罗斯福新政作出完整评价：不仅帮助美国经济得到恢复，而且保留了美国的民主制度，对资本主义的发展意义重大，但也应看到该政策并未改变社会制度，也无法消除经济危机。

接着，我继续说，经济危机也好，罗斯福新政也好，都已是历史，今天我们学习它，重要的是从中获取经验和教训，更好地指导我们今天的经济建设，我想这也是历史这门课所承担的重要使命。接下来，让我们思考这样一个问题：资本主义世界的这场经济危机对我们当前的经济建设有何借鉴？

学生一：经济发展过热时，应保持一颗冷静头脑。

学生二：国家应加强对经济的宏观调控。

学生三：可以学习别国的一些好的经验甚至是教训，为我所用。

反思：该环节应该是一个开放性的设计，也是非常能体现历史教学效果的点，要想让学生能谈出些有价值的东西，教师必须在之前的讲课中给学生一定的铺垫和启发，这样，学生再结合实际，课堂会效果更好些，而不会出现之前经常出现的在讨论环节中学生说不出什么，最后只能在表面上喊口号。

一节课上完后，大家再进行评课，感觉此教学设计较之前顺畅了许多，而且注意了逻辑关系的完整性，提供了大量的史料，通过引导学生分析史料得出结论，很好地体现了史论结合的历史学科特点，加之比较生动的语言和饱满的情绪，确实触动了学生。这时宁老师说：“这节课呈现了较好的道理逻辑，但历史课光讲道理就足够了吗？如果仅仅是把道理讲清楚，任何学科都可以，那么历史学科的特点如何体现呢？什么才是历史课真正要传达的？”“历史感！”宁老师掷地有声地提出了这一概念。

---

① 舍伍德. 罗斯福与霍普金斯［M］. 福建师范大学外语系编译室，译. 北京：商务印书馆，1980：113－114.

何为“历史感”呢？我想，它应该是一种对历史的觉察——道理、情感、对国家民族传统的认同都包含在内的整体被感知的过程，即某一现象一经呈现，马上在人的心智中被感悟到的一种自觉。往往学生在学历史的时候总是把历史当成讲给别人听的故事来学，其实历史不仅是一种故事式的知识，历史是一种态度，是一种方法，学习历史就是一个让自己自觉地活在历史之中的过程。情感是主观的东西，但却又不是脱离历史土壤而凭空存在的东西，有什么样的历史条件就有什么样的情感素质和情感方式。历史在不断前进，人的情感素质和情感方式必然要相应地发展变化。只有在这方面有了高度自觉，人们才可能通过自己的社会实践，推动历史前进，也不断提高自己的情感的素质和方式。或许，历史感就是这样一种精神，一种感知和理解世界的能力，也可能是一种意志，一种行动力。

那么，该怎样在一节具体的历史课上来最大限度地呈现这种“历史感”呢？可以先给学生一组经济危机时的图片，一上来就给学生一种直面而来的历史情境冲击；然后按照之前的设计一步步引导学生按照事件的逻辑关系来探究。大家讨论后，一致决定按这样的方式再来上一次。

一开始，我首先打出几幅展现经济危机现象的图片，它们一下子就抓住了学生，尤其是倒牛奶的图片让很多学生不解：那么多人失业，生活困顿，为什么不把牛奶分发给穷人而要白白倒掉？（事后了解到很多教师也有同感，说他们上中学时对于经济危机至今留下的印象就是倒牛奶的场景。看来这么一个小小的变化的确起到了应有的效果，极大地调动了学生的好奇心。）趁热打铁，我顺理成章地引出对经济危机原因的分析，进而推进到解决途径和罗斯福新政的相关内容。这么一堂课上下来，我感觉初始就抓住了学生，师生为了一个个共同的疑问而自觉展开探究，潜移默化中融进了历史，而不是旁观者似的站在历史门外。我们的情感、我们的认识、我们由衷的感悟，都是那么自然地流淌着，一种特有的历史冲击和感悟因此而在每个人的心中延伸着。我想，这大概就是一种历史感吧，一种历史所给予每个人的震动和思索吧。

课后，我听到不少学生和教师都在谈论着他们对这节课的认识和感受。其中，有位教师在博客中这样写道：这节课，老师对学生发问“当遇到这种经济迅速下降的时候，你会怎么办”，这句话，问得太好了；其实，还可以这样问，“如果你是参加竞选的总统，你会如何改变这种情况”，这样甚至可以以小组为单位，各派一名同学上来演讲，让所有人都参与并乐于参与教学活动。还有人说听到经济危机的原因和现象，自己马上就想到我们当前的一些现象和问题。我想，历史的魅力也许在于唤起许多人的联想和思索，也许还在于联系起来你我每一个人与历史的灵犀吧，而这也许就是我们苦苦跋涉、不停追问的历史根本。当然，这种历史感的获取不是一朝一夕就能完成的，而应成为我们每个历史教师长期持之以恒的自觉。

附记：历史课与历史意识①

朱晓宏，教育学博士，首都师范大学教育学院副教授、硕士生导师。主要研究方向：教育基本理论、教育哲学、德育原理、教师教育等。

如果说历史是过去了的事情，那么，这些过去了的人和事毕竟离我们太遥远了。尤其对于生活在信息时代的中学生来说，新奇的事情目不暇接，已经无暇顾及那些远去的人和事了。因此，一些历史老师感到历史课越来越难教了。于是，一些善于动脑筋的历史老师可能会搜集一些历史趣闻轶事来增加学生的注意力；但是，历史学科的独特教育价值与魅力或许被忽视了，孩子们很难区分真实的历史与戏说的历史，一切都变得界限模糊了。

罗晓静老师和她的同事以《大萧条和罗斯福新政》为例，对于历史教学进行了认真研究。他们多次对教学设计的讨论与两次教学尝试，向我们呈现着历史课教学的追求和在这样的追求中的教师的发展。

历史这门学科到底要传递给学生什么，具体到每一节课又该如何实现？这是每一位历史教师在进行教学设计的时候必须思考的一个前提性问题。教师发展学校求根务本的建设行动让罗老师开始了重新思考。用罗老师自己的话是，“带着这些问题，我开始重新跋涉”。

在此，罗老师的“重新跋涉”意味着她告别以往的教学思维定式，站在理解历史学科教育意义的高度，重新思考这节课的教学设计思路。与自己所熟悉的东西告别，一切重新开始，这其中的艰难也许只有她自己知晓。在教师发展学校组织的教学设计研讨中，她的学科意识被唤醒了。在重新坚定了

① 作者：朱晓宏，首都师范大学教育学院副教授。

历史学科教育意义之后，她的教学设计呈现了对于历史学科的专业理解。经过一次教学尝试，教学氛围不错，罗老师自己也感觉良好。但是，课后的反思过程再次触动了罗老师。“这节课呈现了较好的道理逻辑，但历史课光讲道理就足够了吗？如果仅仅是把道理讲清楚，那么历史学科的特点如何体现呢？什么才是历史课真正要传达的？”

历史课不仅是呈现一些平铺直叙的历史事实，更要让学生从中养成一种历史态度和历史洞察力。以往的历史教学不能产生更好效果的原因之一或许就是使学生获得了一些历史知识和道理，却未能在其内心形成深刻的历史意识。因此，学生不能够从现实中看到历史的投影。

在教学反思之后，罗老师再次设计的《大萧条和罗斯福新政》，突破了以往的教学常规。她首先向学生呈现一组经济危机时的图片，给学生一种直面历史情境的冲击，尤其是倒牛奶的图片让很多学生不解：那么多人失业，生活困顿，为什么不把牛奶分发给穷人而要白白倒掉？这种打破常识的现象顿时刺激了学生的探究欲望——为什么？与此同时，这种历史真实情景的再现也为学生提供了一个发挥其想象力场所。通过历史想象，学生进入了历史之境，并努力寻求对历史问题的解释。置身于不能回避的历史之境，学生的思考也愈发深刻，历史的逻辑线索也渐渐变得清晰明朗起来。一切都在悄然发生着变化，透过历史，学生们也觉察到人类社会结构的典型因素。这一刻，历史与现实在学生的意识中交融，其中既培养了学生的思考深度，也孕育出学生的现实情怀。

通过罗老师对这节课的反复设计与教学尝试，我们看到了她专业成长的心路历程。她在文章中多次提及“跋涉”的辛苦，字里行间也能感受到罗老师挑战自我、超越的决心和勇气。如果说教师专业发展可以凝练为两个词“愿意”和“明白”，那么，我们确实欣慰地看到：罗老师明白了历史学科教育的指向——为学生树立历史意识，并愿意为此上下求索。

第九章

深刻理解和准确把握

一、正弦定理课后反思①

（一）为什么我不能这样讲?

正弦定理是解决有关斜三角形问题的两个重要定理之一。三年前讲正弦定理时，用的是旧教材，这部分知识被安排在第四章“三角函数”之后，用三角形外接圆或等积法等传统方法来解；现在的教材把它放在第五章“向量”之后，为巩固向量知识，体现向量的工具性，采用全新的向量解法。

何岩，1972 年生，北京市丰台二中高中数学教师，中学高级教师，丰台区骨干教师。

向量是高中教材的新增内容。在 2004 年，备课组大胆选用了《立体几何（下）B》教材，即用向量的方法解决立体几何问题。当时，我校是丰台区唯一一所选此教材的学校。即使全北京市选此教材的学校也为数不多。最终学生成为课改的最大受益者，2006 届毕业生高考数学年级成绩超过 100

① 作者：何岩，北京市丰台二中数学教师。

分，是丰台二中的历史最好成绩。备课组合作完成的论文也在北京市获奖。但现在回头再看，当时我们对向量的理解还很肤浅，只是凭着对新课程的热情。也正因如此，我对向量有种莫名的喜爱，当看到教材用向量证明正弦定理这一变化时，我又有了大胆尝试的冲动。

但是当我把新教材认真通读完后，我的思想动摇了，因为向量的证明方法对于刚刚接触向量的学生来说太难了！不要说理解，就是看明白都很困难。我作了调查，发现我区绝大多数学校仍然采用传统解法，即使是用向量解法的也有相同的困惑，即学生想不到向量解法，并且很难接受向量解法。传统方法经历了时间的考验，成熟、完备、简洁，渗透了转化、数形结合、分类讨论等重要数学思想，教师教得明白，学生学得轻松。但同时我心里又产生了疑惑。既然传统方法有那么多优点，为什么教材还要选用向量解法呢？我甚至开始怀疑教材的设置。周五就要交课前设计了，因为没有弄明白教材安排向量解法的原因，所以始终无法确定选用哪种方法。周四晚上，我终于找到自认为完美的方案——将传统解法与向量解法结合。传统方法清楚明白，学生容易接受，就先讲；然后再用向量法解决一遍。为了让学生易于接受垂直向量$\boldsymbol{j}$，我特别设计了给三角形作高的环节。第二天，我把我的想法告诉王校长。他说，为什么安排两种解法？我回答，向量法太难，先讲学生易于接受的传统方法，再过渡到向量法。他又问，既然传统方法那样简洁，为什么还要安排向量解法？我回答：教材安排的，刚刚学习了向量自然要应用向量解决问题。他又问道，你不觉得是画蛇添足吗？我诧异地回答：怎么会？我认为是锦上添花！争论持续了近一个小时，双方各持己见，都没有说服对方，讨论只好终止。周日，宁教授要来，我把希望寄托于宁教授，希望得到他的支持。周日下午四点，会议开始了。我对两种解法分别作了简单介绍后，提出了一直困扰我的问题："为什么教材会舍弃简洁、易懂的传统方法，而选择难以理解的向量解法呢？"宁教授沉思了一会儿，说："问得好！这正是这节课的核心问题。"他接着问道："正弦定理的本质是什么？"我想了想说："正弦定理反映的是三角形边和角的等量关系。"宁教授又问："数学中哪个知识可以同时描述长度与角度？""向量！"我脱口而出。"对，就是向量，也只有向量！向量就是既有长度又有方向的量！"一句话，使教材安排向量解法成为再自然不过的事。我终于明白我为什么不能这样讲，这也是学生难以接受向量的原因。几天来一直淤积在心头的乌云转眼烟消云散，我的讲法就此确定——向量法。

反思：

关于"问题的本质是什么"这类问题，最初我总不以为然，觉得与课无关，而且太大、太空、太虚。现在看来，从本质把握是多么重要！如果不从内涵、本质来把握，任何一种教学设计都有道理。在深入寻找问题实质的过程中，我们的思路逐渐清晰起来。我想，这样的过程就是教师发展的过程，而且是专业化的！

（二）试讲中的意外收获

1. 学生的回答给了我信心

虽然确定了向量解法，但对于怎样讲才会让学生顺利接受向量，我一直忐忑不安。在试讲中，学生的回答给了我信心。当我们从直角三角形过渡到斜三角形时，学生通过作高的方法将斜三角形转化为直角三角形的回答，进一步坚定了我通过作高的方法构造垂直向量 $\boldsymbol{j}$ 的做法。

那是周二下午的第一节课，我踏着铃声迈上二班的讲台，本来正昏昏欲睡的学生们看到站在讲台上的陌生的我，一下子精神起来，甚至有些躁动。我本想寒暄几句，但看到大家的注意力都在我身上，就直接上课了。我问道："我们初中学过解直角三角形，即已知直角三角形的边和角去求未知的边和角，你能说出解题的依据吗？""勾股定理"，"两锐角互余"……学生们很配合地大声回答。我一边板书，一边帮大家梳理知识：

边的关系：$a^2+b^2=c^2$　　角的关系：$A+B=90°$　　边与角的关系：$\sin A=\frac{a}{c}$，$\sin B=\frac{b}{c}$，$\sin C=1$

"除了直角三角形外，我们还学过锐角三角形和钝角三角形，它们被统称为斜三角形，你会解斜三角形吗？"班中瞬时安静了——这正是本节课将要研究的问题，学生当然不会了，看来学生正在顺利地落入我设下的陷阱。

我刚要讲下去，一个学生突然回答道"作高啊"。学生的回答出乎我的意料，令我一惊，但转念就喜上心头（在接下来的证明中要通过三角形的高来构造垂直向量）。我立即答道："对，可以作高，把它转化成直角三角形，但如果仅仅依赖三角形的边和角呢？"班中又一次沉默了。"我们一起来分析一下：为什么我们不能解斜三角形。我们仍然从以上三方面考虑。”学生很快指出边的关系是两边之和大于第三边，两边之差小于第三边；角的关系是内角和为180度；边与角的关系是大边对大角。我接着问：“你发现了什么?”学生将两者比较很快发现：如果要解斜三角形必须找到边与角的等量关系。

反思：

此处的“将斜三角形转化为直角三角形”，即用“转化思想”解决问题是我们反复教给学生的，作为教师怎么能忽略这一点呢？在以往的教学中，我们关注比较多的是如何教。教师在上课时更多考虑自己怎么上这堂课，很少把自己当成学生想一想，如果我是学生我会遇到什么问题，我会怎么想。教师上课时沿着自己的教学愿望将学生引入自己设计的陷阱，从而忽视学生自己的钻研、领悟和感受的过程，这就是所谓的“以教代学”。一旦学生没有按照教师的思路进行下去，遇到问题后，教师又会立即把责任推到学生的身上。教学本来就是一个师生间互相交流思想、相互探究学习的双向活动。我们应把自己放在学生的位置上，形成师生互动。这样，一方面学生感到自己是被尊重的，学习的积极性更高；另一方面，教学相长，教师的能力也会在互动的过程中潜移默化地增长，真正达到相得益彰。

2. 一不小心推出了余弦定理

接下来一切都按计划顺利进行，但没多久意外发生了。问题出在推导公式$\frac{c}{\sin C}=\frac{b}{\sin B}=\frac{a}{\sin A}$这一环节。教材安排用向量的方法证明，我是这样设计的：

师：这一等式的证明方法很多，今天老师带领大家用一种全新的方法。

（由于刚刚学过向量，学生们猜出了答案。）

生：向量。

师：好，大家都猜到了。我们前一段时间刚刚学习了向量，认识到向量是既有大小又有方向的量，它是沟通代数和几何的桥梁，老师反复强调向量是解决问题的工具，大家在物理学习的过程中一定深有体会，今天我们以向量为工具，看一看向量在数学中是如何体现其工具性的。

师：大家看黑板上的三角形，你首先会联想到向量的哪些知识？

（学生们犹豫了一会儿，断断续续地说出了答案。）

生：三角形法则，向量的加法，向量的减法……

师：好，大家看到三角形联想到向量的三角形法则，我们不妨用向量的加法表示，即$\overrightarrow{AB}=\overrightarrow{AC}+\overrightarrow{CB}$。

〔我在刚刚写完的式子旁边标了个（2），又在刚才的等式旁标了个（1）〕

师：已知（2）式中出现的是向量$\overrightarrow{AB}$，$\overrightarrow{AC}$，$\overrightarrow{CB}$求证（1）式中出现的是三角形的边和角，两者之间如何建立联系？我一边说，一边在两个式子间画了条线，并在旁边打了个问号？学生们并没有被这个问题难倒，纷纷给出了回答。

生：三角形的边可以用向量的模表示如$|\overrightarrow{AB}|=c$，$|\overrightarrow{AC}|=b$，$|\overrightarrow{CB}|=a$，两个向量点乘时就会出现夹角可以和三角形的角联系，如，向量$\overrightarrow{AB}$，$\overrightarrow{AC}$的夹角是角A。

（我把学生说的写在黑板上，$\overrightarrow{AB}\cdot\overrightarrow{AC}=|\overrightarrow{AB}||\overrightarrow{AC}|\cos A$，又在$\cos A$的下面画了一条线）

师：我基本同意大家的观点，但有一点不同的意见，大家看我们证明的式子中需要的是$\sin A$而点乘只能出现$\cos A$，名称不一样啊？

生：用诱导公式……（我马上追问：怎么用？）

生：$\cos(90°-A)=\sin A$。

（此处对名称的追问，为接下来怎样构造向量点乘埋下伏笔。）

师：利用诱导公式，名称问题也得到解决了！回到刚才的问题，因此要出现向量的模，向量的夹角就必须构造向量与向量点乘，怎样构造向量的点乘？此处是本节课的重点也是难点，教师引导学生在等式$\overrightarrow{AB}=\overrightarrow{AC}+\overrightarrow{CB}$两边同乘一个与已知向量垂直的向量即可。没想到问题刚刚提出来，就有几个学生不约而同地答道："两边平方，两边平方。"这并不是我要的答案，我又问除了平方还有其他方法吗？我期待的目光在全班每个学生面前扫过，希望他们中的一个能说出我要的答案，哪怕能沾一点边也好，但是沉默……我们知道两边平方只能推出余弦定理，这是下一节课的内容，难道我要把内容提前吗？可又总不能对学生说两边平方不对，怎样说服学生呢？突然，一个大胆念头闪过：既然是试讲，大胆试一试又何妨？主意已定，我大声说道："那我们就按大家的想法试一下。"接下来师生一起动手推导，学生们很兴奋，答案很快揭晓了，可想而知没有得到大家期望的公式。看到学生们失望的样子，我马上说道："大家别灰心，其实你们已经很棒了！我们得到的恰好是下一节课要学的另一个公式。”听我这样说，学生们才又有了精神。这一环节就这样有惊无险地应付过去了，自以为还算机智可试讲完，刚回到办公室，来听课的陈老师就抑制不住地叹道：“太可惜了！太可惜了！为什么不把余弦定理写出来呢？”我说：“可我要讲的是正弦定理呀？”“那又有什么关系？课是死的，人是活的！孩子们说得多好啊，为什么不顺水推舟给出余弦定理？还有什么藏着、掖着的？多好的教育时机，就这样错过了！”

3. 绕不过去的余弦定理

正式上课时，刚才那一幕又一次重演。当我问道：“如何出现向量点乘？”学生们给我的第一个答案仍然是两边平方！有了试讲的经历，我马上肯定了这个想法，又追问道：“还有其他想法吗？”终于，有个声音从角落里传出来：“那就再乘一个向量。”这不就是我要的答案吗？为了让大家都明白这种方法，我又问：“怎么乘一个向量？”受此启发，又有一些学生明白了这种方法，大声回答道：“等式两边同乘一个向量。”我终于松了一口气，把两种方案都写在黑板上。接下来，先尝试第一种方案——两边平方。我吸取试讲时的教训，及时鼓励学生们做得好，并把余弦定理几个大字郑重其事地写在黑板上，并补充道：“在科学探索的过程中，有许多重要发现都是在偶然间得到的，就像我们刚才，一不小心就推出了余弦定理。因此只要有想法，就一定要付诸实践！”不知是不是我的话起了作用，话音未落，坐在角落的周志鹤缓缓举起了右手，我示意他回答。他站起来，指着黑板上刚刚写下的公式 $c^2=a^2+b^2-2ab\cos C$ 说道：“a、b、c 的位置能不能交换啊？”我听后又惊又喜，赶快问：怎么换？他犹豫了一下，说：“$a^2=\cdots\cdots$”在他的启发下，由几个学生一起答出了第二个公式 $a^2=b^2+c^2-2bc\cos A$，最后，全班得出了第三个公式 $b^2=a^2+c^2-2ac\cos B$。现在想起那时的情景，我仍然很激动，感谢陈老师给我的建议，千万不要小看学生们，当学生有一点点火花时，教师要做的是助燃而不是浇灭，殊不知一个小火花有可能会引燃一片火花，燃烧整个课堂！

反思：

为什么总也绕不过余弦定理呢？课后，我一直在思考这一问题。是教师课堂调控不到位，学生的认知能力的局限性，还是教材设计的问题？有了今天的尝试，今后再教这节课我会有更多的选择，可以把余弦定理提前，甚至可以把两节课合并……一句话，是用教材教，还是教教材？新课程的实施使教材不再是束缚教学的“圣经”，而成为教师发展的课程资源基石之一。教师每天面对着的是一个个鲜活个体，他们有思想、有个性，学习及领悟能力又因人而异，因此教师不应是简单地教书，而是要用智慧创新教材，使教材更贴近生活，贴近学生的实际水平。总之，用教材教不仅仅是观念的转变，更是学习意义的取向，是教育者在用心实现人生价值、追求职业幸福的真谛。

另外在此之前，学生只在求向量模时接触过通过平方出现点乘，除此以外并未学过其他构造向量点乘的方法，这也是原因之一。还有运算率 $a\cdot b=b\cdot c$ 不满足约去率是否对学生也有影响？既然等号两边不能同除，当然也不能同乘。

评课时，大家一致对余弦定理的处理给予肯定，试讲中的意外竟成了这节课的一个亮点！

4. 从作高到单位向量 $\boldsymbol{j}$

教材中得到$\overrightarrow{AB}=\overrightarrow{AC}+\overrightarrow{CB}$后，过点 A 作单位向量 $\boldsymbol{j}$ 垂直于 AC，然后在等式两边同时取与向量 $\boldsymbol{j}$ 的数量积运算，得到 $\boldsymbol{j}\cdot(\overrightarrow{AC}+\overrightarrow{CB})=\boldsymbol{j}\cdot\overrightarrow{AB}$，进而推导出推$\frac{a}{\sin A}=\frac{c}{\sin C}$。但这样的设计总让人感觉突然。为什么要过点 A？为什么是单位向量？为什么要构造向量点乘？一连串的问题摆在面前，急需解决。

实际教学重现：

由方案一，即两边平方，一不小心推出了余弦定理后，师生接下来尝试方案二，即等式两边同乘一个向量。乘以哪个向量？这个问题显然把学生们难住了。班里瞬时间沉默了。此处正是这节课的难点，千万别着急，我在心中默默提醒自己。“我提示大家一下，能否是任意一个向量？”说着，我在三角形旁任意画了个向量。学生们马上意识到构造向量点乘的目的之一是要出现夹角，齐声答道：“不行！不行！”“那是什么向量？”“特殊向量！”“学过哪些特殊向量？”“平行向量”，“垂直向量”，“单位向量”，“零向量”。学生们把学过的特殊向量一股脑全说出来了。零向量首先被排除，单位向量呢？我想单位向量如此特殊，总会有学生想到吧。但学生的回答却出奇地一致：“不行！因为虽然单位向量的模是 1，但是方向任意。”（学生果断地又排除了

单位向量，甚至没有给我留下启发的机会。看来作与已知向量垂直的单位向量对学生来说确有难度，我只好按着学生们的思路走下去。）只剩下平行和垂直两种向量。有了之前对夹角的名称的讨论，学生们一致认为只有构造已知向量垂直的向量才能出现90度，从而改变三角函数的名称。我问："图中有没有与已知向量垂直的向量?""没有，只需作三角形的高。"（此时仍然没有出现课本中过点 A 作 $\boldsymbol{j}$ 的想法，但由于有了新课引入时通过作高将斜三角形转化为直角三角形的铺垫，学生很顺利地找到了垂直向量。）我仍然没有纠正学生的答案，继续按照学生们的思路走下去——作三角形 AC 边上的高，构造向量$\overrightarrow{MB}$，等式两边同时点乘向量$\overrightarrow{MB}$，即$\overrightarrow{MB}\cdot(\overrightarrow{AC}+\overrightarrow{CB})=\overrightarrow{MB}\cdot\overrightarrow{AB}$，$|\overrightarrow{MB}||\overrightarrow{AC}|\cos 90°+|\overrightarrow{MB}||\overrightarrow{CB}|\cos(90°-C)=|\overrightarrow{MB}||\overrightarrow{AB}|\cos(90°-A)$，进而得出 $0+|\overrightarrow{MB}||\overrightarrow{CB}|\sin C=|\overrightarrow{MB}||\overrightarrow{AB}|\sin A$，等式两边约掉$|\overrightarrow{MB}|$后就有 $a\cdot\sin C=c\cdot\sin A$，从而推出$\frac{a}{\sin A}=\frac{c}{\sin C}$。同理得出$\frac{c}{\sin C}=\frac{b}{\sin B}$，最终得出正弦定理。学生们历经一次次尝试终于获得成功，兴奋之情溢于言表。是我趁热打铁的时候了！我说："大家跟我回到推导过程，虽然$\overrightarrow{MB}$的模不知道，但在推导过程中约掉了，看来正弦定理的推导与向量的长度无关，只与垂直的位置关系有关。受此启发，你能否构造一个更特殊的向量?"有的学生说："那就取高上的单位向量。"我忙把他构造的向量画在$\overrightarrow{MB}$上，并给予肯定。我又问还有其他做法吗？又有学生说："可以取其他单位向量，只要与$\overrightarrow{MB}$方向相同。"我急忙肯定："对，只要保持垂直的位置关系，就可以取任意一个单位向量!"我边说，边在图上画了几个与 AC 垂直的单位向量，接着话锋一转，"但是习惯上我们把它放在特殊位置如点 A、点 C 处，因此可以构造 $\boldsymbol{j}$。"（此时终于引出单位向量。）接下来，大家尝试用向量 $\boldsymbol{j}$ 代替向量$\overrightarrow{MB}$，看是否仍然能推出刚才的等式……学生迫不及待地尝试后，又一次获得了成功。我再一次追问："既然可以点乘与 AC 边垂直的单位向量，能否点乘与 BC 边垂直的单位向量？与 AB 边垂直的单位向量呢?"学生们犹豫了一下，有的说可以，有的说不行。我插话说："事实胜于雄辩，那我们就试试看……"学生们又投入到计算中，作图，找角，点乘，化简……随着正弦定理的再一次出现，学生也抓住了问题的本质：即只需在等式两边同时点乘任意一个与三角形的边垂直的单位向量即可。最后，我补充道："这种用向量证明的方法虽不是最简单的，但它的意义在于这是我们第一次用向量为工具解决数学问题。

在今后的学习中，我们还会使用向量解决其他问题，如在立体几何中，我们会利用向量解决垂直、夹角、距离等问题。”

反思：

方案二：等式两边同时乘以一个向量在实施过程中可谓是意外频出，惊喜不断。学生们一次次与正确的解法擦肩而过。这一切既在意料之中，又在意料之外。学数学有时就像是在走迷宫，在教师的带领下，学生可以轻松走出；一旦失去了教师的引领，学生就会身陷其中，四处碰壁。如果仅仅像教材那样直接给出 $\boldsymbol{j}$，确实是省时省力，但学生们又会从中获得什么？我想只有最后的一个公式，仅此而已！我认为，获取知识的过程，比知识本身更为重要。教学既然是互动的过程，既然是引导学生发展的过程，教师就不应一味地将学生置于被支配的地位，而是充分认识到他们已有的知识和经验，不断挖掘他们的潜能，通过他们的主动参与，使他们获取知识。充满民主精神的课堂就是要教师把教的过程变成学的过程。

$\boldsymbol{j}$ 向量的出现可谓是“千呼万唤始出来”，但正是在学生一次次尝试中，我们离问题的实质也越来越近。由于课堂是活的，再好的教学设计也只能是对教学过程的大致规划，不可能原封不动地照搬，因此课堂上出现一些教师始料未及的“小插曲”也属正常现象。这时，教师能否在课堂上随机应变，及时调整教学方案就显得尤为重要。

（三）结束语

教师发展学校提出“热爱、自信、整体理解”。我们无疑都是无比热爱教育事业的，但是如果缺乏对教材的整体理解，教师的自信又从何而来呢？就像开始的我，对向量解法的喜欢，仅仅是因为向量是刚学的新知识，学了就要用，而并未从向量的工具性这一角度来认识向量，更没有思考，作为新的工具，向量对学生今后学习其他知识的重要作用。也正因为自己对教材缺乏整体理解，才会对教材的编排、对学生的接受能力产生质疑。有幸拜读了王尚志教授关于“为什么在高中数学引入向量”的文章，给了我很大启发。

无意中听到的一句话对我触动很大，“教师渐渐失去了教的兴趣和幸福感”。如果我们的工作没有创造性，只是日复一日的重复，幸福感又从何而来呢？我很幸运，在教师发展学校，我又渐渐找到了久违的幸福！

很多时候，我们扮演的仅仅是知识的传递者的角色，更多关注的是知识本身，以及如何把知识教给学生，而很少会从学科性质的角度去思考所教知识的内涵实质。就像本节课这样，一旦建立了向量的大小、方向与三角形边角关系的联系，向量解法就成为再自然不过的事！教学过程犹如登山，我们常常只顾埋头向前攀登，却忘了欣赏身后的美景，甚至早已迷失了方向还浑然不觉。教师发展学校的及时出现使我如同与智者同行，她给了我一个有准备的头脑，一双有思想的眼睛，她教我思考，并不停追问……

附记：大小方向与边角关系①

教育最终是一种意识品质的养成。所有知识的内容都是在“学而时习之”的过程中，形成这样一种意识品质才发生作用的。这不仅是一个知的问题。某一知识的任何应用，总是要有意识支配的，总要意识到知识与运用的联系，知识运用的过程才会发生。意识是很原生态的，知识的内容、关于知识的理解、知识内容与运用的联系都会作用于它的形成。我们在这里所说的意识品质，实质上是指在生活——包括学生的学习生活情景中对于觉察知识与之联系的敏感水平。能够迅速唤起这种联系是其敏感的表现。这也是为什么在当前的课程改革中如此强调教育教学不仅仅是知识内容的传递。

通常所说应知应会，总有人以为，知的是内容，会的是技巧。其实，不应这样把它们分开。知识的内容也要会建立前述之联系才有用；技巧，也要知道它在何时、怎样和为什么可以得到运用。

对于中学生来说，数学的运用，不能仅仅理解为解题，或解决实际问题的练习。其实，每一次学习不是都有知识的运用吗？能够迅速地唤起知识，建立知识与现场情境的联系，正是一切运用的根本所在。

何岩老师在正弦定理的向量证明这一教学环节的教学中经历的就是这样一个过程。事情的经过可能很简单，只不过是在向量的大小、方向与三角函数的边角关系之间建立了联系，但这确是一个关键所在。一旦关节打通，联系建立，就如何岩老师所说，“向量解法成为再自然不过的事”。我们自己的理解过程是这样，教学生学会理解的过程也是这样。事情在最根本的地方，总是最自然不过的事情。向量解法究竟困难在哪里呢？在一定意义上说，不

① 作者：宁虹，首都师范大学教育学院教授。

过是由于学生刚刚接触向量知识，不容易建立起知识内容与运用的联系，而我们教学生数学，不正是要让他们学会建立这种联系吗？每一次这种联系的建立，都是一次教育的机会，教师之教，就在于善于把握、提供这样的机会。

在教学中，这样的机会总是不断地出现，有时是出于教师的设计，有时则是不期而至。在这节课中，为什么可以作高解决问题而不用，一定要直接解斜三角形呢？这也是本课的一个关键，因为接下去，就会引向向量解法。这里涉及我们一直强调的对学科性质特点的理解。数学，并不是一个一个具体问题的解决，某个具体问题的解决，最终一定会归于物理学或其他的某个学科。数学实质上是所有学科为什么都要这样去解决问题的形式，它总是具有对于普遍性、一般性的追求。初中学过解直角三角形，如果作高，将其化为直角三角形，可以解决问题，但没有达到一般性的追求。教材中总是出现"不失一般性"，我们应当让学生意识到它的含义，为学生树立这样一种数学的追求。可以解直角三角形，就一定可以有直接解斜三角形的解法，不论多么困难，我一定要得到它，即使今天还没有做到，我也相信它的存在。这样，就有了一种数学的精神。我们的合作，也是希望在课堂上总是伴随着这样一种追求。

无意中推出了余弦定理这一环节，生动地反映了何岩老师在教学中经历的变化。当有了明确的意识，无意中的机遇，便成为有意为之的教育。单位向量的引入，也是一次建立知识与其运用之联系的机会。它更细致地进入了数学运算，推导过程中因为最终会被约掉，而建立起与单位向量、点乘的联系，在这样的过程中使学生逐渐形成着关于向量作为具有优良运算通性的数学体系的理解。

二、理解·感悟·升华——我对《平均值定理》的理解①

2006年8月，我正式参加了首师大教师发展学校"实践—意义取向"课题组，在经历了几次研讨之后，我们达成了一种共识。通过与专家面对面地交流和碰撞，我对数学学科的性质和特点有了更深刻的理解，我的理解是"热爱、自信、整体理解的体现"。

① 作者：王文利，北京市丰台二中数学教师。

王文利，1970 年生，北京市丰台二中高中数学教师，中学高级教师。

数学教学活动必须建立在学生的认知发展水平和已有的知识经验基础之上。教师应激发学生的积极性，向学生提供充分从事数学活动的机会，帮助他们在自主探索和合作交流的过程中真正理解和掌握基本的数学知识和技能、数学思想和方法，获得广泛的教学活动经验。学生是数学学习的主人，教师是数学学习的组织者、引导者与合作者。对于数学教学有了明确的研究方向后，我于2007 年6 月6 日上了一节研讨课，教学的内容是人教版《高二数学〈上〉》的《平均值定理》。下面，我就谈谈自己对平均值定理及教学方式的曲折的理解过程。

（一）原来的理解

不等关系是客观世界中广泛存在的一个基本关系，各种类型的不等式在现代数学的各个分支及实际应用中起着十分重要的作用。平均值定理在现代数学中非常重要，它为解决某些有关优化的极值问题提供了理论基础。运用平均值不等式，通过建立适当的数学模型，可以解决一些特定的优化问题，帮助学生体验数学在实际问题中的价值和作用，体验利用数学解决实际问题的过程。同时，通过强调平均值定理的几何背景和物理背景，可以加深学生对该不等式的理解，从而有利于提高学生的逻辑思维能力、数学素质和素养，培养学生的创新意识。

以前多次讲授过该内容，教学方式为：（1）给出算术平均值$\frac{a+b}{2}$和几何平均值$\sqrt{ab}$的定义；（2）利用作差法或综合法证明$\frac{a+b}{2}\geqslant\sqrt{ab}$；（3）通过大量的练习及简单的实际应用，强化学生对该定理的理解，并使学生达到熟练、灵活运用的目的。对于何为算术平均值、何为几何平均值，却很少考虑其物理背景和几何背景，只是机械地记忆、理解和应用；对于二者的大小关系，多从代数的层面给予证明和理解，很少给出几何说明。至于如何理解两正数的几何平均值$\sqrt{ab}$，更是缺少整体把握和理解，以至于师生知道的仅是一个呆板的数学符号和定理，对于其丰富的内涵却知之甚少。可以说以前的教学真的很失败，因为我把一个鲜活的内容给教死了；另外对于“当且仅当”的意义也理解得不深，把握得不准，过多地关注充分性，忽略了必要性。

（二）研讨后的理解（上课前）

客观世界中的量的关系从大小关系来看，包含等量关系和不等量关系。等量关系是相对的、静止的、特殊的，而不等量关系则是绝对的、变化的、普遍的。等量关系有各种各样的规律，不等量关系也有各种各样的规律。平均值定理则是不等关系的规律中的规律，是最核心的不等量关系。通过教学，应让学生感受它的简洁和美，让学生通过表象感受它的本质，正是因为规律是普遍存在的，所以它才是本质的。数学是研究数和形的，所以要从代数到几何、从几何到代数，让学生充分探究，体会平均值定理丰富的内容和本质。

对于$\frac{a_1+a_2+\cdots+a_n}{n}$（$a_1$，$a_2$，…，$a_n>0$，$n\in\mathbf{N}^*$，$n\geqslant2$），从物理测量的角度来看，它是对 n 次测量结果求平均，而$\frac{a+b}{2}$与$\frac{a+b+c}{3}$则是对 2 次、3 次测量结果求平均，是两个特例罢了。对于 $\sqrt[n]{a_1a_2\cdots a_n}$（$a_1$，$a_2$，…，$a_n>0$，$n\in\mathbf{N}*$，$n\geqslant2$），从几何度量的角度来看，它是对 n 个测度求平均，而$\sqrt{ab}$与$\sqrt[3]{abc}$分别是对矩形的长和宽求平均和对长方体的长、宽、高求平均。$\sqrt{ab}$代表正方形的边长，$\sqrt[3]{abc}$代表正方体的棱长。且平均值不改变维度，即平均值与 a、b 的单位相同。因为点动成线，线动成面，且几何的基础是测量，所以几何平均值代表边长和棱长。

平均值定理中“平均”的本质：

1. 算术平均值

设某工厂第 1 年、第 2 年、…、第 n 年的年产量分别为 a_1，a_2，…，a_n，则这 n 年的总产量为 $a_1+a_2+\cdots+a_n$。若总存在 $x>0$ 使得 $nx=a_1+a_2+\cdots+a_n$，则 $x=\frac{a_1+a_2+\cdots+a_n}{n}$（$a_1$，$a_2$，…，$a_n>0$，$n\in\mathbf{N}^*$，$n\geqslant2$），$x$ 叫做 n 个正数 a_1，a_2，…，a_n 的算术平均值。

2. 几何平均值

设某工厂第 1 年、第 2 年、第 3 年、…、第 $n+1$ 年的年产量分别为 b_0，b_1，b_2，…，b_n，并设 $b_0/b_1=a_1$，$b_2/b_1=a_2$，$b_3/b_2=a_3$，…，$b_n/b_{n-1}=a_n$，则 $b_n=b_0a_1a_2\cdots a_n$；若总存在 $x>0$ 使得 $b_0x^n=b_0a_1a_2\cdots a_n$，$x^n=a_1a_2\cdots a_n$，则 $x=\sqrt[n]{a_1a_2\cdots a_n}$（$a_1$，$a_2$，…，$a_n>0$，$n\in\mathbf{N}^*$，$n\geqslant 2$），$x$ 叫做 n 个正数 a_1，a_2，…，a_n 的几何平均值。

对于平均值定理$\frac{a+b}{2}\geqslant\sqrt{ab}$（$a$，$b>0$ 当且仅当 $a=b$ 时，等号成立），其代数意义为两正数的等差中项不小于它们的等比中项，其几何意义为直角三角形斜边上的中线不小于斜边上的高或圆的半径不小于半弦，而“当且仅当”的意义为“互为充要条件”。

前两天，我与专家又进行了面对面的交流，很受触动。受触动的原因有二：一是专家的指点使我从数学形式化的角度进一步加深了对平均值定理中“平均”二字的本质的理解，使我茅塞顿开。我感觉我真的懂了，真的理解了。二是专家那严谨治学、勤于钻研、追根溯源、求真务实、一丝不苟、打破砂锅问到底的精神和追求深深地触动了我，我知道自己该如何做教师了。

（三）讲授新课

1. 算术平均值与几何平均值

已知 $a>0$，$b>0$，则$\frac{a+b}{2}$叫做 a，b 的算术平均值，$\sqrt{ab}$叫做 a，b 的几何平均值。

对$\sqrt{ab}$的几何解释说明如下：长、宽分别为 a，b 的长方形的面积为 $S=ab$，设与其等面积的正方形的边长为 x，则 $x^2=ab$，$x=\sqrt{ab}$，x 代表正方形的边长，是对长方形的长、宽求平均。同时，我会告诉学生$\sqrt{ab}$不改变维度，即$\sqrt{ab}$与 a，b 的单位相同，从几何测量的角度来看，$\sqrt{ab}$就是对边长取平均值。

2. 生活实例

甲有 a 元，乙有 b 元，现有两种分钱方案供丙选择：（1）只能得到$\frac{a+b}{2}$

元；（2）只能得到$\sqrt{ab}$元。如果你是丙，你该如何选择？显然，这需要比较$\frac{a+b}{2}$与$\sqrt{ab}$的大小。我进一步问：两种方案相同的充要条件，即$\frac{a+b}{2}=\sqrt{ab}$的充要条件是什么？“$a=b$”。这说明，生活中有许多时候需要我们比较$\frac{a+b}{2}$与$\sqrt{ab}$的大小及确定二者取等的充要条件。

3. 定理的猜想与证明

$\frac{a+b}{2}$与$\sqrt{ab}$是含字母的抽象的式子，如何比较二者之间的大小呢？我们可以采用从特殊到一般的研究方法，即通过取特殊值和观察猜想得到一个一般性的结论，然后通过严格的推理证明得到一个定理。

当$a=1$，$b=3$时，$\frac{a+b}{2}>\sqrt{ab}$；当$a=b=4$时，$\frac{a+b}{2}=\sqrt{ab}=4$。

综上所述：$\frac{a+b}{2}\geqslant\sqrt{ab}$，当$a=b$时，等号成立。

证明：$\because \frac{a+b}{2}-\sqrt{ab}=(a+b-2\sqrt{ab})/2=(\sqrt{a}-\sqrt{b})^2/2$

当$\sqrt{a}=\sqrt{b}$即$a=b$时，得$\frac{a+b}{2}=\sqrt{ab}$；

当$\sqrt{a}\neq\sqrt{b}$即$a\neq b$时，得$\frac{a+b}{2}>\sqrt{ab}$。

$\therefore \frac{a+b}{2}\geqslant\sqrt{ab}$

又$\because$ $a=b$推出$\frac{a+b}{2}=\sqrt{ab}$，$\frac{a+b}{2}=\sqrt{ab}$推出$a=b$

$\therefore$ 当且仅当$a=b$时等号成立。

平均值定理：若$a>0$，$b>0$则$\frac{a+b}{2}\geqslant\sqrt{ab}$，当且仅当$a=b$时等号成立。

注意：（1）该定理为什么叫做平均值定理？（2）该定理的文字语言、符号语言分别是什么？对此，师生可一起大声朗读，以加深理解和记忆。（3）当且仅当的含义为“互为充要条件”，即$a=b\Leftrightarrow\frac{a+b}{2}=\sqrt{ab}$。

4. 几何意义

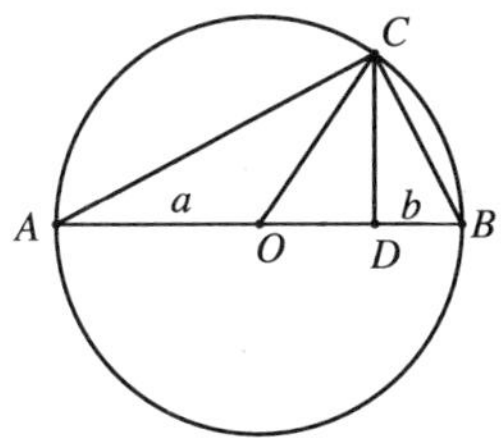

利用上图，让学生探究三个问题：（1）图中$\frac{a+b}{2}$，$\sqrt{ab}$分别代表什么？（2）$\frac{a+b}{2}$与$\sqrt{ab}$的大小关系如何？（3）$\frac{a+b}{2}=\sqrt{ab}$的充要条件是什么？

显然$\frac{a+b}{2}=OC$代表圆的半径，即斜边AB上的中线，$\sqrt{ab}$代表斜边上的高CD，即$CD=\sqrt{ab}$，当$a\neq b$时，在$\mathrm{Rt}\triangle OCD$中，斜边$OC>CD$，$\therefore \frac{a+b}{2}>\sqrt{ab}$，当且仅当$a=b$时$O$、$C$两点重合，$OC=CD$，$\therefore \frac{a+b}{2}=\sqrt{ab}$，$\therefore$ 平均值定理的几何意义为，直角三角形斜边上的中线不小于斜边上的高或圆的半径不小于半弦。

师生一块儿大声朗读。

5. 思维的发散与拓展：平均值定理的变式及推广

（1）$a+b\geqslant 2\sqrt{ab}$（$a>0$，$b>0$）；（2）$ab\leqslant[(a+b)/2]^2$（$a\in\mathbf{R}$　$b\in\mathbf{R}$）；（3）$a^2+b^2\geqslant 2ab$（$a\in\mathbf{R}$，$b\in\mathbf{R}$）；（4）$x^2+1\geqslant 2x$（$x\in\mathbf{R}$）；（5）$x+\frac{9}{x}\geqslant 6$（$x>0$）。

6. 应用

例1. 已知x、$y\in\mathbf{R}^+$，求证：（1）若积$xy=P$（定值），则当且仅当$x=y$时，和$x+y$有最小值$2\sqrt{P}$；（2）若和$x+y=s$（定值），则当且仅当$x=y$时，积xy有最大值$S^2/4$。

证明：（1）$\because x>0$，$y>0$，$\therefore \frac{x+y}{2}\geqslant\sqrt{xy}$；$\because xy=P$，$\therefore x+y\geqslant 2\sqrt{P}$。当且仅当$x=y$时，和$x+y$有最小值$2\sqrt{P}$；

（2）$\because x>0$，$y>0$，$\sqrt{xy}\leqslant\frac{x+y}{2}$，$x+y=s$，$\therefore\sqrt{xy}\leqslant\frac{s}{2}$，$\therefore xy\leqslant\frac{s^2}{4}$，当且仅当 $x=y$ 时等号成立，即积 xy 有最大值$\frac{s^2}{4}$。

例 2. 解决开头的实际问题

解：$\because a>0$，$b>0$，$\therefore\frac{a+b}{2}\geqslant\sqrt{ab}$，$\therefore ab\leqslant\left(\frac{a+b}{2}\right)^2$，$\because a+b=1$，$\therefore s=ab\leqslant\left(\frac{1}{2}\right)^2=\frac{1}{4}$，当且仅当 $a=b=\frac{1}{2}$时等号成立，即矩形为正方形时，所围面积最大。

（五）再次研讨后的理解（上课后）

1. 关于新课导入：部分教师认为导入太牵强，非常生硬。即由 $2a+2b=2$，$s=ab$ 非要整出$\frac{a+b}{2}=0.5$ 与 $\sqrt{ab}$两个式子，让人感觉非常不自然，不如直接给出定义。但专家认为，从生活需要导入课题也可以，只是应设计得更自然、更合理一些。

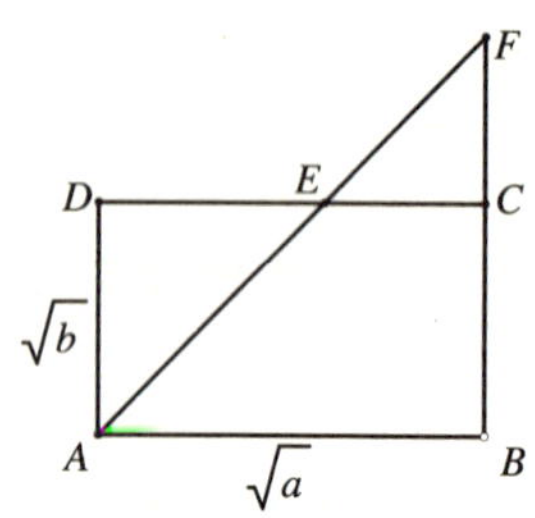

现在的想法及设计如下：如上图。

不妨设 $a\geqslant b>0$，分别以$\sqrt{a}$、$\sqrt{b}$为长、宽作矩形 $ABCD$，作$\angle A$ 的平分线交 CD 于点 E，交 BC 的延长线于点 F，显然，$\triangle ABF$ 和$\triangle ADE$ 都是等腰直角三角形，记 $S_1=S_{\triangle ABF}+S_{\triangle ADE}$，$S_2=S_{ABCD}$，问 S_1 与 S_2 的大小关系如何，二者取等的充要条件是什么。易知 $S_{\triangle ABF}=\frac{1}{2}AB\times BF=\frac{1}{2}\sqrt{a}\sqrt{a}=\frac{1}{2}a$，$S_{\triangle ADE}=\frac{1}{2}AD\times DE=\frac{1}{2}\sqrt{b}\sqrt{b}=\frac{1}{2}b$，$S_1=S_{\triangle ABF}+S_{\triangle ADE}=\frac{a+b}{2}$，$S_2=S_{ABCD}=\sqrt{a}\sqrt{b}=\sqrt{ab}$，由图中可知 $S_1\geqslant S_2$，即$\frac{a+b}{2}\geqslant\sqrt{ab}$且等号成立$\Leftrightarrow F$ 和 C 重合$\Leftrightarrow AB=BC$ 矩形 $ABCD$ 为正

方形⇔$a=b$。

2. 关于$\sqrt{ab}$的几何解释：大家认为这样有助于学生的理解和掌握，但专家认为意犹未尽，若能结合三元的平均值进一步说明，学生会理解得更深刻一些。因为学生对算术平均值非常熟悉，对几何平均值则不易理解。现说明如下：长、宽、高分别为a、b、c的长方体的体积为$V=abc$，设与其等体积的正方体的棱长为x，则$x^3=abc$，$x=\sqrt[3]{abc}$，它代表正方体的棱长，是对长方体的长、宽、高求平均。另外，若进一步告诉学生$\frac{a+b}{2}$与$\sqrt{ab}$不改变维度，即$\frac{a+b}{2}$、$\sqrt{ab}$与a、b的单位相同。同时，从几何测量的角度来看，$\sqrt{ab}$就是对边长取平均值，那么学生就能通过表象感受它的本质，也说明通过教师的情感去感染学生才会真正地触动学生。

3. 关于生活实例“丙从甲、乙那儿要么得到$\frac{a+b}{2}$元，要么得到$\sqrt{ab}$元，如何选择”的问题。个别教师认为它不伦不类，因为它与前面的内容衔接并不好。前面的内容都是关于几何的，在这儿突然冒出一个代数的问题，逻辑关系上有点乱，这里应该继续举几何的例子。但我依然坚持这么安排，因为通过该实例恰好可以切入本节课的重点，即$\frac{a+b}{2}$与$\sqrt{ab}$的大小关系怎样，二者取等的充要条件是什么，大部分教师也同意我的观点。

4. 关于平均值定理的猜想与证明的处理方法得到了专家和全组教师的一致好评。大家认为这么做符合学生的认知规律，同时教会了学生研究数学问题的一般方法。但若能多举几组例子，再让学生猜想，效果会更好。

具体说明如下。我原来的处理方法是（1）师生一起观察与归纳：当$a=1$，$b=3$时，$\frac{a+b}{2}=2$，$\sqrt{ab}=\sqrt{3}$，得$\frac{a+b}{2}>\sqrt{ab}$；当$a=b=4$时，$\frac{a+b}{2}=\sqrt{ab}=4$。

最后归纳：$\frac{a+b}{2}\geqslant\sqrt{ab}$。（2）师生一起猜想：若$a>0$，$b>0$，则$\frac{a+b}{2}\geqslant\sqrt{ab}$，当且仅当$a=b$时等号成立。（3）师生共同完成证明（略）。

后来在评课时，大家一致认为应多举几组例子，这样效果会更好。所以，我现在的想法及教学设计如下：让学生自主地完成整个学习过程，即从举例、观察、归纳到猜想及证明的全部过程由学生完成，我只需扮演好组织者、引导者与合作者的角色。

5. 关于平均值定理的几何意义的说明。我原来是这样处理的：给出左图，圆 O 及圆内接三角形 ABC，点 O 为圆心，CD 为 AB 上的高，设 $AD=a$，$DB=b$，然后，我让学生探究三个问题：（1）图中$\frac{a+b}{2}$与$\sqrt{ab}$分别代表什么？（2）$\frac{a+b}{2}$与$\sqrt{ab}$的大小关系如何？（3）$\frac{a+b}{2}=\sqrt{ab}$的充要条件是什么？显然，$\frac{a+b}{2}=OC$ 代表圆的半径或直角三角形 ABC 斜边 AB 上的中线长，$\sqrt{ab}=CD$ 代表斜边 AB 上的高或圆的半弦。易知 $OC\geqslant CD$，即$\frac{a+b}{2}\geqslant\sqrt{ab}$（当且仅当 $a=b$ 时等号成立）。但大部分教师认为我对平均值定理的整体理解不够，课堂教学封闭有余，开放不足。我应将开放性的口留给学生，给学生留出充分探讨、研究、体悟、合作交流的空间和时间。

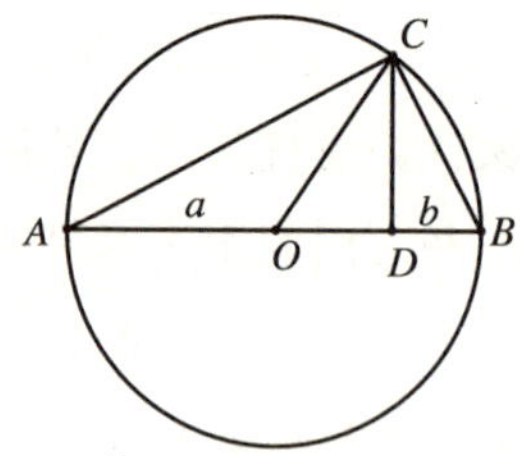

现在想来，我应该这样处理：首先给出上图，其中 $AD=a$，$DB=b$（$a>0$，$b>0$），然后给学生留出不少于 5 分钟的时间，让学生在独立思考的基础上，充分地自主探究和合作交流。让学生自己构造出代表$\frac{a+b}{2}$与$\sqrt{ab}$的线段。如：由直径 $AB=a+b$，可知$\frac{a+b}{2}$应代表圆的半径或直角三角形 ABC 斜边 AB 上的中线长，由射影定理或两直角三角形相似可得出$\sqrt{ab}$为直角三角形 ABC 斜边 AB 上的高或圆的半弦。接着，让学生继续探究$\frac{a+b}{2}$与$\sqrt{ab}$的大小关系及二者取等的充要条件。并让学生借助几何知识完成$\frac{a+b}{2}\geqslant\sqrt{ab}$的几何证明，让学生分别用文字语言、符号语言、图形语言叙述平均值定理，让学生从不同角度、不同侧面说明平均值定理的几何意义。唯此，才能培养学生养成积极主动、勇于探索的学习方式，才能提高学生的数学思维能力，使学生认识到数学的文化价值和美学价值。

6. 关于平均值定理的变式和推广（思维的发散与拓展）：

评课时，部分教师认为涉及面窄，开放度不够，留给学生探究、合作交流的机会不充分。若能从升幂、降幂、变化结构、升维等几个方面启发学生展开，则可实现该部分的教学目标。显然，本节课没有完成。

若这样做，教学效果可能会更好——先给学生 3～5 分钟的时间，让他们独立思考，然后引导学生得到如下结论：

（1）从升幂的角度：①$(a^2+b^2)/2 \geqslant ab\,(a\in\mathbf{R},\ b\in\mathbf{R})$；②$ab \leqslant \left(\frac{a+b}{2}\right)^2\ (a\in\mathbf{R},\ b\in\mathbf{R})$；③$(x^2+1)/2 \geqslant x\ (x\in\mathbf{R})$；④$(a^4+b^4)/2 \geqslant a^2b^2\ (a\in\mathbf{R},\ b\in\mathbf{R})$；⑤$\sqrt{ab} \leqslant [(\sqrt{a}+\sqrt{b})/2]^2\ (a>0,\ b>0)$。

（2）从降幂的角度：①$(\sqrt{a}+\sqrt{b})/2 \geqslant \sqrt[4]{ab}\,(a>0,\ b>0)$；②$(\sqrt[3]{a}+\sqrt[3]{b})/2 \geqslant \sqrt[6]{ab}\ (a>0,\ b>0)$。

（3）从变化结构的角度：①$a+b \geqslant 2\sqrt{ab}\ (a>0,\ b>0)$；②$2\sqrt{ab} \leqslant a+b\ (a>0,\ b>0)$；③$a^2+b^2 \geqslant 2ab\ (a\in\mathbf{R},\ b\in\mathbf{R})$；④$a^4+b^4 \geqslant 2a^2b^2\ (a\in\mathbf{R},\ b\in\mathbf{R})$；⑤$x+\frac{1}{x} \geqslant 2(x>0)$；⑥$ax+\frac{b}{x} \geqslant 2\sqrt{ab}\ (a>0,\ b>0,\ x>0)$。

（4）从升维的角度：①$\frac{a+b+c}{3} \geqslant \sqrt[3]{abc}\ (a,\ b,\ c>0)$；②$x^3+y^3+z^3 \geqslant 3xyz\ (x、y、z\in\mathbf{R}^+)$；③$\frac{a_1+a_2+\cdots+a_n}{n} \geqslant \sqrt[n]{a_1a_2\cdots a_n}\ (a_1,\ a_2,\ \cdots,\ a_n>0,\ n\in\mathbf{N}^*,\ n\geqslant 2)$；④$a_1+a_2+\cdots+a_n \geqslant n\sqrt[n]{a_1a_2\cdots a_n}\ (a_1,\ a_2,\ \cdots,\ a_n>0,\ n\in\mathbf{N}^*,\ n\geqslant 2)$；⑤$2x+\frac{1}{x^2} \geqslant 3\ (x>0)$。

7. 关于平均值定理的应用。本节课采用的方案是，先证明结论“积定和有最小值，和定积有最大值”，再解决开头的实际问题。大部分教师的方案是先通过几道题目的训练，让学生自己总结出上述结论，再用来解决开头的实际问题。本人深以为然，因为这么做才符合学生的认知规律，而教师的教学活动是建立在学生的认知发展水平和已有的知识经验基础上的，只有这样的教学活动才是有效的。

所以，我现在的教学设计如下：

（1）让学生完成下面两道题：①求函数 $y=x+\frac{4}{x}\ (x>0)$ 的最小值及此时的 x 的值；②求函数 $y=x(6-x)(0<x<6)$ 的最大值及此时的 x 的值。

(2) 让学生自己总结出“积定和最小，和定积最大”的结论。(3) 让学生完成下面例题的证明：

例题：已知 x、$y\in\mathbf{R}^{+}$，求证：①若积 $xy=P$（定值）则当且仅当 $x=y$ 时，和 $x+y$ 有最小值 $2\sqrt{P}$；②若和 $x+y=s$（定值）则当且仅当 $x=y$ 时，积 xy 有最大值 $S^2/4$。(4) 让学生用上述结论解决开头的实际问题。

（六）课后反思

1. 教学目的不完全明确，有点贪多；所设定的目标有点繁杂；教学环节不完全清晰，逻辑关系有点乱。这样，虽然知识的方方面面都讲到了，但许多知识点都没讲透，对于重点问题的探讨较肤浅，提供给学生从事数学活动的机会（时间和空间）不够充分。有些应深刻挖掘的地方没有深入进去，比较浮泛。

原因：对于平均值定理的整体理解不够，对全课的把握还不够系统，备课过程中没有高屋建瓴地进行认识。过于追求预想的完整性，而忽视了某些问题资源的丰富内涵。

2. 有些知识点之间衔接不自然，教师缺乏鲜活的过渡语言。

原因：还是对于平均值定理的整体理解不够。正如宁教授所言，教师对所教内容真正地整体理解了，知道自己要做什么、要传授给学生什么，这时怎么说都行，而且会用至少三种语言叙述同一件事。

3. 我还有一个困惑：对于多元的、内涵十分丰富的教学目标，如何能做到浑然一体且完成预期呢？对于重点问题、重点内容的丰富内涵，应该呈现给学生多少？又该如何呈现？于我，这些都是从现在就需要认真研究的问题，我将前行而不辍。

总之，通过讲授《平均值定理》，除了新理念给我带来的课堂生机和教学自信外，一个更真切的体会是，教师必须对知识的来龙去脉、前后联系、在高中数学中的地位和作用都要理解到位。唯此，才能把课上好，以其昭昭才能做到游刃有余地与学生进行对话和调控课堂。也只有这样，教师才不必劳神费力、冥思苦想教学形式、方法、流程、设计了，而这一切终会成为水到渠成的结果。

在课堂上，教师应努力创设这样一个“场”：让学生尽情地进行合作交流，给他们一个互助学习和碰撞数学思想火花的平台；让学生充分地自主探索，给他们一双自信的翅膀；让学生自由地思考，给他们一颗聪慧的数学头脑。

附记：让学生拥有聪慧的数学头脑：一位数学教师的热爱与执着[①]

作为读者的我，跟随着王文利的讲述，重温了王老师对《平均值定理》这节课的设计、研讨、教学、反思的全过程，真切地感受到王老师教学思想的变化，也看到了一位对学生、对数学教学有着丰富情感的教师在其专业发展道路上的求索足迹。

纵观人类文明发展进程，数学的历史源远流长。数学与语言、艺术和宗教共同构筑了人类文明的基础。数学虽说是一门极其抽象的学科，却是人类文明中最为基础的学科之一，它催生出丰富多彩的人类文明绚丽之花，科学发展和社会进步离不开数学的理论支持。但是，数学究竟是什么？不同的人有着不同的理解。我国数学家张恭庆院士曾说将数学分为三个层次：一是为其他学科提供基础，二是直接应用于工程技术和生产活动，三是作为一种文化，对全社会成员起着潜移默化的作用。但是，现实中的人们对于数学的理解确实存在相当大的误区，尤其针对中小学的数学教育，在长期以来的“双基”目标和应试影响之下，数学被简化为一种解题训练。

正是这种大环境的影响，王老师也坦言以往的教学很失败。因为他以前讲授《平均值定理》的时候，比较重视“练习及简单的实际应用，强化学生对该定理的理解，并使学生达到熟练、灵活运用的目的”。参加首都师范大学课题组之后，王老师通过与专家多次面对面地交流和碰撞，对数学学科的性质和特点有了更深刻的理解。就《平均值定理》这节内容来说，王老师形成了整体把握。他深刻认识到，“平均值定理在现代数学中非常重要，它为解决某些有关优化的极值问题提供了理论基础，运用平均值不等式，通过建立适当的数学模型可以解决一些特定的优化问题，帮助学生体验数学在实际问题中的价值和作用，体验利用数学解决实际问题的过程。同时通过强调平均值定理的几何背景和物理背景，可以加深学生对该不等式的理解，从而有利于提高学生的逻辑思维能力，数学素质和素养，培养学生的创新意识”。

---

① 作者：朱晓宏，首都师范大学教育学院副教授。

一旦王老师形成了对《平均值定理》的实质内涵的准确理解，突破教学的旧框框、改革原有的教学设计已经成为他自觉的追求。王老师在数学教育观念上的改变引发了他教学实践的变革。在新的教学设计与实施过程中，王老师着力于在以下三个方面有所突破。

一是重视体现数与形结合的数学思想。正如王老师所说的那样，“从代数到几何，从几何到代数，让学生充分探究，体会平均值定理丰富的内容和本质”。这一做法从观念上突破了代数在数学课堂的垄断地位，而且也再现了几何学所蕴藏的有关数学思想与方法的魅力。从中学数学教育改革的趋势看，专家们也在呼吁单纯强调代数方法、忽视几何方法的害处。专家强调，几何能为学生提供一系列难易程度不同的真正的问题，在青少年理性活动的正常发展中几何思维是不可或缺的。① 几何学的发展史也表明，它是数学发展史中最早形成理论体系的学科，直接源于人们对生活环境的直觉感悟。在中小学的数学教育中，几何教学尤其有助于开发学生的空间想象能力和推理能力，这也是我国新课程改革所强调的一个重要方面。王老师在本节教学中通过几何平均值的内容不仅加强数与形的联系，也促进了学生几何逻辑思维的发展。

二是大胆启发学生进行定理的猜想与证明。数学猜想对数学发展有着重要的推动作用。著名数学家高斯曾说，若无某种大胆的猜测，一般是不可能有知识的进展。在数学史上，在费马猜想到费马定理的证明过程中，数学界就呈现出无限的生机。我国著名数学家陈景润曾以其对哥德巴赫猜想的杰出成果而举世闻名。王老师在教学中专门设计了有关平均值定理的猜想与证明，准确地把握了数学学科的特点。这一教学过程中能够让学生充分体验到创造性和研究性学习的乐趣，猜想这个定理，证明这个定理。这两个环节都是数学教育不可缺少的，也是当今数学教育改革的重要方面。

三是问题解决。以生活实例培养学生的问题解决能力，这也是当前数学教育改革的着力点之一。20 世纪 70 年代以来的新数学运动就非常关注“问题解决”的教育思想；80 年代以后，美国数学教师联合会曾经提出把“问题解决”作为中学数学的核心，这一观点在国际数学教育界引起普遍重视。美

① 武锡环，郭宗明. 数学史与数学教育［M］. 成都：电子科技大学出版社，2003：425.

国哲学家和教育学家杜威在《我们怎样思维》一书中就强调指出，思维就是问题解决。王老师设计的实际问题帮助学生建立起抽象的平均值定理与现实问题的密切联系，数学学科也由此变得亲切自然了。

尤其值得肯定的是，王老师根据首师大专家和教研组同事提出的评课意见，再次调整了教学设计，并且写出了详细的教学设计方案。这种教学反思的勇气与细致的工作反映出王老师追求专业发展的自主意愿。

读完王老师的文章，意犹未尽，王老师的数学课也生动地浮现于我的眼前。我相信，王老师讲课会越来越有自信。因为他理解数学、热爱数学，并愿意给他的学生“一个互助学习和碰撞数学思想火花的平台；让学生充分地自主探索，给他们一双自信的翅膀；让学生自由地思考，给他们一颗聪慧的数学头脑”。

总之，王老师的创造性工作再次向我们所有教师传递了一个信念：教学是一门艺术，为了追求完善，我们永远在路上。

三、无限接近内涵实质——我对数学教育的追求①

（一）教师发展学校带给我的变化

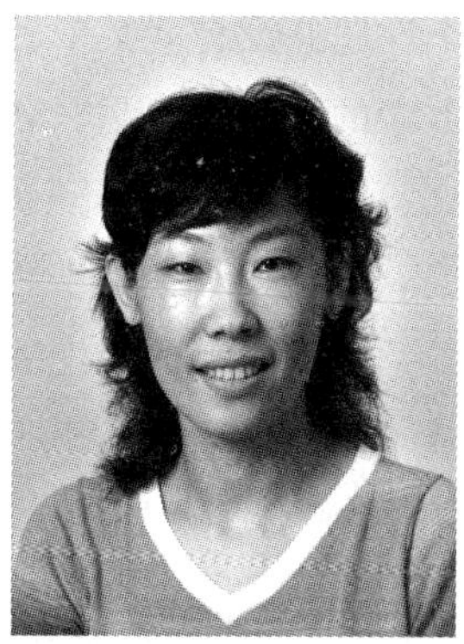

王晓芸，1972 年生，北京市丰台二中高中数学教研组组长，中学高级教师，高级骨干教师，北京教育学院丰台分院高中数学中心备课组成员。

2004 年我参加课题组时的状态是这样的：当时教龄已有近十年，也积累了一定的工作经验，但不知为什么突然感觉很困惑，就是觉得教学没有新意，不想再一遍一遍地重复。其实我也绝不是因为所教内容的重复而困惑，因为我知道“重复”在一定程度上可以说是教师工作的特点。但怎样在内容的重复中讲出新意呢？参加了课题组后，我找到了自己在教学上进一步发展的“生长点”，那就是热爱、自信、整体理解，要用学科的性质触动学生，要有对内涵实质的不懈追求。对于我来说，知识是重复的，但是我每讲一遍都要

① 作者：王晓芸，北京市丰台二中数学教师。

求我自己能够找到新的角度，更深刻地去理解知识，然后我把自己对数学的理解带给学生。正是因为我有了这样的追求，于是就总会有新的想法，哪怕我之前准备得再充分，讲完课后都觉得还有遗憾。我不再满足于我之前几年所获得的经验。每讲一节课，我都希望自己能有些东西触动自己和学生，而每有新的想法，我就感到特别兴奋。就这样，我的课堂有了变化，而且这种想法越来越强烈，也越来越感到对学习的渴望。我喜欢这种工作状态。

而要能够触动学生，我们的教学就应该有对内涵实质的不懈追求。触动学生当然首先要触动自己。作为一名数学教师，我要通过我的教学让学生感受到数学的灵魂，而不是只限于记住公式、通过反复练习会解一些题。数学本身是非常鲜活的，学生的思维是深刻的，而学生是通过教师的教学感受数学的，我觉得千万不能由于我的原因使得学生感受不到数学的美妙，失去了学习数学的兴趣。每每想到这些，我真的觉得自己肩上的责任十分重大。

要想用学科的性质触动学生，首先要能从整体上把握数学。关于这里的“整体”，我认为可以从以下两个方面理解：其一，站得高，才能纵览全局。从数学学科的角度理解所教内容；其二，知识不能是一个个孤立的，备课时要想想知识来自哪里，去向何方，并要随着数学把知识逐渐穿成一串。其实，这个课题并没有就某个教学内容在教法上去研究，我学到的是一种理念，是对数学的认识。我是一名教师，但我首先是一名数学教师。数学教师应当干什么？就是要教“真正的数学”。研究教法是必要的，但我不能只盯着教法研究，那样视野会越来越窄。我现在最大的收获是我有了一种意识，即我首先要从数学学科的角度去把握所教内容，在此基础上再去考虑研究教法，这样就不是“无米之炊”了。就好比我们对学生说“授之以鱼，不如授之以渔”。我找到了发展的动力，而这是最重要的。

（二）讨论前我的理解

极限是高等数学中微积分的内容，微积分的创立是数学发展中的里程碑，它的发展和广泛应用开创了向近代数学过渡的新时期，为进一步深入、广泛地研究变量和函数打开了新的视角，同时也提供了重要的方法和手段。曾有一段时间，教材给出的是高等数学中严格的极限定义 ε、δ 语言。我记得在我授课时，学生对形式化的极限符号的理解确有一定的困难，虽然这种简洁的符号语言里揭示了非常深刻的数学思想，但很少有学生能真正领会其中的内涵。后来的教材灵活运用了描述性词汇“无限趋近于”来叙述表达极限的定义，回避了形式化的ε、δ语言，减轻了学生的思维负担，突出了极限的数学本质，从而使学生不再由于抽象难懂的符号语言而影响了对极限思想的理解——“弱化”极限的表达形式实际上是为了“强化”极限的本质。

基于以上分析，我的初步想法就是本着由特殊到一般、由具体到抽象的原则，通过出示一些以前学过的函数让学生观察其图像，从而让学生对函数的极限先有一个直观的认识，接着从这些具体的函数中抽象出共同特点，归纳得到当$x\to\infty$时函数极限的定义，再进一步通过练习巩固。这个设计听起来挺流畅，可我却总觉得不满意，认为自己理解得还不够深刻，所以我就特别迫切地想与首师大专家及课题组的其他教师共同讨论，希望能找到新的思考点于是，我带着这个问题开始了讨论。

（三）讨论过程中理解发生了怎样的变化

第一次讨论是我们课题组的教师们自己讨论。我说了我的想法，也提出了我的困惑，希望能找到更好的角度诠释这部分内容。经过讨论后，我们明确了极限的思想对学生是一个难点，学生的思维要从有限到无限、从离散到连续，这是一个飞跃，而历史上人们认识到极限也是经历了一个漫长而曲折的过程。但教材没有给出严格的极限定义，只是通过教学要让学生感受极限的思想。那么，怎么能让学生在这几节课里就能初步感受到呢？

“极限”这个名词对于学生来说是新的，但极限的思想在以往学习的过程中也不是没有任何体现，只不过那时不提“极限”这个词而已。因此，王志江校长给了我建议，既然这节课是本着由特殊到一般的原则引入新知，不如把它进行得更深入一些，以前学的函数不要由教师给出，因为前面已经讲了数列的极限，学生头脑中已有了极限的概念。这样，虽然上节课是数列极限，而这节课是函数极限，但我们可以把数列看做特殊的函数，因此可以先提出问题“我们以往学过的函数中有哪些内容与极限有关”。学生自己在他们的知识结构里搜索，然后教师再引导学生共同分析，得出当$x\to\infty$是函数极限的概念。讨论给了我很大启发，我觉得这样切入就自然多了。

第二次讨论是与首师大宁虹教授共同讨论。我先说了这节课的思路，宁教授谈到的是怎样把握“函数的极限”。既不能仅仅有“极限”，也不能仅仅有“函数”，这堂课要让学生理解的一定是“函数”的极限，因为关于极限的理解是上节课讲数列极限时应该完成的任务，这节课一定要把“函数”的味道讲出来。

通过讨论，我明确了在这节课里我要把极限中“逼近”的思想讲出来是重点，同时又不能仅仅讲极限，还要能让学生认识到和以往相同的是研究函数的性质，不同的只不过是研究的角度不同，这里就是在 $x\to\infty$ 这个动态变化的过程中去研究函数值的变化趋势。

以上说的这些问题让我的认识更深入了。接下来，我要做的就是怎样把这些思想体现在教学设计里，如何把我对函数极限的理解准确传达给我的学生。我想，这节课的内涵实质以及怎样从数学学科性质的角度去把握的问题已经解决，那接下来的教学设计就是只需考虑如何呈现这些内容了。

（四）教学设计思路

基于以上思考，我决定这节课在学生已有的知识基础上建构函数极限的概念。这里提到的“已有知识基础”具体指以下两个方面：

1. 数列作为特殊的函数，其极限在前面已经学习了，这节课一开始可以从数列极限过渡到函数极限，这体现了由特殊到一般的研究思路。

2. “极限”是在动态的过程中研究函数的变化趋势。以往研究函数更多的是从“静态”的角度研究函数，但也不乏有一些动态的描述，可以让学生去想想“以往学过的函数的哪些内容与极限有关”。然后让学生分组讨论，教师引导抽象归纳。教师在整个的教学过程中要注意把握这节课的内涵实质：不只是在讲极限，也是在讲“函数”的极限，要体现出函数的特色。

带着以上思考，我进入了具体的教学环节设计。在备课时，我对学生在“以往学过的函数的哪些内容与极限有关”中可能想到的例子充分做了准备，如初中学习的反比例函数、高中所学的 $y=\tan x$ 及指数、对数函数，估计学生都会举出，因为这些函数当时在学习时其有关的性质中都提到了“无限接近……”这样的话，学生能联想到也很自然。其实我特别希望有学生能提出双曲线这个例子，但是我又想到，自己明明在这节课的开始就定了调子，说研究的是“函数的极限”，而学生都知道双曲线并不是函数关系，所以他们可能不会举双曲线。可是我认为双曲线是一个很好的例子。虽然它不是函数，但是可以在它的基础上建立起函数关系，即根据双曲线的对称性，只要研究其四分之一、在每个象限内的部分即可，而它每个象限内的部分可以用函数关系表示，这样不就在其图像无限接近渐近线的过程中体现出函数的极限了吗？而且在这个过程中最有价值的是从“不是函数的双曲线”到“取其四分之一建立函数关系”的思路，不正是前面所提到的“这节课不只是在讲极限，更是在讲‘函数’的极限，要讲出函数的特色”的很好体现吗？

但是，例子虽好，可我不知道学生能不能说出。如果没有哪个组的学生说出双曲线怎么办？我自己提出问题让学生思考也未尝不可，但总觉得生硬。正在我为这个问题困惑时，有个学生帮我解答了。那节课讲数列极限，下课后有一名学生找到我，提出了一个问题：双曲线无限接近其渐近线是否说的就是极限呢？（非常可喜的是虽然只讲了数列的极限，但他已经能从极限的角度去理解双曲线的渐近线。）我当时并没有给他详细解答，而是告诉他这个问题我们下节课会讲，并提了几个问题让他课下思考。

（五）教学过程

教学目标：

1. 通过学习函数的极限进一步深化对极限概念的理解。
2. 理解当 $x\to+\infty$，$x\to-\infty$，$x\to\infty$ 时函数的极限。
3. 会判别当 $x\to\infty$ 时极限是否存在。

教学过程（简）：

环节一：课题引入

问题一：我们都说“数列是特殊的函数”，有哪位同学能说说数列为什么是函数？作为函数其特殊性表现在哪个方面。（学生思考并回答。）

数列极限中 n 的变化过程只能是 $n\to+\infty$，而作为一般意义上的函数其自变量 x，如果在定义域允许的范围内只能是 $x\to+\infty$ 吗？（学生思考并回答。）我们这节课就研究，当 x 在某个过程变化时，函数值的变化趋势（板书课题）。

我们已学习的函数的哪些内容你认为与极限有关呢？提出问题后，学生思考、分组讨论。

环节二：学生汇报讨论结果，引导得到函数极限概念

（学生在说学过的内容哪些与极限有关时，我要注意引导学生用极限的语言表述。）

组一：函数 $y=2^x$，当时学习指数函数性质时，提到了“无限接近 x

轴”，（学生开始说的时候，没有注意到应该分 $x\to+\infty$ 和 $x\to-\infty$ 两种情况，因为数列的极限研究的是当 $n\to\infty$ 时的极限，而这里的 $n\to\infty$ 指的是$n\to+\infty$，所以对于函数如果在自变量允许的范围内，x 要考虑无限接近 $+\infty$ 和 $-\infty$ 两种情况，这要引导学生考虑。）当 $x\to+\infty$ 时，$y\to+\infty$；当 $x\to-\infty$ 时，$y\to0$。

组二：函数 $y=\left(\frac{1}{2}\right)^x$，当 $x\to-\infty$ 时，$y\to0$；当 $x\to+\infty$ 时，$y\to+\infty$。

组三：函数 $y=\frac{1}{x}$，当 $x\to+\infty$ 时，$y\to0$；当 $x\to-\infty$ 时，$y\to0$；（学生在回答时说到了 x 无限接近 0，但是他在说这里时有些迟疑，因为他注意到图像中原点两侧图像的变化趋势不同，但又不知道该怎么说，我就跟他说“没关系，如果不知道怎样用符号表示，你也可以用你自己的语言说出来”。他便说：“反正就是两边都有。”我又接着问：“两边不就是左边和右边吗，那从数量上怎么区分呢?”接着，他把这个问题比较清晰地表述出来，x 从左边无限接近 0 和从右边无限接近 0 分别说明。）当 $x\to0$（从左边），$y\to-\infty$；当 $x\to0$（从右边），$y\to+\infty$。

后面有几个组依次谈到了正切函数 $y=\tan x$，对数函数 $y=\log_3^x$，基本的讨论情况与前面几组大体相同，这里就不再一一论述。回答的这些学生中谁也没提到双曲线，于是我就让上节课后提问的那名学生提出他的思考，这是班里其他学生也认同的，他们可能也想到了，只不过他们认为双曲线不是函数，所以没有提出。

接着考察双曲线 $x^2-y^2=1$，渐近线方程是 $y=\pm x$，画出曲线，从图中可以明显观察到双曲线和其渐近线的关系。在描述双曲线和其渐近线的关系时有两个问题必须弄清楚：

问题 1：我们研究的是函数的极限，对于方程 $x^2-y^2=1$，y 是 x 的函数吗?

（其他学生都说不是。）那我们怎么办，如果我们能把它变成一个函数关系，就可以运用函数的极限研究这个问题。这时教室里安静下来，大家都在思考。等了一会儿，还是那名学生说：“只看双曲线在 x 轴上方的部分就是函数关系。”“很好。”我接着又提出问题“这样，y 是可以表示为 x 的函数关系，那双曲线另外的部分怎么办?”“双曲线关于 x 轴对称。”其他同学也表示认可，看来我上节给他提出的问题他课下还是认真思考了，并能主动地运用对称性将问题转化。趁热打铁，我又接着问："这个思路是对的，能按这个思路把问题再简化吗？"这时，许多学生都说："只要研究在第一象限的部分就可以。""那好，"这时，我把黑板上画的图像不在第一象限的部分擦去，接着问，"既然是函数，那么其解析式是什么？"教室里又立刻安静了，我没有提示，有一名学生举手回答："可以变为 $y=\sqrt{x^2-1}$，$x\geqslant 0$。"

我继续提出问题 2："同学们能想到双曲线与极限有关，是因为双曲线无限接近其渐近线。我们在第一象限部分也建立了函数关系 $y=\sqrt{x^2-1}$，但我们从图中可以清楚地看到双曲线是无限接近渐近线，但是当 $x\to+\infty$ 时，y 的值却是趋向于无穷大，并不是越来越接近某个常数的趋势，那么，怎样去刻画在这个过程中双曲线与渐近线是越来越接近呢？"我等了一会儿，没有学生回答，于是我就自己讲解：如果我们只看 y 的值表达不出双曲线是无限接近渐近线，因为当 $x\to+\infty$ 时，渐近线相应的函数值也是趋向于无穷大，我们就用双曲线上点到渐近线的距离来表示，设为 d，设曲线上一点 $P(x,\sqrt{x^2-1})$，此时在第一象限的渐近线方程是 $y=x$，则根据点到直线距离公式，$d=\frac{\left|x-\sqrt{x^2-1}\right|}{\sqrt{2}}=g(x)$，我们就可以用当 $x\to+\infty$ 时，$d\to 0$ 来表示双曲线无限接近渐近线。当然，这不是唯一表示双曲线是无限接近渐近线能建立的函数关系，大家可以在课下继续思考。

这里充分地体现了前面所说的"这节课不只是在讲极限，也是在讲函数的极限，要能讲出函数的味道让学生体会"，具体从以下两个方面体现：

1. 从"不是函数的双曲线"到"取其四分之一建立函数关系 $y=\sqrt{x^2-1}$"。

2. 为了表示双曲线无限接近渐近线，在 $x\to+\infty$ 的过程中建立了双曲线上点到渐近线的距离 d 关于 x 的函数关系 $d=\frac{\left|x-\sqrt{x^2-1}\right|}{\sqrt{2}}=g(x)$。

（六）课后反思及现在的理解

"极限"是在动态的过程中研究函数的变化趋势，以往研究函数更多的是从"静态"的角度研究函数，但也不乏有一些动态的描述，可以让学生去想想“以往学过的函数的哪些内容与极限有关”。例如，函数的单调性实际上也是在动态的过程中研究函数的变化趋势。虽然都是在动态的过程中研究函数，但它与函数的极限关注的方面不同。这样，也就很自然地把现在所学的函数的极限与以往的知识联系起来，帮助学生很好地建立起知识结构，而且也更有助于学生通过学习极限加深对函数的理解。学习了极限的概念后，更多的是从极限的角度去研究函数，这一点应通过教学让学生认识到，本节课不只是要教给学生相关的结论、方法，更重要的是对极限思想的初步认识。

这节课的设计思路是：从两个方面引入函数极限→学生思考已学的函数中哪些内容与极限有关→分组讨论、汇报→得出当 $x\to\infty$ 时函数极限的概念→例题（主要是判断当 $x\to\infty$ 时函数极限是否存在）→课堂总结。上完课后，我觉得有几个地方应好好反思。现分析如下：

1. 关于我在新课引入时的说法“我们已学过的哪些函数性质与极限有关”，评课时有教师提出，提问的语言不是很严谨。问题主要出“性质”上，这个词把学生思考的范围限制住了。学生听到后开始不知如何思考，不必要地耽误了课上时间。

我对此的反思如下：教师的语言要精练、准确，提问时对学生的思维指向要准确，否则，一方面学生要猜测教师问的是什么，耽误了课上时间，效率不高；另一方面不利于对学生思维能力的培养、提高。

2. 要注意课堂效率的问题：学生思考、讨论后的，分组汇报中，大部分时间是用来举例说明所学的哪些内容与极限有关。其实，学生所举的例子中有很多是相近的，例如有两个组提到了指数函数 $y=\log_2^x$，$y=\log_{\frac{1}{2}}^x$，先说的组已经把指数函数表述清楚了，另一个组再次表述时，教师就不必在黑板上详细写了，可以提出问题“与前一个的结论有什么不同”，让学生口答即可。举例子是希望学生能在已有的函数内容的基础上建立起对函数极限概念的初步理解，在得到函数极限概念后还要进一步深入理解；举例子最重要的不是举全，而是能从不同的角度举例。接着，教师就要把教学重点放在对当 $x\to\infty$ 时函数极限概念的理解上。当然，对双曲线的问题讨论应重点展开，因为这个问题对学生思维能力的培养是很重要的。如能按前面一个环节的反思实施课堂教学，可以更合理地安排课上时间，这节课的重点“如何判断当 $x\to\infty$ 时函数极限是否存在”就可以更充分地展开。

3. 学生举的例子都是他们所学的基本初等函数，这也是很自然的，但作为教师应该引导学生认识到，并不是只有这几个特殊的函数有极限，而是学习极限的概念，能够为更深入、更广泛地进一步研究变量和函数打开了新的视角，同时也提供了重要的方法和手段。其实我在备课时想到这点了，但实际上课时却缺了这么几句“点睛”的话。

4. 在学生表述 x 从左边无限接近 0 和从右边无限接近 0 时，其实已经是水到渠成的事了，可我为什么不把 $x\to0^+$、$x\to0^-$ 这些符号直接给出呢？

通过自己备课、困惑、几次讨论、再思考这个过程，现在，我越来越清楚我讲的是“函数”的极限，这节课既要有“极限”，又要有“函数”；这节课不只是要让学生看到无限接近——这只是对极限的理解，是上节课讲数列极限时就应完成的任务，而且还要让学生看到这是函数。我现在觉得我是真的教授了函数的极限，我把对数学的内涵实质的理解传达给了我的学生。也正因为对学科内涵实质的不懈追求，我的课堂有了变化。这种变化让我感受到热爱、自信、整体理解。在这里，我再举课堂上的两个例子：

1. 进行离散型随机变量的方差的教学时，原来我会直接给出方差公式，然后通过几个问题让学生练习巩固，等他们能明确方差的实际意义并且会计算某个随机变量的方差就可以了。现在我在备课时就不满足于这样的想法，总觉得要是这样的话，学生自己看书就行，教师又起到什么作用呢？难道就是把课本的文字语言变成声音吗？我总是要在公式、习题以外还要教给学生点什么才好。从方差的公式可以看出，公式既有随机变量取的每一个值 x_i 与 $E\xi$ 的差，还有 ξ 取每一个值时相应的概率。怎样才能更好地帮助学生理解其实质呢？我一直没想好，但在备课时看到的一道课后习题，让我受到启发——我可以充分利用这个题进行变式，帮助学生理解方差公式形式后面的数学实质。

问题是这样的：有甲、乙两种品牌的手表，它们的日走时误差分别为 ξ_1、ξ_2（单位：s），其分布列如下：

ξ_1	-1	0	1
P	0.1	0.8	0.1

ξ_2	-2	-1	0	1	2
P	0.1	0.2	0.4	0.2	0.1

根据两种品牌手表的日走时误差的期望与方差比较两种品牌手表的质量。

这个问题如果按套用方差公式得出结论的思路来处理，就很简单，但是要这样的话，我认为对学生理解、建立统计的思想帮助不大。于是我这样处理：讲课时，我让学生先不要套方差公式，问能否作出判断 $D\xi_1$、$D\xi_2$ 哪一个大？许多学生说 $D\xi_2$ 大，按公式算也是这样。我问学生是怎么判断出来的，学生说一看 ξ_2 的取值比 ξ_1 的取值多了 -2，2，就直观地认为 $D\xi_2$ 大。接着，我把题变式如下：

ξ_1	-1	0	1
P	0.3	0.4	0.3

ξ_2	-2	-1	0	1	2
P	0.05	0.05	0.8	0.05	0.05

又问学生哪个方差大？实际这时 $D\xi_1$ 大。

通过对问题的变式，学生理解了公式的实质。所以教师讲课时教什么，就是要把内涵实质挖掘出来，并通过恰当的形式让学生也体会到。

讲完课后，我又想这节课还可以这样设计：先把这个问题及其变式作为问题情景展示给学生。虽没有讲方差公式，但是可以不提“方差”这个词，而提问“哪一个随机变量相对于其期望波动幅度大，不稳定”。学生在讨论、判断的时候就会在思维上产生矛盾。这时，我可以适时地引导学生对比、分析。这样，很自然地得到方差的公式，而且学生对公式所揭示的数学内涵也会理解得比较透彻，而不是简单地把公式背下来、用的时候套公式，并且有利于学生数学思维能力的提高。在教学时，我们有时会提供情境，但可能没有充分利用情境材料，只是匆匆呈现情境，在学生还没有理解情境中隐含的数学内容时，就推出了形式化的内容（如公式）。当然，直接给出定义、公式然后就让学生去练习的方法更不可取，因为学生认知的建构必须经历首先理解情境、从情境中发现规律、再建构数学知识的过程。

在讲“复数”时，我又有两点收获：

（1）复数的标准形式

原来讲该内容时，我可能根本不会多想，认为标准形式是课本直接给出的，那直接告诉学生并让他们记住不就行了嘛！但我现在备课时就会想，

“为什么这么定义标准形式”，并且会在教学过程中通过问题让学生感受到定义的合理。

（2）复数商的运算法则

原来我会这么想，既然是法则只要学生记住并且会用就行。但现在我会思考为什么这样定义法则，并会从整体去考虑，而不是单讲这一点。

内容只不过是学生形成对数学的意识品质的一种手段，我是在教数学，而不是单纯地教解题，对于这点，我现在已经清醒地意识到了。

总之，随着教学实践的推进，我对课题的理念理解得更深刻了——那就是对数学内涵实质的不懈追求。教师如果失去了创新的激情，就是一遍一遍的重复教学，幸福感又从何而来，又怎么把对学科的理解传达给学生呢？教师发展学校所倡导的热爱、自信、整体理解，我认为可以这样理解：教师如果没有对学科的热爱，就不可能全身心地投入其中；教师如果失去了自信，工作的激情、创新又从何而来？如果没有了对学科的热爱、自信，教学就成为一遍一遍的重复，那教师又怎样才能在工作中体会到幸福感？如果缺乏了对学科的整体理解，那教师的自信又从何而来？教师只有自己做到对数学热爱、自信、整体理解，才能将它们传达给学生，这才是最重要的。

附记：深刻理解和准确把握①

在“教师专业发展：求根务本”的建设行动中，王晓芸老师在“函数的极限”一课的教学中形成的案例，是一个很重要的内容。它突出地提出了一个在务求内涵实质的理解中重要的必不可少的要求：理解一定要深刻，把握一定要准确。如果做不到这一点，那么，我们所作的所有努力，都有可能是无意义的。我们是在王晓芸老师的《函数的极限》一课的备课环节遇到这一问题的，但这一要求，对每一个教学内容都同样重要。

从王晓芸老师以《无限接近内涵实质——我对数学教育的追求》为题所写的反思案例中，我们可以看到，深刻理解和准确把握的要求在本课中的具体落实，就是这堂课要使学生理解的一定是“函数”的极限，不能仅仅有极限，也不能仅仅有函数。关于极限的理解是上节课讲数列极限时应该完成的任务，这节课一定要把“函数”和“极限”的理解联系起来。

① 作者：宁虹，首都师范大学教育学院教授。

极限实质上所刻画的是实数之间距离不等于零又无限趋近于零。由此带来的是，我们将通过 $x \to x_0$、而不是 $x = x_0$ 的方式重新面对数学。$x \to x_0$ 的动态方式取代 $x = x_0$ 的静态方式，更准确、更真实地向我们展开了数学怎样描绘我们这个并非静止的世界。在这个数学的世界里，函数的极限、连续、导数、微分和积分，用严密的继续着的数学语言，演绎着不同于以往的数学思维。函数的极限，正处在学生刚刚接受了极限的思想，转向以极限刻画函数性质、特别是连续的连接处。连续将通过 x 从左和右两个方向趋近于 x_0 时函数的表现来判断，因此，在函数的极限的教学中使学生理解 x 从左和右两个方向趋近于 x_0 时函数的表现，成为形成关于函数极限之理解的重要体现。从数列作为特殊函数到渐近线，从特定的函数到一般的函数，课堂教学的进程，就是为了使学生理解，当我们以 $x \to x_0$ 而不是 $x = x_0$ 的方式重新面对数学时，对于函数及其性质的理解有了哪些变化，有着什么意义。

我们高兴地看到，王老师在实现着她对于数学教育的追求和由此所带来的变化。正如她所写到的，“通过自己备课、困惑、几次讨论、再思考这个过程”，“我现在觉得我是真的教授了函数的极限，我把对数学的内涵实质的理解传达给了我的学生。也正因为对学科内涵实质的不懈追求，我的课堂有了变化，这种变化让我感受到热爱、自信、整体理解”。

四、基于学科性质的数学课堂教学设计与思考①

近些年来，对数学课堂教学模式与策略的研究，可谓一浪高过一浪，我本人也于2001年全力投入到“将研究性学习引入数学课堂”的教学模式研究之中，并提出基于研究性学习的四环节数学课堂模式：创建问题情境——→对问题进行纵向延拓性研究——→对问题进行横向发散性研究——→反思，并以这种模式撰写了多篇教学案例。现在回忆起来，那实在是一段快乐、充实、纯粹的时光。然而，我也必须承认，那时的思考实在是肤浅得很！其实，不管是策略还是模式，它们本身并无问题，但教师一旦止步于这个层面，问题的产生也就无法避免了。比如说，如果我们所有的思考都聚焦于：如何创设问题情景？如何设问和提问？如何编拟例题习题？如何利用媒体技术提高课堂效益？

① 作者：王志江，北京市丰台二中校长，数学特级教师。

如何组织课堂才能使其结构严谨、流畅？……那么，诸如教育是什么？教育凭什么触动孩子的心灵？我所任教学科的性质和特点是什么？学科课堂教学凭什么触动孩子的心灵？我们进行教学设计的起点在哪里？课堂教学的归宿又在哪里？……凡此种种，它们是否更加应该引起我们的探究与思考呢？也许，对这些问题的忽视或者漠视，才是当今教育困境的真正根源吧！

王志江，1972 年生，华中师范大学数学教育学士，新加坡南洋理工大学教育管理硕士，现为北京市丰台二中校长，中学高级教师，数学特级教师。北京市数学学科骨干教师，曾获北京市优秀教师、丰台区优秀教育工作者等多项荣誉称号。共产党员，教育论文多次在市、区级获奖。

下面，我将结合一节“课堂实录”，谈谈自己基于学科性质的课堂教学设计与思考，敬请同仁斧正。

（一）对教学内容的一点说明

对于坚信“不被证明的东西就不是知识”的古希腊人来说，欧氏几何的诞生是极其自然的。然而，贯穿欧氏几何始终的“证明精神”（或者说是“理性精神”），却是任何其他古老文明所难以企及的。初中的平面几何和高中的立体几何都属于欧氏几何的一部分，“证明精神”怎样穿越时空隧道，从古希腊人的智慧中自然的流淌到今日学子的血液中，是我们每一位为师者都无法回避的极其有意义、有价值的一个“难题”。

学到“面面平行的判定定理”时，学生对“点动成线、线动成面、面动成体、体成世界”的立体几何已经有了初步的感悟。如：研究的对象——空间物体的位置关系和数量关系；研究的程序——从“低维”到“高维”（“低维”和“高维”都是相对而言的：对于“线”来说，“线面”是“高维”；对于“面面”来说，“线面”又是“低维”），且从“低维”到“高维”是“高维”的判定定理，从“高维”到“低维”是“高维”的性质定理；研究的归宿——做“讲理的人”，让“证明精神”成为自身素养中最为重要的一部分。这些感悟虽然是初步的，但它们完全可以、而且应该成为本节课的“生长起点”。

本节课的“知识点”看上去并不多：面面平行的定义、面面位置关系的分类、面面平行的判断定理。从培养学生的创新思维能力，即便是从立体几何在培养学生综合素养的过程中应该、而且完全能够承担的责任来讲，“上位组织”的观念都应该成为教学设计和课堂教学的核心思想。在此，“上位组织”是指这样一个程序：学科知识与技能——→学科性质——→跨学科主题——→哲学思考。“学科知识与技能”即指前文提到的“知识点”，如果缺乏“上位组织”，它们只不过是一堆彼此割裂的“稻草”。“学科性质”即指欧氏几何的“逻辑推理与证明”。“跨学科的主题”即指“理性精神”。“哲学思考”是指任何关乎人的培养的问题归根结底都将统一为对“人生、生命、自我”等本质问题的思考，没有对这些问题永不停止地追问，又何谈“人”的培育与发展呢？

另外，杜威关于兴趣的理论阐述，也可以作为对本节课的“知识点”进行“上位组织”的必要性的补充说明。杜威说：“如果我们单纯向学生提示要学习的课业，这种学习的行动就是矫揉造作的，没有效果的。如果学生能认识到他所研究的知识在完成他所从事的活动（自身素养的完善与提高）中的地位，他的学习就是有效的。把学习的对象和课题与推动一个有目的的活动联系起来，乃是教育上真正兴趣理论的最重要的定论。”①

（二）课堂实录——面面平行的判定定理

学生情况：学校属于北京市市级示范校，从整体（年级）水平来看，学业水平属于中等偏上。不过，由于各种主客观原因，本班学生高一时的数学成绩低于年级平均水平，且大多数学生对数学不感兴趣。高二换了数学教师之后，学生学习数学的态度有所改变。

上课时间：2007 年 4 月 16 日上午第一节

课堂实录：

师：近期，我们一直在共同修筑立体几何的两条大道——平行大道与垂直大道（边说边在黑板的左上角板演，如图 1）。如果你是一位高明的设计师，你准备将这两条大道引向何方呢？

① 杜威. 民主主义与教育［M］. 王承绪，译. 北京：人民教育出版社，2001：148.

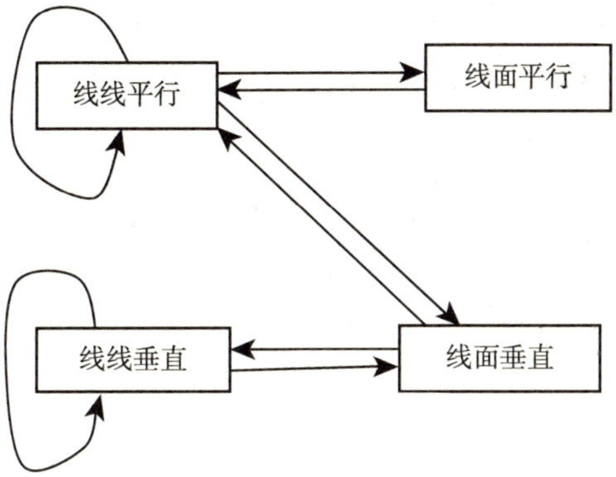

图 1　立体几何大道——平行大道与垂直大道

生（众）：由“线面平行”可以通向“面面平行”（还说由“线面垂直”可以通向“面面垂直”）。

（教师根据学生的提议将图 1 变为图 2）

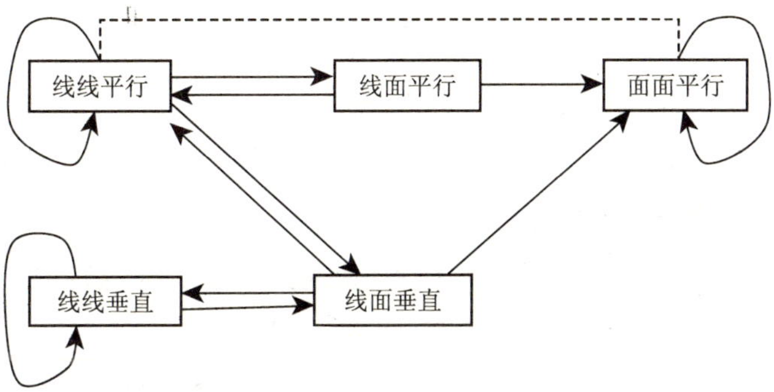

图 2　立体几何大道（1）

师：根据前面所学，大家能给这条“新路”取个名儿吗？

生（众）：面面平行的判定定理。

师：好，这就是我们今天的课题（板书）。我们知道立体几何属于“欧氏几何”的一部分，而“欧氏几何大厦”的灵魂是“证明精神”，其推理证明的基础是“5 个公理、5 个公设和 23 个定义”，那么，大家认为要想得到“面面平行的判定定理”，需要给谁下定义呢？

生 1：应该给“面面平行”下定义。（其他同学都表示认同。）

同学们纷纷拿出手中的“道具”——书、本、桌面等——进行“比划”，并迅速得出结论“如果两个平面没有公共点，则它们相互平行”，并马上在笔记本上得到“图形语言”（画图）和“符号语言”。

师：有了这个定义，我们可以顺手牵羊得到一个结论，你得到了吗？

生2：我认为应该是“面面位置关系的分类”。

师：为什么？

生2：当定义了“异面直线”时，我们得到线线位置关系的分类，当定义了“线面平行”时，我们得到线面位置关系的分类，所以……

师：很好，看上去已经万事俱备了。现在，大家能否迅速得到判定两个平面平行的条件呢？

（同学们跃跃欲试，表达的愿望很强烈。）

生3：如果两个平面没有公共点……

生（众）：不行、不行。定义可以用来判定某个命题的真假，但往往不能直接作为可操作的“工具”。

生4：我认为应该回到“平行大道”上，从“线面平行”导出“面面平行”（大家纷纷点头表示认可）。所以，我认为只要一个平面内有一条直线平行于另一个平面，则这两个平面……（话音未落，其他同学已经纷纷举着手中的道具表示强烈抗议）哦，不对，不对，应该是两条直线……

生（众）：不对、不对（并用手中的道具迅速摆出反例）。如果这两条直线平行也不行，只有当它们相交时才可以。

师：好，既然大家没有异议，那我们就把它作为判定定理好了。

生（众）：不行，还没证明呢，只能是“猜想”。

〔接下来，学生顺利完成“猜想（文字语言）→画图（图形语言）→写已知和求证（文字语言与图形语言的互译）→反证法证明”。〕

师：这个证明过程包含几步重要推理？每一步推理的依据是什么？

生5：两步。第一步的依据是“线面平行的性质定理”，第二步的依据是“平行公理”。

师：欧氏几何就是这样，有因必有果，有果必有因，这种“证明精神”就像是血液和灵魂贯穿始终。希望我们通过学习，做一个真正“讲理”的人。

师：大家请看这个正方体（图3），你能否再找到正方体的一个截面，使其平行于截面 A_1C_1D 呢？

生（众）：可以找面 ACB_1（当然还有，如分别取 A_1B_1、A_1A、AD、DC、CC_1、C_1B_1 的中点，所成截面也平行于面 A_1C_1D）。

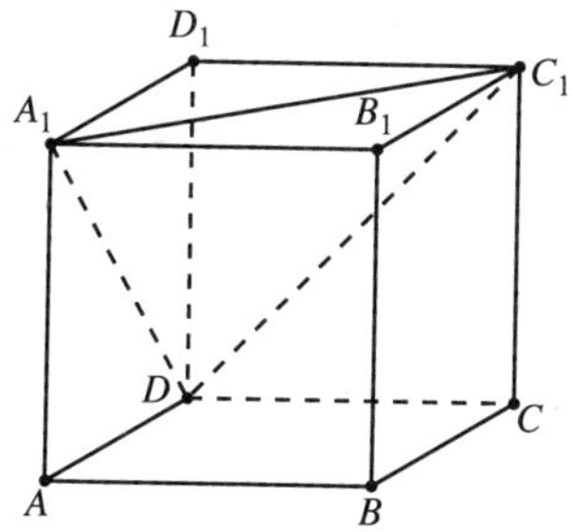

图3 正方体 AC_1

（运用"面面平行的判定定理"，学生非常顺利地证明了面 A_1C_1D // 面 ACB_1。）

师：路修好了（定理证明），而且车辆也可以在路上畅行无阻了（定理的应用），大家现在有何想法？

生6：能否由 A_1C_1 // AC，A_1D // B_1C，直接推出面 A_1C_1D // 面 ACB_1 呢？

师：大家说呢？让我们回到图2，你能发现什么？

生7：生6实际上是想在"线线平行"与"面面平行"之间再修一条道。我认为这条道在做小的判断选择题时还是管用的，但推理论证大题时，必须先由"线线平行"，再进而推出"面面平行"。

师：说得好。做小题时，我们不妨走走这条虚拟的"空中航道"；做大题时，我们就走实实在在的"平行大道"好了（其实，在人教社B版教材中，这条"空中航道"也是"实的"，而此节课并没有对其进行证明，而为了凸显"证明精神"，故有此说，以后再找机会"化虚为实"）。大家还有别的想法吗？

生8：我认为还可以从"线面垂直"推导出"面面平行"，即如果两个平面同时垂直于一条直线，则这两个平面相互平行。

师：看来的确是"条条大路通罗马"哦。这是一座"平行大道"与"垂直大道"之间的"立交桥"，我们可以把它命名为"面面平行的判定定理2"（由于时间关系，证明由学生在课后完成）。

生9：我的结论跟生8差不多，只不过我是受启发于刚才那道例题。前面在学习三垂直定理时，我们证明过 $D_1B \perp$ 面 A_1C_1D，以及 $D_1B \perp$ 面 ACB_1，所以，我认为也可以根据"判定定理2"证明刚才那道例题。

（从表面上看，其实很多同学都已想到了。）

生 10：我认为，还可以从“线线垂直”到达“面面平行”……

师：对，这也是一条虚拟的地下通道。遇到大题时，我们可以先走垂直大道，再……

生（众）：再过“立交桥”。

生 11：根据“线线平行”的自循环（公理 4），我认为“面面平行”也应该有自循环，即如果两个平面同时平行于第三个平面，则这两个平面也平行。

生 12：我认为可以由“面面平行”推出“线面平行”，就像是修马路，至少应该是“双向二车道”……

生 13：我认为现在可以定义两个平行平面间的距离……

（下课铃响了……）

师：看看图 4，我想小结是可以免了的，同时，我们大家都要特别感谢生 12 和生 13，因为他们俩已经为我们明天的数学课指明了航向！

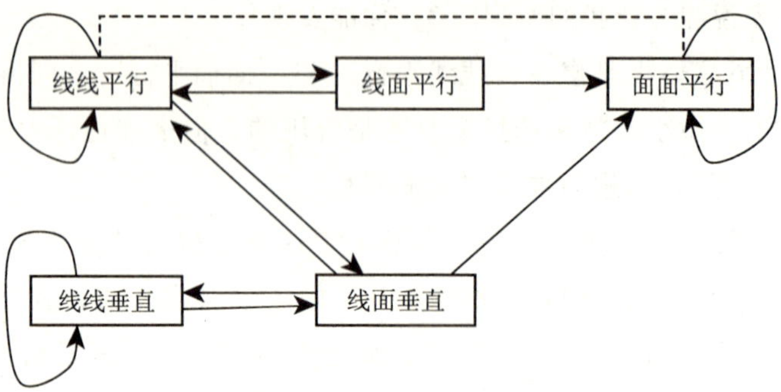

图 4　立体几何大道（2）

（三）基于学科性质的教学设计与思考

我与学生共享的数学课堂，基于对以下五个问题的探究和思考：

1. 从哪儿来？——起点，从学科思维方式中寻找

从哪儿来？你在哪儿？去向何方？生命的意义也许正在于对这些问题永不停止的哲学追问。对于教师——学生心灵的导师来讲，这种追问显得尤为重要。然而，长期以来，这种追问只是一种“标签”，甚至被完全、彻底地忽视，而且这种“忽视”反倒成了一种默认的“习惯”！教育不在鲜活，不在以其特有的鲜活触动孩子的心灵，这种“习惯”显然是有责任的。

然而，一种“反习惯”——对前文所提的三个问题的自然地、始终不停地追问，该怎样形成呢？途径当然很多，不过，只有等你根本不必刻意思考途径——就像你身处一个黑暗的房间，仍然可以用筷子、勺或者手将食物准确地送进自己的口中，而完全不必刻意思考工具在哪儿一样，这种“反习惯”也许才算是真正融进你的血液和灵魂，成为你生命中不可或缺的一部分。

在进行教学设计时，我首先要追问“从哪儿来”，这也许正是“反习惯”使然：我所要讲授的知识“来自何方”？它与本单元、本章是何关系？它在学科知识体系中的地位、特点和作用是什么？它与其他学科有无关联？能否在生活世界中找到它的“原始模型”？我所找到的“答案”是否符合学科的思维方式？等等。

诚然，设计一节课时，我们需要自觉思考以上所有问题，甚至更多，但是在进行真实的课堂教学时，却需要对以下两点引起足够的注意。一是要坚信对这些问题的思考是必要的、必不可少的，就算是“不必要”也要努力找到“不必要”的理由。但是在真实的课堂教学中，却并不需要向学生展示所有的“答案”。作为教师，我们应秉持：要努力为学生所有的发展可能性做必要的准备，当学生需要时，我们就自然地“取出来”，学生不需要时，却不可以强行向学生推荐自己“展示的欲望”，要有一点儿“敝帚自珍”的精神。二是避免将“跟生活世界相联系”庸俗化。对本节课的教学，我们当然可以根据教材的“提示”，从一幢楼房的各个楼层是相互“平行”的引入新课，但这种做法只不过是“联系”的起点，如果仅仅停留在这个“起点”上，“跟生活世界相联系”将不可避免地被庸俗化。对于欧氏几何而言，看上去好像只是对现实生活世界的数学抽象，但是，我们的理解如果仅仅停留在这个极其表象的层面上，显然就大大违背了欧几里得的本意。作为教师，我们有必要对如下问题保持必要和足够的警醒：古希腊的先贤圣哲们只相信“被证明的才算是真正的知识”，欧氏几何正是在刻意避免“知识源于对生活世界的直观感知”的反向思维——一种完全依靠逻辑推理和证明的纯粹理性精神——的层面上诞生的。本节课秉承了欧氏几何的一贯追求，回归到欧氏几何的思维方式中，从“线线—线面—面面”这条连续变化的大道、这条流淌着逻辑与理性精神的河流直接切入。这种“来自何方”的设计源于纯粹的学科思维方式，相比“源于生活世界”的设计，对学生的“触动”显然也是更为本质的。

2. 璞玉能否变为珍珠？——学科性质的作用

我们一节课所要讲授的知识，不管是定义、定理，还是例题、练习，如果只是一件件取出来，不作任何“修饰”地装进学生的大脑，它们无非是一堆“碎石废渣”，然而，它们之所以能够流经人类的文明长河、走进今天，是因为它们至少应算是一块块璞玉！璞玉能否变为珍珠呢？回答是肯定的——只要我们用“学科性质”去打磨它！

对于本节课，面面平行的定义、面面位置关系的分类、面面平行的判定定理、例题以及其他的若干结论，都是一块块璞玉。怎样将它们打磨成珍珠呢？主要基于以下两点考虑：一是文字语言、图形语言和符号语言的互译。虽然欧氏几何的知识体系流露着一股强烈的想要摆脱从现实生活世界直接直观感知的欲望，但是，其推理论证的基础——5 个公设和 23 个定义却带有强烈的直观色彩，甚至第五公设还成了欧氏几何的“家丑”；更令人意想不到的是，这个“家丑”又直接导致了非欧几何的诞生！人类文明的发展已经表明，正是直观感知（形象思维）与推理论证（逻辑思维）的相互依存、共生共荣、互为动力，才使得文明长河经久不衰、历久弥新。当我们把这一切纳入到自己进行教学设计的视野之内时，就会自然认识到：图形语言和文字语言是基于对现实生活世界的直观感知而进行的数学抽象，符号语言是数学在进行逻辑推理的过程中追求简洁和高度形式化的直接体现。对于立体几何的初学者而言，只有对这三种语言的互译达到自然流畅，才能在文字、图形与符号之间，在生活真实的三维世界与数学抽象化的三维世界之间自由愉悦地穿行。二是彰显欧氏几何的证明精神。数学，特别是平面几何与立体几何，其每一步的推理都必须要有依据。这种从古希腊一直流传至今的“有果必有因”的证明精神，简直就是人类理性精神的“乳娘”。正是这些基于学科性质的思考，使我和我的学生在本节课上，自始至终高举“三种语言互译”和“做讲理的人”（证明精神）两面大旗，努力将一块块璞玉打磨成珍珠。

3. 珍珠能否串成项链？——依靠内在的逻辑关系形成整体理解

珍珠是光亮的，所以它也能打动学生。但是，如果将所有的珍珠都串起来，形成一个整体——项链，对学生的触动显然会更为强烈和深远。然而，怎样才能将一颗颗散落的珍珠串为光彩夺目的项链呢？我以为，从数学的学科性质上讲，可以利用“珍珠”之间的内在逻辑关系，将其串为“项链”，从而帮助学生形成整体理解。

从本节课来讲，引入→面面平行的定义→面面位置关系的分类→面面平行的判定定理（1）→例1→面面平行的判定定理（2）→再做例1，一直到最后，学生们站在自己亲手修筑的立体几何大道上，一方面踌躇满志，创意不断，另一方面又尽情享受着发现与创造的愉悦和欢欣。从课堂教学的实况来看，学生的思维活动虽然活跃、深刻、发散，富于创新，然而却“形散而神不散”，这正是因为我们关注到了珍珠与珍珠之间的内在逻辑关系，从而使整节课成为一个浑然有机的整体。

需要指出的是，从数学的学科性质上讲，点与点之间内在的隐形的逻辑关系一般都是存在的，只不过我们往往没有准确找到，甚至根本就从习惯上忽视了它的存在。本节课一方面关注到了点与点间内在的隐形的逻辑关系，另一方面还站在立体几何大道上，将“逻辑关系”形象化、直观化、外显化。如此“双管齐下”，显然更有利于将珍珠串为项链。

4. 怎样将项链戴在自己的脖子上？——不仅是学科知识，更是一种思维方式和习惯

有时候，项链虽然光鲜明亮、璀璨夺目，但它只是摆在展台上，或是戴在老师自己的脖子上。这倒不是教师有意为之，或者不够大方，而往往是因为他们想送却“送不出去”。那么，怎样才能够帮助学生将项链戴在他们自己的脖子上，放在他们自己的脑海里、心坎上呢？

我的做法有二。一是练习，学生应用所学知识解决问题，教师一般都对此法驾轻就熟。这种方法很重要，但是，如果无限度地夸大它的重要性，甚至将其视为唯一的方法，其结果一方面是误人子弟（学生除了填了一堆一旦走出校门就会忘得一干二净的废渣以外，其他一无所获），另一方面也会毁掉教师自己一生的幸福（这种做法只会使教师越教越累、越教越苦……最终，在苦和累的恶性循环中了此一生）。二是让学生主导自己的课堂学习生活。备课时，我为本节课预设了六个问题：

问题1：如果你是一位设计师，你准备将“立体几何大道”引向何方呢？

问题2：你准备从什么地方推导出“面面平行”？怎么推导？

问题3：在正方体 AC_1 中，你能否找到一个截面与已知截面 A_1C_1D 平行呢？能证明吗？

问题4：猜想通过证明变为定理，定理通过应用变为你的智慧，然而，你是否想过，还有没有其他的“路”也能通向“面面平行”呢？

问题5：有了判定定理（2），对例题1有何启发？

问题6：你有疑问或者不同的见解吗？（这是贯穿课堂教学始终的“习惯性”问题）

我想，这种“预设”是必需的，是为了更好地帮助学生主导他们自己的学习生活。从课堂实录来看，学生其实并没有受制于我的预设，很多时候，他们就像是一匹匹脱缰的野马，在青春的原野上纵横驰骋，反倒是我，经常被他们“牵着”走似的！当然，在现行教育体制以及许多客观因素的影响下，“形散而神不散”，既是智慧教师的无奈选择，也更需要教师拥有高超的教育智慧。这种智慧既是自身修炼和同伴交流的产物，同时，还需要我们多与学生沟通——对学生了解得越透彻，所讲的课就会越符合学生的口味，智慧也就因此而生。

然而，当教师不能真正相信学生的无限潜能时，上面的“方法二”是不敢想象的。因为教师会以为学生根本想不到，这样的话，让学生想，纯粹是浪费时间。而且课堂乱成一锅粥怎么办？进度完不成怎么办？……其实，教师自己可能恰恰就是一切问题的中心。不要说帮助学生将项链戴在他们自己的脖子上，这样的课堂是生产不出项链的，甚至连一颗珍珠也见不着，所有的知识，只不过是一块块碎石废渣，在大漠黄沙中沉沦！

5. 去向何方？——进一步的、持续不断的思考

本节课所学（不仅仅是知识）将去向何方？这个问题往往最不受人重视，但是，就像我们经常扪心自问的“我来自哪里”“我又该去向何方”这两个带有生命终极意义的追问，不应该仅仅停留在哲学领域、被束之高阁，而应该走进我们的教育，走进我们的课堂学习，走进我们的生活世界，走进我们的习惯和意识。我想，正是因为长期这样的坚持，才会有生12、生13对“去向何方”的“回应”！

三年前，我也按照“修路”的想法上过一节课——“面面垂直的性质定理”，并得到教研员的赞扬。现在回忆起来，那时只不过是潜意识中有一种懵懂的欲望，用当时的时髦语说，就是“站在系统的层面把握和处理教材”，但其实仍然是一种教育的技术化和结构化。三年来，通过跟宁老师无数次深入学习、交流和碰撞，无数次站在教育哲学的层面对教育的实践取向和意义本真追问，使自己的教育生活，慢慢从过去无意识（或潜意识）的技术化和结构化的伪诉求，转变为清晰的、自觉的、日常化的以自己的学科性质来触动学生的本真追求。

当然，真正的本真就是永远行走在路上，我们要对此保持足够的清醒！

附记：走出平庸——永远在路上①

“面面平行的判定定理”是高中立体几何的重要内容。在这一内容的教学中，我们经常看到任课教师用各种方式来建立与“生活”的联系，例如出示一栋建筑中的楼房（课本即如此编排），指出两层楼的楼面就是一个“面面平行”的实物。形象化地帮助学生建立数学概念的理解是很必要的。当前教改强调建立数学与生活的联系这一点受到了越来越多的重视，但是，我们希望每一位数学教师都总是有这样的意识：数学概念是从现实世界中抽象出来的，把一个数学概念和它所源出的实物联系起来，并不是数学形成和发展的正方向。在注重使数学概念与实物形象建立联系的过程中，可能隐藏着这样的倾向，并把这种联系当成了数学理解的完成。如果这样的话，实际上是离开了数学的思维，而把数学的理解和教学平庸化了。

我们之所以要提出这个问题，是因为在后续的教学中，这种倾向仍然继续着，以为有了这个“与生活相联系”的导入环节，已经体现了课改的精神，在后续的教学中便可以放心地去做定义和判定定理的知识传递了；再接下去，便是证明和计算的训练了。在通常我们所看到的课堂教学中，往往就是这样做的。

王志江老师在他的教学中超越了这种常见的教学方式。他的课体现着数学的“证明精神”，而有这样精神的数学教学才是真正意义的“教数学”，因为它总是沿着数学发展的方向形成和推进着学生的数学思维。做到这一点，需要长期的坚持。实际上，王志江老师是从高中立体几何教学伊始就去努力这样做的。他结合高中立体几何教学，形象生动地提出“平行大道”和“垂直大道”（这两条大道与它们之间的连接线一起构成了“立体几何大道”）并贯穿整个教学过程，每一堂课上，“平行大道”、“垂直大道”都醒目地标示

① 作者：宁虹，首都师范大学教育学院教授。

在黑板上，以提示学生把理解纳入数学的思维之中，并总是有一种对高位思考的追求。

在中小学教师专业发展的道路上，一种局限于一时一事的浅尝辄止导致的平庸化，往往成为实现发展的实质性障碍，使他们陷入其中尚不觉察。实际上，只要教师看到这一点，并努力从中走出来，就会看到，发展就在眼前。

教师的超越，不一定是在知识的内容上，而主要是在怎样使学生形成对于知识内容的理解上。学生的理解总是在发生着、变化着，教师的超越也不是一次性的，所以我们说教师的超越、走出平庸，是永远在路上。永远在路上，不是感慨总也走不到头，而是强调时时都需要努力去赶路。

每一教师为此而应当拥有这样一种体现本学科精神的理解和追求。获得这样的理解、形成这样的追求的过程，便是他们发展的过程。正像我们在丰台二中教师们的案例中可以集中地看到的，每一位教师都正是在这样一个亲历的过程中获得了实实在在的发展，并且，伴随他们的是“花儿一样的幸福”。

结　语

教师发展学校建设，作为一项改革的事业，仍然处于发展、探索的阶段，作为教育改革大潮中的一个新生事物，它仍处于青春勃发的生长期。在将近十年的建设过程中，几乎每个学期我们都会产生新的理论“生长点”，取得明显的突破性进展的周期也不会超过半年。

回顾教师发展学校八年的建设过程，其建设成果可以主要概括为如下四个方面：

（1）有效地实现了基于实践的、以大学与中小学合作方式完成的教师专业发展，形成了可以明确解释的教师专业发展实践效果。

（2）形成了具有实践哲学形态的教师专业发展理论建构。

（3）形成了以教师专业意识品质养成为目标和内容的教师教育改革主张和基于这一主张的教师教育标准建设构思。

（4）以严格的科学态度实现具有实践哲学形态的理论建构和可以明确解释的实践效果，形成具有范式变革意义的方法论探索。

提出教师教育是教师专业意识品质的养成，是我们在教师发展学校建设中形成的对于教师教育改革和教师教育理论建设的基本主张。

这一基本主张的实质在于强调教师教育要深入到意识的层面，为教师树立和持续增强明确的专业意向、坚定的专业信念和深刻的专业理解，并且具有总是可以敏锐地觉察和把握教育机会、实现教育的愿望，形成深刻的理论认识并将其融入他们的专业意识。每当把握教育机会，总是可以激发他们的专业意识，引起自觉的行动，获得可以明确解释的教育效果。

提出这一主张的依据，是我们在教师发展学校建设中形成的关于怎样理解“实践”的一系列探讨。在这里，我们愿意突出强调的是，在教育领域里，“对于实践的关注和对于意识的关注一定是同在的”。

这一主张的根本性质使它拥有更大的解释力和学术空间，我们由此把它扩展为对于教育的理解：教育在根本上是意识品质的养成，并可以以此作为对于“素质教育”的一种实质性的解释。

这一主张的改革意义，在于使教师教育“从认识到实践”的转变可以具体践行。如果说教师教育不是知识的传递、不是知识的准备，那么它是什么？——是意识品质的养成。如果说知识传递的背后总有意识品质的养成，那么，我们的改革主张正在于让意识品质的养成走向前台，鲜明地、直接地成为教师教育的目标和内容。它体现了走出近代认识论传统的影响，走向基于实践哲学的教师教育理论与实践建设的改革方向，体现着与孕育它发生的条件相匹配、与时代的变革具有和谐的内在的应和的教师教育改革的崭新面貌。

教育在根本上是意识品质的养成，无论是基于实践哲学的理论探讨，还是我们在与中小学合作中关于教师专业发展必须求根务本的实践建设，最后都归结于此。我们所孜孜以求的，正是为了使教师能够成为自觉地这样从事教育的人。

曾有朋友问：“教师发展学校建设最大的困难是什么？”我们脱口而出的回答是：“强大的近代认识论传统与教师发展学校建设的实践取向之间的冲突”。这种冲突几乎可以说伴随了我们八年来走过的全过程，几乎可以说是无时不在，无处不在。处于这样的现实情境中而不言弃，我们小心翼翼地对待这样的冲突，不想因此造成它们之间对立或并列的关系，而是谋求以实践为本、对于认识恰如其分的包容。可以想见，这样一种努力及其在本书中的呈现一定会面临有意义的争议和讨论。

教师发展学校的理论建设以及本书的写作都是与建设的行动相伴随的。虽然我们始终抱持严格的科学态度并总是小心翼翼，但心知仍难免建设行动和理论建构中的局限和不足。我们期待在多方面、多角度的对话中获得修正、丰富和完善的机会。

在此，我们愿就所想到的几个需要讨论的内容简述如下：

首先，关于本书的理论基础和解释系统。

在本书中，我们已经明确阐明，我们坚持以马克思主义实践哲学为基本立场，同时也努力吸收20世纪哲学思想的积极成果，注重以现代西方哲学语言转向、生活世界转向和实践哲学转向等种种哲学变革的理论成果、特别是这些哲学变革中所含有的实践哲学成分，丰富自己的理论建设。实践哲学是本书的理论基础。走出近代认识论哲学传统、寻求哲学发展新道路的总体趋势和思想成果的汇聚，启示和帮助我们形成本书的解释系统，成为本书理论与实践建构的依据。这一切，在本书各章中均得到了呈现。从中，我们深切地体会到，从哲学思想的研究中汲取营养形成研究的理论基础和解释系统，对于教育研究是具有充分必要性的前提。哲学在我们的解释系统中，不是作为社会科学领域的诸学科并列的一个学科出现的，而是具有根本的、普遍的、贯通的奠基性地位。这是我们愿意在对教育的研究中坚持的。我们所承担的教育部重点项目《现象学运动与教育的实践理论建构》的研究和北京市精品课程《教育研究概论》的建设，对本书的理论基础和解释系统具有实质性的影响，关于哲学、方法论研究的某些相关内容在这两项研究中有更多展开。

第二，关于我们的工作是否具有普遍意义。

对这个问题的讨论，也会涉及解释系统之间理解的沟通。在这里，我们引用《教育研究导论》书稿中涉及"普遍"的一段文字表达我们的理解：

"理论生活带有超然物上的色彩，它是一个真正的参与，但却不是计较于某种仅仅可以属于个人的财富；它也不是毫无计较，如果那样的话，又怎能谈得上参与呢？它追求'并非只有属于某个个人而不能同时属于其他人'① 的财富，因此理论总有一种超越的和追求普遍的性质。理论的生活是崇高的，享有理论的生活是受人尊敬的和幸福的。理论的庄严、神圣、崇高是与它的超越、追求普遍相联系的。它的超越、普遍是要超越个人而使人人都可以拥有，理论因此而庄严、神圣、崇高。说到这些，绝不是要在今天按照古希腊语的含义定义理论这个术语，而是要想到，其实所有这些，都仍然在我们今天关于理论的理解中得到保留，只不过我们有时会忽略了其中的某些成分或者夸张了其中的某些成分。"

由此我们可以看到，普遍是理论的品性，超越个人而使人人都可以拥有的追求，就是普遍原初的、也是根本的含义。从这个意义说，教师发展学校建设的理论建构以及关于理论与实践关系的理解，对于实践—意识的关注，以严格的科学态度务求可以明确解释的效果，让行动自身以构造性证明方式在实践中证明自身的努力，对教师教育标准性质、结构和内容的构思设计都

① 伽达默尔. 科学时代的理性［M］. 薛华，等，译. 北京：国际文化出版公司，1988：15.

倾注着和实现着对于教育研究真实的普遍意义的追求。

对于普遍的追求，往往被作为追求具有普遍的规定性，这主要还是来自对自然科学范式的沿用。以抽象概念的定义作出普适性的规定，构成科学知识的体系并推广应用，无论在人类发展的历史上还是在我们现实的生活中都是不可或缺的，但也必须看到，就实践领域——人的全部社会生活而言，这并不是全部，也不是起点。因此，在教育这样的实践领域考虑其普遍意义还要有对于抽象形式的超越。

普遍的和超越的一定是联系在一起的。我们曾在第八章赖力敏老师的案例中以《小说不湮没于史实，教学不湮没于内容，发展不湮没于形式》为题讨论过这一问题。“不为湮没而仍然具体、可感、鲜活地存在着才是超越！为什么要关注不为湮没的生动、具体和鲜活，是否有不为湮没而又不能生动、具体、鲜活的东西呢？抽象的形式，也是不为湮没的，但它失去了生动、具体而不再是鲜活的，抽象出一般的形式，原本是为了推进理解追求鲜活的具体，但忘记了这个追求而把它当做了不变的规定，就成为束缚生命力的教条。很多人努力争取发展，却恰恰在这一点上受到了束缚。”

不为湮没而仍然具体、可感、鲜活地存在着，是具有超越性的普遍，是人的社会生活领域、实践领域中普遍性的体现。普遍的启示、普遍的鼓舞，都可以是普遍的含义。教师发展学校建设的普遍意义在基于实践哲学的理论建构中存在着，在可以明确解释的行动中存在着，本书努力体现出这种具体、可感、鲜活地存在着的具有超越性的普遍意义。如果这种体现还不鲜明，那或许是我们的努力还不够，但努力的方向是值得期待的。

我们也没有拒斥实证意义上具有普遍规定性的追求，在相关的测量研究、标准研究中都有以严格的科学态度作出的探讨。在这类探讨中我们始终坚持的，是在实践领域而不仅仅是认识领域获得解释。

使我们感到欣喜的，是在我们建设过程的后期形成的关于教育行动的构造性证明——使得教育自身的目的得到实现的过程就成为其自身得以构造性地证明过程的探讨，也推进着我们获得普遍意义的努力。

第三，关于“可以明确解释”的问题。

为什么我们总在强调“可以明确解释”，它真这么重要吗？丰台二中的这些案例真可以得到明确的解释吗？也许，会有人感到这些与往常看到的案例没有什么不同。如果认真思考的话，是可以看到这当中的区别的。这个区别，涉及我们已经谈到过的中小学教师中存在的内涵性缺失；我们所做的，可以说是包含着克服这种内涵性缺失的努力。我们意识到，实质上这是影响教师专业生活、影响中小学教学的一个瓶颈。可以说，数不胜数的课例由于缺少了对教学内容内涵实质的深刻理解，而使得这些内容在课堂上的呈现指鹿为马，面目全非，不论什么课，实际上都被当做“物” “理”课来教了——仿佛教师要做的只是为了搞清楚知识的内容和道理，各个学科的性质特点和魅力消失了，教育的真谛消失了，只是刻板的教条、机械的训练。即使在改革中，这样的缺失依然存在，只不过是有些地方变换了一下形式，用生活的联系去代替刻板的教条，用活跃的气氛去代替机械的训练。他们只看到了这个表现，却没有看到之所以会这样，是由于缺了“内涵实质”，而这些改变也同样没有走进“内涵实质”，使内容焕发出意义来。

教师专业发展实际上是在这里被阻断的，因为内涵性缺失而变得简单、枯燥、重复，没有了生命气息。

可以想到，如果不是这样呢？如果教师深刻意识到自己所教授的每一个内容都有它独特的意味、无尽的意义，自己是如此喜爱它并因此而如此盼望着与学生分享，使他们也如同自己一样地喜爱它，那么，事情就会发生根本的变化。我们曾谈到教师的职业倦怠。为什么会有倦怠呢？是因为失去了兴趣、热爱、追求而被机械重复所折磨消耗。如果发生了这样的变化，教师的生活工作成了自己的倾心所愿、倾心所爱，并因乐此不疲而学而不厌、诲人不倦，又何来倦怠呢？

我们之所以说丰台二中的案例是可以明确解释的，就在于我们所说的这个变化在这里真正发生了，并且确实是由于我们为改变那种内涵性缺失而提倡的“热爱、自信、整体理解”的工作理念、以严格的科学态度求根务本、务求内涵实质的理解而做到的。并且，所有的这一切都是有内容的。教师的发展是以他们最日常的工作——课堂教学——为内容的；在课堂教学中求得发展，是以对课堂教学内容的内涵实质的深刻理解为内容的。形成这样的深刻理解，成为他们发展过程的真实内容；这种深刻理解向学生的呈现，成为课堂教学改进、学生受到教育的真实内容。学生的成长、学生的主体性是在这样的教育关系中才有了依托于具体内容的真实有效的实现，教师的发展因此成为富有内容的真实过程。在教师发展的道路上，每一步都有具体的内容：追求有追求的内容，实施有实施的内容，收获有收获的内容；并且所有的内容都不是干瘪的，而总是有亲历者的体验相伴随着，而在这体验中，深刻的理解总是与期待和向往、喜悦和幸福、充实和信念融会在一起。所有这一切，具体地诠释着教师专业发展的内容。当这些具体的内容一件一件、一次一次地发生在我们与丰台二中教师们的合作中，就成为我们合作的内容，也给予我们同样的深刻的理解与期待以及向往、喜悦和幸福、充实和信念融会在一起的亲历者的体验。有没有这些内容是至关重要的。试想，倘若把这些内容统统抽掉，剩下的会是什么？道理很简单，就因为“教育是实践的，实践是具体的，具体的是有内容的”！

第四，以意识品质的养成作为教师教育的目标和内容是否无意义？

以意识品质的养成作为教师教育直接的目标和内容，是我们对教师教育改革的主要主张。可能存在的讨论问题在于：

1. 教师教育一直以来都包含着意识品质的养成，所以提出这一主张对于教师教育改革并无实质的意义。

关于这一点，我们已经说过，任何教育都肯定内在地包含着意识品质的养成，完全没有意识品质养成的教育是不可能存在的。我们之所以提出这样的改革主张，意义在于使它显性化，自觉地走向前台。我们期待这样一种变化，可以为教师专业的确立、教师专业发展的实现、教师教育的有效实现带来有益的贡献。

2. “意识品质的养成”含义模糊、不明确，不具有操作性，因此也可以说对教师教育的改革没有实质的意义。

我们承认，意识、意识品质这些术语的含义原本就并不明晰，在本书中的使用更有我们自己的理解。但这并不表明它就没有实质的意义。以为一切都要有严格定义的规定甚至必须经过实证的考验才是可靠的和有效的，属于认识论的解释系统，正如本书所努力呈现的，认识论的解释系统对于实践领域的解释既不够完整，也不够根本。本书已经以较多的篇幅讨论了在前概念的形态对于严格的科学态度的贯彻。我们对于意向性的实现赋予实质性的理解，我们在实践中也已经获得了操作层面可以明确解释的效果，我们愿以此来加强对基于实践哲学的理论与实践建构的认同。

最后，本书提出的教师教育标准构想是否要求过高、过于理想化？

实际上，我们只是在注重加强哲学、科学、社会人文领域有利于加强理解的整体性通识类知识的学习经历方面有超过现行教师教育的要求，这确实是我们认定绝对是必要的。在其他方面，我们所做的主要不是在内容的设定方面，而是在于目标指向的转换，是把教师教育的目标转向直接地指向意识，从间接到直接、从隐蔽在后到显性化。这样的转换，重要的不是难易程度高低的问题，关键在于怎样才是真正的实现。我们对此坚决抱以实事求是的态度，问题只在于是否真是这样。如果是，那么实现这样的理想不就是我们的追求吗？我们可以因为困难而放弃那本来就是的根本吗？

后　记

在教师发展学校的建设历程中，我们与中小学教师一起体验成长的快乐和收获的喜悦。这来自于教师专业发展真正发生的努力。这些发生着的实践才是真正的成果，而文书只是它的呈现。这不意味着我们不看重文本的写作。实际上，文本的写作，实践的呈现，也是实现教师专业发展的过程。

我们面临着这样的状况：就在本书写作的过程中，前行的道路已经开始了新的延伸，而这新的延伸所蕴涵的魅力，往往造成写作时断时续。每当我们重新开始一个写作的过程，往往会发生这样的情况：原有的理解、使用的话语已经有了新的改变。直到我们在这样的行色匆匆中完成本书的写作，仍然没有能够更好地反映教师发展学校建设的新进展，这使我们此时的心情带有一种自豪的遗憾——写作总是跟不上前行的步伐，因为我们在发展。

教师发展学校建设得到多方的支持，先后获得过各种荣誉：《重新理解教育——建设教师发展学校的思考》荣获北京市第七届哲学社会科学优秀成果二等奖；《建设教师发展学校，促进教师教育一体化的研究》获得北京市教育教学成果（高等教育）一等奖；《求根务本：教师发展学校八年建设》获得北京市教学成果（基础教育）一等奖；教师发展学校建设成果作为首都师范大学《创设合作共同体，构建实践取向的教师教育模式》的重要内容之一，荣获国家级教学成果一等奖和北京市教育教学成果（高等教育）一等奖。国家各级教育行政部门都有领导曾对教师发展学校给予热诚的鼓励；国内外许多知名专家、学者给予高度的评价；参与教师发展学校建设的中小学领导和老师们为此付出了辛勤的劳动。在此，谨向他们以及所有关心、支持和参与教师发展学校建设的朋友们致以衷心感谢！

在此，我们特别向始终给予教师发展学校建设宝贵支持的顾明远先生致以崇高敬意！承蒙先生关怀，特为本书作序，谨以致以衷心感谢！

衷心感谢教育科学出版社及杨晓琳主任对于本书写作与出版的鼎力支持！

本书的前言、引论和“探索与建设”部分由宁虹教授撰写。“行动与超越”部分由王志江、张为民、宁虹、赖力敏、卢吉增、孙燕、蔡春、罗晓静、朱晓宏、何岩、王文利、王晓芸撰写（以作者所撰书稿出现的先后为序）。

我们真诚地恳求读者对于我们所做的一切给予批评指导，原谅我们的一切不足而支持我们所努力的方向，这对于我们是极其宝贵的。

作 者

2009 年 10 月 6 日

责任编辑　杨晓琳　刘　灿
版式设计　杨玲玲
责任校对　曲凤玲
责任印制　曲凤玲

图书在版编目(CIP)数据

重新理解教育:来自教师发展学校的报告/宁虹等著. —北京:教育科学出版社,2010.9(2013.4重印)
ISBN 978-7-5041-5154-4

Ⅰ.①重…　Ⅱ.①宁…　Ⅲ.①师资培养—研究　Ⅳ.①G451.2

中国版本图书馆CIP数据核字(2010)第145704号

出版发行	教育科学出版社		
社　址	北京·朝阳区安慧北里安园甲9号	市场部电话	010-64989009
邮　编	100101	编辑部电话	010-64981245
传　真	010-64891796	网　址	http://www.esph.com.cn
经　销	各地新华书店		
制　作	北京鑫华印前科技有限公司		
印　刷	保定市中画美凯印刷有限公司	版　次	2010年9月第1版
开　本	169毫米×239毫米　16开	印　次	2013年4月第2次印刷
印　张	14.75	印　数	3 001—5 000册
字　数	229千	定　价	29.80元